时光里的沪宁双城

翡翠珠链缠绕

风动叶摇

光影里往事如昨

策划

王介南

钟家良

谭　淼

程小敏

梅雪韵

梧桐映双城

王云燕◎著

上海财经大学出版社

图书在版编目(CIP)数据

梧桐映双城 / 王云燕著. -- 上海 : 上海财经大学出版社, 2021.8

ISBN 978-7-5642-3800-1/F.3800

Ⅰ. ①梧… Ⅱ. ①王… Ⅲ. ①城市文化—上海②城市文化—南京
Ⅳ. ①K295.1 ②K295.31

中国版本图书馆CIP数据核字(2021)第101254号

责任编辑 江 玉
书籍设计 张克瑶
插　　画 杨 珺
摄　　影 王云燕 杨 珺 杨世柱 李 影 黄懿瑄

梧桐映双城

著 作 者：王云燕 著
出版发行：上海财经大学出版社有限公司
地　　址：上海市中山北一路369号(邮编200083)
网　　址：http: //www.sufep.com
电子邮箱：webmaster @ sufep.com
经　　销：全国新华书店
印刷装订：上海颛辉印刷厂有限公司
开　　本：890mm × 1240mm 1/32
印　　张：11.5
字　　数：235千字
版　　次：2021年8月第1版
印　　次：2021年8月第1次印刷
定　　价：68.00元

自序

踏遍江南人未老

似水流年，风尘匆匆，战火中幸存的建筑里珍藏着记忆的花瓣，有些遗落于岁月的长流，有些飘零在心灵的深处，待拾起时发觉依然鲜活。而你，还记得江南的模样吗？

冬天雪花飞舞的时候，掀开外婆家的布帘，蓦然看见桌上那盅温在热水里的黄酒。我对着雕花木窗外的红梅发着呆，身着蓝印花布棉袍的身影，已经端着一碗香气扑鼻的梅干菜烧肉招呼我。书桌上是一幅余墨未干的雪中彩绘，旁边搁着一支湖笔。就算天寒地冻，江南的水都是柔的暖的，香樟树的叶子都是密的绿的，牵引着夏天芬芳满园的白兰花，乘着季节的画舫而来。

早春的迎春花奏响了春的序曲，江南烟雨里，遍地的桃花嫣红了天际，古镇上的石板路清远悠长，撑着红色油纸伞的旗袍女子纤纤走过，像一幅流动的画，也像昨夜的一场春梦。雨是江南流的泪吗？

你我那一场邂逅，是泛黄旧书的最后一页。我不能测出时光的长度，也跟不上岁月的脚步。我路过一个又一个的驿站，追寻着爱的路线，而爱的容颜已老，再没有相见的勇气。心上人的身影却出现在江南的每一个角落。

读万卷书，行万里路。祈愿，踏遍江南人未老。多年后，我再踏回江南的路，却已是发如雪，凄凄往事散尽怯重温。你的眉眼，就刺刻在瓦当上、木雕上，于是，我一笔一笔，写江南，你应该知道，那都是为你。

想浦江眼波流转，尽是风情

奔赴或不奔赴，它总在那里，冷艳颓靡，华光溢彩。这个“魔都”是会越来越让人着魔的。古典与时尚结合，市井与小资并置，摩登堪比欧美都市，温婉一如江南水乡。

海派文化，是在江南传统文化即吴越文化的基础上，融合开埠后传入的欧美文化而逐步形成的上海特有的文化现象。而建筑是文化的重要组成部分，上海城可称中外合璧的“世界建筑博览会”。霞飞路（今淮海中路）弥漫着香榭丽舍大街式的浪漫与浮华，贝当路（今衡山路）、福开森路（今武康路）和马斯南路（今思南路）散发着迷人的韵味和气息，道路两旁，遍植法国梧桐，枝繁叶茂，浓荫蔽日，林立着各国风格、各种式样的洋楼别墅。

上海的名人住宅星罗棋布。哈同的海上大观园，马勒的童话别墅，黄兴的革命基地，犹太人的诺亚方舟，各不相同的经典老别墅演绎着不一样的历史。回想往昔，曾经的风起云涌和惊世传奇都化为了平淡。

上海滩优雅繁丽的耀眼光芒就在眼前，在都市的喧闹背后，在繁华后的寂寞深处，暗香浮动。雪茄和香水，明星和舞女，百乐门和爵士乐，狐步舞和威士忌，好莱坞电影和月份牌女人，正是旧上海的元素。

想今年燕子，依然认得，王谢风流

南京城主干道两旁的法国梧桐，树冠交缠，气势昂扬。一株青玉立，千叶绿云委。带着浓浓的怀旧味道，南京城，在梧桐树叶的纵横脉络中，在青苔斑驳的古老城墙上，在六朝古都的沧桑故事里，轻漾着。

在这儿，深厚的历史俯首可拾，没有什么是锋芒毕露的，但却又是绵长恒久的。自公元229年东吴孙权迁都南京以来，历史上先后有10个朝代（其中魏晋南北朝时期就有6个朝代）在此建都，所以南京有“六朝胜地、十代都会”之称。魏晋南北朝时期产生了很多哲学和艺术思想，涌现了不少文化名人和贤士，如王羲之、祖冲之、刘勰、顾恺之等。

“苹叶软，杏花明，画船轻。”文学里的南京是风花雪月的，连南京的地名都笼罩着仙气。李煜的“春花秋月何时了？往事知多少”，杜牧的“烟笼寒水月笼纱，夜泊秦淮近酒家，商女不知亡国恨，隔江犹唱后庭花”，李清照的“春归秣陵树，人老建康城。感月吟风多少事，如今老去无成”，辛弃疾的“倩何人，唤取红巾翠袖，英雄泪”，都写在南京。《西游记》的作者吴承恩、《红楼梦》的作者曹雪芹都曾寄迹秦淮岸。风情艳绝的秦淮八艳，传颂至今。

而南京足以自豪的绝非仅仅如此，如今南京城里大量的民国建筑和老建筑，在巍巍紫金山和悠悠秦淮河的映衬下，古都情怀弥漫，浓得化不开。

自古文史不分家，文史地又何尝分过。上海和南京，一个有着媚的似水柔情，一个有着刚的青松气质，千百年来，这两座城市以各自独特的城市气质，相依相伴，在富饶的长三角地区栉风沐雨，创造奇迹。斜风细雨的碧水滟滟里，水流花谢的江南梦乡里，循着历史风云的痕迹，去寻一场风花雪月的事。探访优秀的近现代建筑，整理挖掘出它背后的故事，慢慢地去触摸城市的肌肤纹理，这真是很有意义的一件事。

那些凝固的历史，还在。背起背包，遍访老宅，一件一件，如数家珍，娓娓道来，是我的荣幸。请跟我来。

目录

梧桐婆娑恋申城

聖約翰大學

桃李春风一杯酒

圣约翰大学旧址

愿你眼里有光

心里有爱

圣约翰大学旧址：上海市长宁区万航渡路 1575 号

那些年少时的兵荒马乱，那些青春里的鲜衣怒马，那些轻盈笑意的岁月，那些宁静无扰的时光，都在红砖青瓦的校园里留存，可是岁月却早将他们娇笑的模样遗落。中国真正的第一所现代大学是圣约翰大学，这是中国首个全英语授课的大学，以“光与真理”为校训，有“东方哈佛”和“外交人才养成所”之雅称，它创下了民国教育的多项第一，尤其是在体育教育上遥遥领先。“圣约翰”这个名词意味着“优雅无比的英语和欧美态度的生活”。这也是一个培养出了许多牛人的大学，莘莘学子的名单上尽是日后的栋梁之才：林语堂、张爱玲、邹韬奋、顾维钧、宋子文、荣毅仁、刘鸿生、贝聿铭、施肇基等，说他们影响了中国历史，亦不为过。

华东政法大学位于上海市长宁区万航渡路 1575 号，校区为中国第一所教会大学——圣约翰大学的原址。苏州河在这里转了 180 度的弯，学校就在这样一个恬静的半岛上，学校大门正对着中山公园的后门。

圣约翰大学建立的初衷是培养出精通中国典籍、西方科学和基督教之人。该校的校训是“光与真理”。那是说，同学们要用先进的知识拨开几千年来人们对自然认识的局限，在各自的领域里点燃起一盏明灯，用光启迪民众。那是说，一个人既要追求现代的科学知识之“光”，不为愚昧所蒙蔽，又要追求基督的宗教信仰之“真理”，做一个得着生命的、爱光的、看见真理的人。

1913年2月1日，在圣约翰大学举行的学期结束仪式上，中华民国第一任临时大总统孙中山先生应邀于大会堂演讲。孙中山先生论说了科学教育的重要性：“今且言责任，圣经中云，已见光明，应为人导。既有知识，必当授人。”

从这里走出来的名人多如牛毛，如南开系列学校创办人张伯苓，外交家颜惠庆、施肇基、顾维钧、王正廷，名医颜福庆、牛惠霖、牛惠生，会计师潘序伦，民族资本家荣毅仁、刘鸿生，作家林语堂，建筑家贝律铭，出版家邹韬奋，宋氏家族的宋子文、宋子良、宋子安，教育界和学术界的黄廷佐、周诒春、严鹤龄、曹云祥等。

贝聿铭：建筑界的灵性之光

1988年，著名建筑设计师贝聿铭用793块玻璃在卢浮宫前的广场上建造了一颗剔透的宝石，它高21米，底宽34米，南北东三面还有三座5米高的小玻璃金字塔作点缀，与七个三角形喷水池汇成平面与立体几何图形的奇特美景。玻璃净重105吨，金属支架仅有95吨。同一年，贝聿铭获得了被称为建筑界诺贝尔奖的普茨克奖。

此前几年，卢浮宫因展品太多，开辟了地下展厅，需要重新设计入口。贝聿铭的玻璃金字塔方案一出，法国一片哗然，认为典雅的卢浮宫与时髦的玻璃幕墙建筑极不协调。当时的人们压根理解不了这样前卫的建筑设计。

玻璃金字塔的建成，带动了卢浮宫的复兴。经过岁月的沉淀，法国人又渐渐发现，这一设计极富创造力和想象力，既象征埃及古老金字塔文明，材料和结构上又体现了现代工业文明，而且能将室外光线充分地洒布于地下，堪称20世纪建筑设计巅峰之作。如今玻璃金字塔已成为巴黎的地标性建筑，无数建筑师来此膜拜学习。

贝聿铭是一位跨越国界的建筑大师，也被称为“最后一个现代主义大师”，游走在东西方文化之间的他让全世界见识了华人的建筑设计才华。由他主持设计的建筑项目遍及世界各地，其中许多成了举世闻名的经典建筑，堪称建筑界的灵性之光。这光从何处而来？追根溯源，源自故乡苏州的园林通透之光，源自圣约翰大学的校训。

出身于苏州望族的贝聿铭，他的名字“聿铭”，寓有光明之意。他是衔着全家的希望之光降生的。贝聿铭1岁的时候，父亲贝祖贻出任中国银行香港分行总经理；贝氏全家在香港生活到了1927年，随着父亲调任，又迁回上海。20世纪二三十年代的上海被称作东方巴黎，国际著名建筑设计师匈牙利人拉斯洛·邬达克设计的各种建筑让贝聿铭感受到了现代建筑的威慑力。

小时候，贝聿铭每年暑假都回苏州探望祖父贝理泰，他喜欢自家那个大园子，它有个好听的名字叫狮子林。狮子林以奇巧的太湖石而闻名，由叔公贝润生以80万银元购得，并花了7年时间重装。

每当池塘里的荷花开放的时候，梳着小分头、穿着小西装的少爷就回来了，园子里的佣人们笑着彼此相告：“少爷回来了，今天要多烧几个好吃的小菜。”这个小少爷腼腆而和善，嘴角挂着抑制不住的欣喜，离开了大上海的高楼和严格的父亲，在苏州他感到无比的放松。贝聿铭陶醉在中国的园林设计之美中，并以此领悟到了东方美学的生命力。

1933 年，贝聿铭进入圣约翰大学预科学习，自小被宠爱的小少爷在这里受到了严格的训练。校长卜舫济神情严肃，不苟言笑，贝聿铭和其他同学一样，都对他畏之如虎，背地里都称他为“卜老头子”。他在学校实行了很有名的“污点制”。如果哪位学生床铺不整、在教室喧哗、在晚上 9 点半以后还开着灯等，就给他记一个污点。有一个污点，星期六下午就要在教室呆半小时，卜舫济亲自督查。为此，学生形象地把这种处罚称为“吃大菜”，即与校长共进晚餐。那张传票叫作“大菜票”，一学期中记过超过 25 次，即勒令退学。

贝聿铭看到圣约翰大学的很多 1900 年左右建造的房屋仍被很好地保存着，这些建筑多为砖木结构，一栋栋二层红墙或灰砖的别致小楼，西式拱门配着中式的飞檐。这些建筑给了他很深的印象。学校的小教堂不大，但也能容纳几百人，尖顶的哥特式建筑新奇好看。尤其是教堂前有棵很大很大的香樟树，大得树冠垂下来盖在地上，成了一个巨大的半圆形天盖。

顾维钧：外交界的霹雳之光

这些老建筑，正是 30 多年前的学长顾维钧亲眼看着建造起来的。让我们把视线拉回到 1900 年。那一年，顾维钧中学毕业以后，家里无力负担其高昂的学费，顾父便想让儿子辍学经商。但未来的岳父张衡山不同意，上海圣约翰大学每年的学费高达数百银元，张衡山变卖家产，拿出资金供其读书，于是，顾维钧成了上海圣约翰大学的一名学生。如果不是张衡山慧眼识珠，就不会诞生一个20世纪驰骋中国外交界长达55年的中国外交官。

顾维钧从圣约翰大学毕业以后，张衡山继续资助他，让他赴美深造。顾维钧在美国哥伦比亚大学专攻国际法及外交，在美学习期间，不负重望，成绩名列前茅，获博士学位归国后的顾维钧先是担任了袁世凯的英文秘书，后来进入外交部任职。

与此同时，母校也在不断的扩建发展中。1911年，圣约翰大学又购进沪西的梵皇渡路以北的霍格花园土地，以白银六千五百两购地84亩，校园总面积达268 772亩。

1919年，第一次世界大战结束。该年1月18日，中国作为战胜国参加列强主导的巴黎和会。顾维钧随外交总长陆徵祥出席和会，一同前往的还有施肇基、王正廷和魏宸组。会议上几个大国竟然准备将德国在中国山东的非法权益转给日本。顾维钧发表了极为精彩的演讲。他目光如炬，舌战群雄，以流利的英文，娴熟地运用国际法，层层申述中国要求收回山东主权的理由，驳斥日本的法理依据，一鸣惊人，获得各国外交代表的激赏与喝彩，也令气焰嚣张的日本代表牧野哑口无言。这是近代中国第一次对那些豺狼虎豹说“不”！

在4月22日、29日和30日的三次四国首脑会议上，美英法三强依然作出决定，同意将德国在山东的所有权益转让给日本。顾维钧将巴黎和会的消息捅给了媒体。果然，报纸一报道，引起了中国人民的强烈愤慨。5月4日，北京举行了声势浩大的示威游行，这就是著名的“五四”运动。顾维钧点起的这把火，照亮了未来的中国。

顾维钧拒绝在巴黎和会上签字。在巴黎的街道上，他坐着汽车，缓缓行驶在黎明的晨曦中，眼前的一切都是那么暗淡。顾维钧想起在圣约翰大学的时候，周末上街买东西，常看到有洋人随意欺负中国人，有一些公园门口竟然写着“华人与狗不得入内”。从那时起，他就发誓要让中国人不再被人看不起。他深信自己的决定没有错。

接下来的和会闭幕典礼上，中国代表的两把座椅上空荡无人，中国的缺席使整个世界为之愕然。拒签和约迟滞了不平等条约对中国的进一步伤害，从此中国外交出现了转机。顾维钧在接下来的日子里，不依不饶，持续为中国收回山东据理力争，在1922年华盛顿会议上，中国终于收回了山东主权。

两年后，顾维钧官至外交总长。而在他之前，由于政局动荡，民国成立后10年内竟换了10位外交总长。顾维钧在任期间，中国外交改变了晚清以来忍气吞声的风格。顾维钧开创了修约外交的新策略，通过和列强签订新的条约来挽救之前不平等条约的损失，为中国争回了无数权利。1985年，当98岁高龄的他离别这个世界时，中国与世界的关系，已不再是弱国外交。

2019年4月23日，60多国海军派团参加了中国海军70岁生日，数十艘巨舰云集青岛，日本派出的是凉月号驱逐舰。然而，就在100年前，中国差点永远失去青岛，失去山东主权。这或将是对逝去多年的圣约翰大学优秀校友顾维钧的最好告慰。中国人永远记得，国家危亡之际，是他虎口夺食，使得中国不费一兵一卒收回了山东主权。

圣约翰：教育界的启蒙之光

如今，我们漫步华东政法大学，感受到了校园内老建筑恒久不变的魅力。这些古朴典雅的校园建筑都是在 1939 年之前建造的。

从校园正门进入校园，可见同仁楼与交谊室，同仁楼现为学生宿舍。顺着院长楼笔直走会看见红楼图书馆和六三楼。校内的花园绿草盈盈，树木葱茏高大，这里曾是兆丰公园（中山公园）的一部分。

那栋华美气派的交谊室是圣约翰校友为纪念校长卜舫济已故夫人黄素娥女士而建的。共两层，一层有大小房间 11 个，供学生社团使用，有莎士比亚研究会、军乐会、摄影会、文学辩论会、运动会等。大交谊厅除用于交谊、会议、文娱活动外，还可以进行篮球比赛，厅的四周上端设有看台，是当时教会学校的著名建筑之一。

六三楼原名为斐蔚楼。1925 年，五卅惨案在上海爆发，各界纷纷走上街头。圣约翰大学及附中的师生也组织罢课抗议，但遭到校方阻挠。6 月 3 日，学生 553 人以及全体华籍教师 19 人，集体宣誓脱离圣约翰大学，10 余名应届大学毕业生声明不接受圣约翰大学颁发的毕业文凭。经过各方协助，在短短 3 个月内就成立了新的“光华大学”（今延安西路之东华大学），这就是著名的“光华出走”事件。

上海是我国最早孕育和发展近代教育的地方。近代上海教育，有两条主脉并进发展。其一是教会传教士创办的教会学校。中国共有包括圣约翰大学在内的 14 所教会大学。圣约翰大学是中国创建最早的一批大学之一，1879 年美国圣公会上海主教施约瑟将 1865 年设立的圣公会培雅（Baird Hall）书院和 1866 年设立的度恩书院（Duane Hall）合并成立圣约翰书院。圣约翰书院初设国文、神学两部，1880 年增设医科，为上海近代医学堂之肇始。1896 年，圣约翰书院成为当时沪上第一所高等学府，对东南地区高等教育的改革产生了深远影响。1905 年，中国废除科举制，圣约翰在美国注册，改称“圣约翰大学”，并设文学院、理学院、医学院、神学院 4 个学院以及 1 所附属预科学校（后改设附属中学），毕业生可以直接进入美国大学深造。1913 年添设大学院，招收硕士研究生，形成预科、本科、大学院三级教学阶梯。1936 年始招女生。

近代上海教育发展之另一条主脉是中国官办和私立的学校。1896 年，盛宣怀创办南洋公学（即上海交通大学前身），成为我国大学、中学、小学三级学制的雏形。

从六三楼边上的小径可以重新回到大道，纪念坊后伫立着韬奋楼。韬奋楼原名怀施堂，为纪念圣约翰大学创始人施勒楚斯基而命名。其中部为草坪，内置邹韬奋坐像，教学楼环绕四周，这种中式四合院的建筑风格可谓独树一帜。韬奋楼为两层，青砖白线，外墙为红砖清水墙，歇山屋顶覆盖中国蝴蝶瓦。楼中部的屋顶上建有方形钟楼，装有大自鸣钟一座。该楼被誉为教会学校建筑最佳校舍。韬奋楼上还有一个模拟法庭，未来的法官律师们经常会在这里“开庭”。

韬奋楼右边是思孟堂和格致楼两座女生宿舍，思孟堂是圣约翰大学的学生为纪念孟嘉德牧师捐款而修建的。孟氏为美国耶鲁大学毕业生，1904 年来圣约翰大学教授哲学，1907 年在中国因营救落水中国朋友而遇难。在小草坪后面的思颜堂显得端庄秀美，该楼呈“U”字形，中西合璧，命名为思颜堂是为了纪念圣约翰大学创办初期出力最多的颜永京牧师。

39 号楼“体育室”前有着典型中国式的房顶，镶嵌在欧式的建筑上，两层楼房的楼顶四角呈曲线形，继承圣约翰大学早年建筑风格。1919 年落成的体育室是中国第一个现代化大学体育馆，为纪念英国教师顾斐德而建，内有健身房、球场等设施，还有室内游泳池，在当时非常时尚。当年的游泳池上架玻璃天棚，池的南端，备有来宾参观席。该游泳池长 60 英尺，宽 20 英尺，池底和四壁均用白色瓷砖砌成。二楼基本保持原样，可以打篮球、羽毛球等。

圣约翰大学除了极重视英语以外，宗教、体育和课外活动也十分出色，是当时中国唯一拥有高尔夫球场的大学。苏州河边占地 84 亩的运动场完整保留了下来。校内体育设施完善，这里还诞生了中国历史上第一支足球队。

1896 年，上海人组织的第一支足球队——圣约翰书院足球队成立。圣约翰学生的脑后垂着长辫晃荡晃荡，由此圣约翰书院足球队被人称为“约翰辫子军”。从 1902 年起每年举办的圣约翰书院与南洋公学的联赛，总是吸引了不少观众前来观战，盛极一时。

圣约翰大学开展了近 20 项体育活动，并把全年分为网球、篮球、足球、垒球、田径 5 个赛季。1905 年 8 月 2 日，圣约翰大学和中华基督教青年会的一场棒球比赛，成为上海棒球史上的第一场华人棒球队比赛，得胜者是圣约翰大学。由圣约翰大学校友组成的中华篮球队，获得了 1923 年全运会的亚军。1924 年和 1926 年圣约翰和东京圣保罗大学在上海和东京两度对抗篮球，是中日篮球史上首次进行的大学之间的国际比赛。在 1911 年的第一届全运会上，网球比赛男单前 4 名都被圣约翰大学的网球选手包办。

在 1910 年举办的中国第一届运动会的田径比赛上，圣约翰大学一鸣惊人，捧得团体冠军。1913 年 5 月，圣约翰大学参加中华田径队远征马尼拉第一届远东运动会，在中国 26 名选手所得的 36 分中，有 26 分为 4 名圣约翰大学学生所得。

1937 年八一三事变后，圣约翰大学为避战火将学校迁往公共租界南京路大陆商场，不久与相继迁入的沪江、东吴、之江大学四校组成上海联合基督教大学。1940 年又迁返原址。1952 年，圣约翰大学被分拆至上海各大名校后解散，圣约翰大学原校址给了华东政法大学，一代名校就此消失。

《圣经》中说：你们是世上的光。教导信徒们要做真理的灯塔，去积极影响别人，不要使自己的光从世界上熄灭。要像万里无云的黎明，日薄东方的万道霞光！要像雨后的清晨，碧草青青上露珠的清新晴光！这正是无数圣约翰大学的学子们铭记心中的。日后，他们中的佼佼者用自己的聪明才智荣耀了这个世界，其发出的光亮辉映了一个时代。

我愿守土复开疆

陈香梅&陈纳德旧居

且听风吟

无问西东

迎难而上

如同爱你

陈香梅 & 陈纳德旧居：上海市长宁区虹桥路 1440 号

白骨累累，血泪满眶，纵然有不惜百死报家国的豪情，但在几乎洞开的中国领空，又能拿什么去和战备精良的日寇搏击？曙光乍现，涂装着鲨鱼头图案的战机从远处奔袭而来，令敌人闻风丧胆！后来，飞虎队改称第十四航空队，在驼峰航线上运送物资和人员，击落日机 2 600 架，击沉或重创 223 万吨敌商船、44 艘军舰、13 000艘100吨以下的内河船只，击毙日军官兵66 700名。当我们告慰烈士英灵的时候，没有比这些数字更好的祭奠！抗战必胜！祖国万岁！当战争的硝烟散去，他俩的异国忘年恋成为众人的共同甜蜜，这甜蜜来自苦涩的记忆。中国百姓接过坠机跳伞美国飞行员递过来的布条，上写："来华助战洋人，军民一体救护。"

1940 年，美国飞行教官陈纳德组建的一支援华外籍空军兵团飞赴昆明。同年 12 月，他们在仰光空战中一天就击毁日机 30 架，从此被誉为空中飞虎队。

全世界都看到了这一吻

位于古北国际化社区和徐家汇商圈之间的美华邨，虹桥路 1440 号内，有一栋陈香梅和陈纳德当年结婚时的住所，美华邨 9 号别墅。

这一天， 一袭花衣，黛眉红唇，波浪大卷发的陈香梅女士又来到了这个印满了爱情记忆的老房子。自 1979 年以来，年逾花甲的她已经数次回到中国。上海是凝聚着陈香梅美好回忆的家，在她还是小女孩的时候，就住在静安寺路（今南京西路）和霞飞路（今淮海中路）一带。然后，她又在上海成家，度过了一生中最美好的年华。

这幢 3 层楼的小洋房有着红色筒瓦屋顶，立面开窗部位多用螺旋形柱，底楼 2 间，二楼 3 间，三楼 1 间。上面三楼朝西的房间，是他们当年的婚房。新婚的甜蜜似乎还弥漫在这座房子里，他们在寒风中拥吻的热烈在老照片里触摸可及。

时光飞逝如电，昨天是少女，今天是老妪，可是她的心一直停留在回忆里，出不来，她还是当初的模样，红唇，高跟鞋，是他喜欢的样子。这一生，她必须是陈纳德夫人，不改嫁，不改变，否则，她又如何去赴他的约会？说好了，生同衾，死同穴。

别墅前是大片绿意盎然的草坪，边上有枝叶扶疏的树木。顺着小径向前走，一座红瓦顶的亭子出现在眼前。那天，西式婚礼的冷餐会就在大草坪上举行，鬓客如云，高朋满座。朋友们都称赞这里的环境真是老好额。

虹桥路是当时中上阶层青睐的别墅区。这里远离工业化的闹市喧嚣，一派田园风光。美华邨建于 1935 年，美国普益房产公司在这里建造了 18 幢花园别墅。凭借其精致的外观、合理的布局，一经推出便受到不少名流的青睐。这里离虹桥机场较近，所以陈纳德和队员选择住在这里。1941 年 12 月 7 日，太平洋战争爆发，日军进驻上海租界，美华邨成了日本人的产业。日本战败后，普益房产公司收回了美华邨，部分原来的租赁单位重新获得美华邨的使用权，美国海军陆战队也收回了美华邨住宅的使用权。

1947 年圣诞节前，陈纳德在民用航空公司高级职员的午餐会上，高声宣布：“我和安娜订婚了！”得知新娘就是中央通讯社那位女记者时，大家纷纷向他们的总经理祝贺，并一致提议他们使用民航公司的飞机去蜜月旅行。

“我还没有准备戒指呢，这太令人难堪了！”“那我们一起去挑。”

他们来到一家珠宝店，陈香梅选中了一枚蓝白宝石相间的白金戒指，价格高达 1 500 元。“不贵。我身上只有 1 000 元，你能借给我 500 元吗？”陈纳德笑道。

陈纳德拉着陈香梅的手说：“我先把我的礼物送给你。”那是一个淡黄色绸子做的小盒子，系着一条红丝带，她心想那一定是一件首饰，但，那是美华邨 5 号（现为 9 号）的门匙，连同一张小卡片写着：“送给我亲爱的小东西，连同我完整的爱。”她惊讶得睁大了眼睛。他微笑着对她说：“亲爱的，圣诞快乐！”陈香梅送给陈纳德一个金制打火机，关照道：“不要吸太多烟！”

1947 年 12 月 21 日，这段异国婚恋历经波折终于修成正果。婚礼就在美华邨 5 号别墅举行。屋内用青松和白菊装饰，高洁优雅，而无一丝奢华。陈香梅的父亲和继母、大姐、外交部次长叶公超、陈纳德的助理舒伯炎上校和夫人、陈纳德的私人医生詹德狄上校先后到达。叶公超带来了蒋介石夫妇的礼物：一对景德镇的薄胎瓷皮灯和两双象牙筷子。

在众人的注视下，新郎挽着新娘走了出来：陈香梅披着白色的婚纱，陈纳德身穿美国空军中将的军服。基督教牧师和美国驻上海总领事为新人证婚，陈纳德为陈香梅戴上了结婚戒指，两人虔诚许愿，终生相守。人们欢呼着，将满袋的红绿纸屑撒向新郎新娘，按西方的说法，这是麦穗和丰裕的象征。作为抗日名将和报道抗日的名记者，新郎新娘使用了一把日本军刀切开了蛋糕，这个国民政府薛岳将军所赠的战利品在婚礼上意义非凡。

接下来，乐队演奏起名为《承诺》的舞曲，新郎新娘和来宾们畅饮香槟，翩翩起舞。在旋转中，在幸福里，陈香梅的眼中笑意盈盈。“亲爱的，我觉得在做梦，我真的成为你的妻子了吗？”“小东西，你现在还不信吗？”陈纳德握紧了她的手掌，紧得她感觉到痛，但是她却咯咯咯地笑了起来。“两个生命如同两条溪流，交汇在一起，成了一条大河，”她对他说道。这是她的表白。

他的丈夫，著名的陈纳德将军，不但彬彬有礼，而且相当富有情趣，热爱挑战与冒险的天性让他保持着一颗童心，他们之间没有代沟的存在，当然也因为，历经磨难的陈香梅比同龄的女孩子都早熟一些。因此，他们一见如故，从相知，到相爱，终于到相依。

还记得1945年8月8日，陈纳德在中国卸职，乘飞机回国，不久，陈香梅就被派到中央通讯社上海分社工作。虽然他们互相在心里思念着对方，但他们的相爱似乎是不可能的事情，因为陈纳德有家室。临行前，他在她耳边轻轻说，“我会回来的。”

他果真回到了上海。那天，飞机徐徐降落，陈纳德走出机舱，一边惊喜地唤着“安娜”，一边朝前来迎接的陈香梅大步走来。晚上，灯火璀璨，他们在南京路上的国际饭店共进晚餐。陈纳德告诉她，他已经是自由身了。他们的手紧紧地握在了一起，喜悦如潮水涌来。

但是，陈香梅的家人却不同意这桩婚事，在美国当外交官的父亲陈应荣暴跳如雷，下达最后通牒：速去美国，否则断绝父女关系。这时，陈纳德已在上海成立了航空公司。陈香梅为此事烦恼着，却又抵挡不了将军的爱情攻势，他们经常一起前往百乐门舞厅跳舞。

有一次，陈香梅得了胃溃疡，住院了，陈纳德每天让司机王师傅送花篮来医院，以致病房中到处是花篮，最后只得放到门外走道上。

为了阻拦女儿嫁给一个比自己还大1岁的男人，陈香梅的父亲陈应荣将女儿带去了西湖边上小住，他希望女儿改变主意。但在几百公里外，陈纳德一天两通长途电话，不断地鼓励心上人要坚持下去。年轻的女子终于作出决定，她说，宁愿和情投意合的人相守十年，也不愿和另外一个不爱的人相伴一生。无可奈何的父亲最终也只能同意二人的婚事。

一曲终了，彼此鞠躬致礼，将陈香梅的思绪拉了回来。陈纳德牵着陈香梅的手来到了客厅外的花房，记者们已在屋外架好了相机。陈纳德一把拽过妻子，深情地亲吻了起来，摄影师赶紧抓拍下这个动人的场面。第二天，陈纳德将军和年轻夫人接吻的照片出现在全世界的报刊上，轰动一时。一时间，众人争相一睹英雄美人的恬谧时刻，印刷厂飞速地加印着报纸。那一吻，全世界都看到了。

硝烟散去后的十年恩爱

两人并没有去度蜜月，结婚第二天，他们照例准备在早晨 8 点离开家门，从西向东穿越上海市区，到外滩 17 号民用航空公司去处理未完的公务。当时陈香梅已辞去了中央通讯社的采访工作，转到民航公司的新闻部上班。

周末的时候，新婚夫妇一起弹琴，一起整理衣柜，陈香梅把将军一件件军装熨烫好，挂在衣橱里。将军拿着他心爱的长枪擦拭着，往昔峥嵘岁月如在眼前：

1937 年抗战全面爆发后，弱小的中国空军与日军誓死决战，很快就几乎损失殆尽。陈纳德接受宋美龄的建议，在昆明市郊组建航校，以美军标准训练中国空军。1941 年，陈纳德前往美国重金招募美军飞行员和机械师，以平民身份参战。

首批有 68 架飞机、110 名飞行员、150 名机械师和其他一些后勤人员抵达中国。编为亚当和夏娃、熊猫及地狱天使三个中队。P–40 飞机是飞虎队的主要装备，飞机头部被画上了鲨鱼头形。1943 年，特遣队改编成为美国陆军第十四航空队，开通了“驼峰航线”，又称为“死亡航线”。驼峰航线全长 800 多公里，横跨喜马拉雅山脉，途经高山雪峰、峡谷冰川、热带丛林、寒带原始森林，以及日军占领区。沿途气候十分恶劣，强气流、低气压和冰雹、霜冻，使飞机在飞行中随时面临坠毁和撞山的危险，飞机失事率高得惊人。在天气晴朗的时候，飞行员完全可以沿着反光的战友坠机碎片所组成的线路飞行。这条撒着战友飞机残骸的山谷被称作“铝谷”。在黑暗的岁月中，那些喷着鲨鱼嘴图案的飞机给中国人带来了希望。

此刻，陈香梅看着擦枪的陈纳德，这个满脸坚毅的男人在她看来像个温柔的男孩子一样，让人着迷。尤记那年初相识。

1944 年初冬一个晴朗的日子，19 岁的陈香梅奉命采访飞虎队负责人陈纳德将军，这真的让她开心极了。因为每逢家里面临困境，都是这个将军像救世主一样前来搭救，她真想见见这个不同凡响的异国将军。年少丧母，陈家六姊妹先后进入香港圣保禄女中求学。香港沦陷之后，1942 年 5 月初，陈香梅与姐妹们在棉衣里缝上母亲留下的珠宝逃亡内地，从香港乘船到澳门，后到了桂林。陈纳德受好友陈应荣之托，派两名副官将六姊妹接往昆明。陈应荣时任中国驻美外交官，飞虎队队员到中国的签证都是他协助办理的。

1944 年的时候，陈香梅的妹妹走散了，陈纳德知道以后，特地派出一支搜救队伍将她的妹妹找了回来。这件事情以后，陈应荣决定把自己的女儿们接到美国，但是毕业于广东岭南大学的陈香梅，放弃了父亲给她安排的去美国工作的道路，进入中央通讯社驻昆明分社，成为该社第一个战地女记者。她对这位威震长空的空军指挥官十分崇拜。这位将军于国于家都有恩情，她不知道有什么机会可以报答他，也许，将他的战斗及时报道就是她唯一能做的事情了吧。

那天陈香梅见到的陈纳德脸上布满深深的皱纹，有着倔强的下颚，看起来强忍而果决，说话时他的腔调是美国南部的口音，语速并不快。陈纳德因为她的在场，向大家打招呼的时候特意补充了一句“以及女士”，这样的细心体贴给她留下了深刻的印象。

新闻发布会结束后，就在她转身将要离开的时候，陈纳德主动叫住了她，同她寒暄了起来。原来情报官刚刚把记者陈香梅的名字和身份告诉了将军，陈香梅的姐姐陈静宜正在第十四航空队当飞行护理，前些日子陈父刚写信向将军询问女儿的近况，还说陈纳德很快会看到他的另外一个女儿，显然他很以这个女儿为荣。

陈香梅在回忆录《一千个春天》里写到这次采访：“他进入我的生命中，像春日的和风吹醒了百花，像四月的阵雨润泽了大地。”

她拥有惊人的毅力和勇气

1958 年 7 月 27 日，陈纳德因肺癌离开了人间，终年 67 岁。他的遗嘱里，字里行间是对妻子深深的眷恋和永不断绝的爱意。“你已给予我所想要的一切，甚至远过之，我已了解我在你身上，获得丰富的幸福、了解与挚爱，远胜世上许多男人，此刻我仅能加上一句，我以每一口气息与每一种思念爱着你。”

陈香梅是一位坚强的女性，1960 年，她带着孩子移居美国华盛顿，以惊人的毅力和勇气进入政界和商界，并大获成功。凭借着畅销书作家与陈纳德将军遗孀的双重身份与光环，陈香梅迅速跻身美国的上流社会。她在自家位于水门大厦的顶层公寓里举行的晚宴常常成为政商界人士的聚会。从尼克松到里根，她在多位美国总统麾下任要职，长成了一剪常青的梅枝。

1981年元旦前后，陈香梅作为美国总统里根的特使访问北京，当时在北京人民大会堂举行的欢迎宴会上，邓小平请陈香梅坐在第一贵宾的位置上，让参议员史蒂文斯坐在次席。她清楚地记得，当时邓小平说："陈香梅坐第一，参议员史蒂文斯先生坐第二，因为参议员在美国有100来个，而陈香梅嘛，不要说美国，就是全世界也只有一个。"

陈香梅曾在1972年尼克松总统访华和1979年中美两国正式建交等一系列重大事件中做出过积极贡献，被称为"中美民间大使"。此后一直活跃在政界、商界、教育界等领域。

半个世纪风云变幻，依然还能回到这里，何尝不是上天的垂怜？陈香梅坐在当年的阳光房中，看着屋内正开得茂盛的兰花，心中波涛翻涌，她和陪同参观的人说起了这老房子的故事。以前，上海房地产商投资建设的住宅主要用于租赁，有需求的住户可以一次性交付相应的"顶费"，获得若干年的使用权，以后，每月交付规定的房租和管理费。同样，以前，总部在外国的大公司在上海设立分公司或办事处，会长期租赁一批住宅，提供给自己的高级管理层使用。美华新村就是可供租赁的花园洋房，住户大部分是"首席""大班"。美国海军陆战队也租赁了美华新村的部分住宅，提供给军官使用。

"您在书中这样写到这幢别墅：'该处境地清幽，无市声之扰，屋后有园地，植瓜蔬，种花果。三月春花放，九月蝉鸣，自有一番幽趣。'""您今天陪我来，是做了功课的咯！"陈香梅笑了起来。"您是邓小平的座上客，全世界唯一的陈香梅，您的传奇令我们很仰慕。”“客气了，上海永远是我的家。”也许，想起了心中的他，她的眼角有泪光闪烁。

“听说您也是流亡学生，逃亡途中差点被日本人发现？”“是的，那段经历很难忘，我母亲去世了，父亲远在美国，我和姐姐一起带着小妹妹们跟随流亡队伍跋涉几千里来到昆明。在美国的父亲要我们姐妹六个去美国学习，只有我没去。我要和祖国在一起。”

陈香梅出身名门，陈家祖籍福建，后迁徙至广东南海。陈香梅的祖父陈庆云年轻得志，才不过三十出头，就做了中国招商局局长。后在广州投资电车公司失败，自杀身亡，年仅 38 岁。父亲陈应荣年少出国，在英、美受教育，获得英国牛津大学法学博士和美国哥伦比亚大学哲学博士学位，回国后当过教授、编辑、外交家；母亲廖香词曾赴法国、意大利学习音乐和绘画。陈香梅的外祖父廖凤舒与廖仲恺是亲兄弟，当过中国驻古巴公使和日本大使。陈香梅从小喜爱文学，英文基础很好。

这幢别墅的室内陈设高雅别致，有着漂亮弧线的旋转楼梯通向楼上，吊灯款式充满文艺气息，壁炉、皮沙发、巨大的雕刻摆设都充分演绎着主人雄霸一世的王者气度。陈纳德夫妇在美华新村一直住到他们 1949 年春天离开上海。解放后，这里一度成为肺科医院的办公楼。

2018 年 3 月 30 日，陈纳德将军遗孀陈香梅女士在美国逝世，94 年传奇人生落下帷幕。在这个世界上，有一幢房子对陈香梅意义非凡，它意味着爱的誓言。这幢房子，在上海。

碧血丹心蹈烈火
黄兴旧居

爱，便是不计较

倾尽所有，痴心不改

爱，便是生死相随

她骄傲，她做到了

黄兴旧居：上海市徐汇区武康路 393 号

他，被委以重托，寄予厚望，置生死于度外，勇往直前。她，追随爱人的步伐，为他穿梭在枪林弹雨中。作为孙中山的至交，黄兴舍命陪君子，悲欢共生死同。作为黄兴的同志爱人，徐宗汉与他风雨同舟，患难与共。五色旗飘扬，他们骄傲，自己是落后王朝的掘墓者。革命的梦想，那一代热血青年都有，但踏遍江山亲身践行，同仇敌忾，彼此掩护，用鲜血浇灌战地黄花，而又能夫妻双双全身而退的又有几人？

武康路长 1 183 米，北起华山路，南至淮海中路接天平路、余庆路，沿线西班牙式、法国文艺复兴式等风格的建筑很多，是上海中心城区极具欧陆风情的街区之一，也是浓缩了上海近代百年历史的名人路，无数在中国历史上呼风唤雨的历史人物在这里居住过，书写了他们的人生传奇。

黄兴，字克强，他和孙中山共同创立了亚洲第一个民主共和国，他们并称为“孙黄”，是中华民国开国二杰。在一位法国人眼里，“中等身材，外表刚毅倔强，宽肩膀，体格强健有力，面貌丰腴，蓄黑髭”的黄兴是“中国革命之拿破仑”。本是一介书生，对军事并非专业，但自华兴会计划在湖南起事，黄兴即自任总指挥，武昌起义后任战时总司令，南京临时政府时为陆军总长，随后担任南京留守，戎马一生，鞠躬尽瘁。

武康路 393 号的荣耀

初夏时节，沿着浓荫蔽日的武康路，从南端往北走 200 米，临街有一幢线条流畅的淡黄色建筑。这里是武康路 393 号，辛亥革命元老黄兴的旧居，人称“黄公馆”。1912 年至 1916 年，黄兴和如夫人徐宗汉曾居住于此。

清晨的阳光斜射过来，黄公馆外有淡淡的花香蔓延。黄公馆，黄色的外墙，不知这样的设计是否是一种特别的致意？于这般的岁月静好，于这样的柔软时光，和心爱的人朝朝暮暮，是上天对于他

们为革命舍生忘死的特别眷顾吧。世人皆知黄兴的革命生涯轰轰烈烈，也将他们在炮火中诠释相濡以沫的爱恋传为美谈，而黄公馆则记录了不为人知的黄兴伉俪的凡人爱情。

黄兴旧居有南北两幢，现在看到的临街这幢房子是北幢，是1933年黄兴逝世以后在其寓所旁边加盖的，装饰艺术派风格。建筑夹杂着局部马赛克贴面，立面以深褐色衬托出浅色的横竖线条，长型条窗，横条浮雕，简洁中带着奢华。北幢现为武康路旅游咨询中心·徐汇老房子艺术中心，展示有多幢等比例缩小制作的老房子模型，介绍老洋房背后的故事。迈入宽敞恢弘的大厅，挑高二层，二楼是环绕一周的走廊，制造出一个美轮美奂的空间，雍容华贵的顶灯，照亮整个大厅。

南面那幢为英国乡村式，屋面用四坡顶红瓦覆盖，陡坡瓦顶，山墙露木构架。这才是黄兴原来的寓所。1912年，中华民国南京临时政府成立，在现在的武康路393号建造外交部驻沪交涉使司之衙署。它曾占有4亩大的花园，浓荫覆盖，绿草如茵。1912年动工，1915年最终完工。整幢洋楼三开间，4层楼，大理石露天台阶，花岗石作墙角基础。外墙立面的清水水泥大砌块衬托出浅色的横直线条，檐上有浮雕，南立面二、三、四层有弓形花水浪阳台，用罗马短柱栏杆。

室内装饰也颇为讲究，室内楼梯采用曲尺形转弯，其栏杆也是典型的装饰艺术派风格。地面用花瓷砖，卧室用柳桉木地板，内墙面用柚木做护壁，天花板用石膏花饰图案，多用重叠线脚，整个室内环境显得典雅之极。可惜的是，黄公馆现已成为民宅，不对外开放。

碧血横飞，广州两次起义并肩作战

1912年1月1日，革命战士的前赴后继换来了中华民国临时政府在南京的成立，孙中山被推选为首任大总统，黄兴任陆军总长。黄兴将母亲易太夫人与元配廖淡如接到了南京，按湖南人习俗，如夫人徐宗汉要向老夫人和大太太“抬茶”，并请求留在黄兴身边。这套旧规矩，本来徐宗汉完全可以不去理会，可是为了自己心爱的人，她做什么都是心甘情愿的，她给足了所有人面子，不计较自己在家的地位和名分。

同年3月，南京临时政府解散，临时参议院北迁。因各路革命军不能随同北上，黄兴留在南京处理各省革命军的裁撤与遣散事宜。因军饷无着，军队哗变，6月14日，南京留守撤销，退居上海，黄兴住进了上海福开森路（今武康路）393号。半生的刀尖舔血后，黄兴开始了短暂的安宁生活，他很喜欢上海的环境，只是浑身的伤痛伴随着回忆，像潮水，不时地奔袭而来。

夫人徐宗汉就好像是上天派来的守护神，有她在，他总是安然无恙，这样的奇女子天下也难觅第二个，所以黄兴心怀感激，平时里杀伐决断的铁将军，在她面前百炼钢也成绕指柔。同时，他也心怀愧疚，那些跟着他冲锋陷阵的好兄弟都留在了战场上，再也回不来了，如果战斗里，他们能再灵巧一点，躲过子弹，躲过死神……“早上天凉，要披一件衣服的。”耳边传来妻子徐宗汉的声音，肩上同时多了衣物的温暖。他知道，她一定是看着他站在窗边的背影已经很久。他抓过她的手，用自己温暖的手掌覆盖着她的，和她一起伫立在晨曦里，“又在想林觉民他们了吧？”徐宗汉道。

他点点头，又轻轻叹了一口气，“你是最懂我的。大清索他的命，他诛大清的心。朝廷都舍不得杀他，面如玉，心如铁，心地光明如雪……”黄兴喃喃念叨着，他不愿意去回忆的那些画面再一次出现在眼前。

1909年秋，黄兴到香港成立同盟会南方支部，策划广州新军起义。知道徐宗汉也在筹备广州新军起义，黄兴有即将见到老朋友的那种欣喜。1908年秋，徐宗汉从槟榔屿取道香港返回广州，并自辟门面，与高剑父、潘达微等创设审美画会、受贞阁裱画店掩护革命工作。

起义前夕，徐宗汉与胡汉民夫人陈淑子、冯自由夫人李自屏由香港出发，取水路秘密携带军火前往广州。行囊中装满了炸药子弹，被褥内藏有旗帜，这些东西犹如一颗颗定时炸弹，让陈淑子、李自屏十分紧张，而徐宗汉一路上神情自若地谈笑风生，分散敌人的注意力。她将手榴弹包好，藏在一只只马桶内。有一次碰上突然检查，仓皇中徐宗汉只得一屁股坐在马桶上。

那个年代的中国，腐朽不堪。为给天下人一个风雨不侵的家，给天下的孩子一个宁静祥和的世界，那些铁骨铮铮的年轻人已做好了随时赴死的准备，以唤醒沉睡的祖国。广州新军起义失败后，孙中山决定倾全党人力物力，在广州再举。1911年初在香港成立了领导起义的总机关统筹部，黄兴任部长。在广州起义前夕，徐宗汉借一颜料作坊为掩护，自己则扮成作坊外嫁的新娘。两百多名革命战士扮作迎亲队伍，在喧天的锣鼓和鞭炮声中，把武器弹药顺利运送进了广州市内。然后，取出装在颜料罐里的武器零配件，洗净后分送至各处。

由于种种原因，起义不得不推迟。4 月 27 日，这是按第二次计划的起义时间，计划四路大军同时从不同的方向进攻两广总督衙门，结果却只来了一支黄兴的 120 人的敢死队，区区 120 人对阵清军阵营里的 2 400 人，显然凶多吉少，黄兴留下了绝命书。

这天下午，黄兴率领黄一欧、林觉民、方声洞等人，身先士卒攻打总督衙门。攻入总督衙门之后，却发现总督已经逃跑，只好将总督衙门一把火烧了。撤退的过程中，遭遇巡防营的堵截。黄兴持双枪左右射击，击毙清军多人，林觉民、方声洞、陈更新个个英勇杀敌，在纷飞的炮火中，喻培伦手握弹药与敌人同归于尽，许多革命党人英勇牺牲，他们都是年轻的学生兵，战前写好了绝命书，被捕后也不愿意苟活，他们说，“一同举事，一同赴死”。

右手受伤的黄兴突围而出，遇到接应的徐宗汉。起义再次失败，广州全城戒严，清军四处盘查。4 月 29 日，徐宗汉外出买了一件长衫，为黄兴改装，在医生张竹君的陪同下，乘哈德安轮逃到香港。当时的客轮已没有单独的房间，徐宗汉便将黄兴安置在厅中梳花椅上装睡，自己则靠坐其旁，以身体掩护黄兴，黄兴的爱意油然而生。

到了香港，黄兴入雅丽氏医院做手术，失去了两指，徐宗汉以黄兴夫人的名义签字了。手术后，徐宗汉一直在黄兴的病榻旁照料，当徐宗汉为他忙前忙后时，温馨又激动的奇妙感觉在彼此的心间荡漾。两人谈理想、谈革命、谈未来，经过血与火的洗礼，感觉心灵是那么地靠近。有徐宗汉的精心照料，黄兴心中因失败带来的伤痛稍许抚平。两人的感情不断升华，决定结为革命夫妻继续战斗。

“意映和觉民两个孩子感情太好了，她一直想要殉情而死，”徐宗汉的话打断了黄兴的思绪。“都是傻孩子啊，”黄兴揽过妻子的肩膀，侧过身凝望着她的眼睛，“我不许你像她一样，有这样的念头，你一定要答应我，如果我出了事，你要坚强地活下去。我们这一生，注定了要在枪林弹雨里讨生活。”徐宗汉凝望着丈夫，缓缓说道：“行，我答应你。我们都要好好的。”

“我是个常败将军。”黄兴自嘲道。“萍乡、浏阳、醴陵起义，镇南关起义，钦州、廉州、上思之役，广州新军起义，你看，哪一次成功过？”徐宗汉轻声道，“失败是成功之母。而且你屡败屡战，从未气馁。”“夫人，你这是在安慰我，我对不起那些烈士啊！”黄兴的眉头皱紧了，同盟会成立后，黄兴的主要精力一直放在武装起义上面，组成“丈夫团”，为进行武装斗争准备力量。

1912 年 8 月 25 日，同盟会与统一共和党等联合，改组为国民党，黄兴被推为理事。临时稽勘局局长冯自由聘徐宗汉为该局名誉审议。当时广东北伐军姚雨平部从徐州前线回南京时，带回战时难童 200 多人。由此成立了南京贫儿教养院，由徐宗汉负责该院工作。

“夫人，你今天这身湖蓝衣服真好看咧，你在战场上就和男人没两样，脸上弄得都是灰。”黄兴深情地看着自己的爱人，打趣道。他深深为自己有这样一个女中豪杰的妻子而感到骄傲，他还记得他们初次见面的情景。

那一年，黄兴和孙中山到南洋槟榔屿向华侨筹款。到了当地却听不懂马来语，徐宗汉便自告奋勇当起了向导。作为孙中山的广东老乡，她还很快学会了湖南话，成为孙中山和黄兴之间的翻译。孙中山一直在黄兴的面前夸赞这位聪明能干的女杰，她原来是两广总督洋务委员李庆春的儿媳妇，大姐徐慕兰是李庆春的长媳，也是同盟会成员，她带动家中妹妹佩瑶、小姑佩书等11人走上了革命的道路，几年后，守寡不久的徐宗汉抛下一对儿女，投奔二姐佩瑶，成为同盟会会员。

汉阳前线，慈航普渡心上人

1913年3月，国民党党魁宋教仁遇刺身亡。其间，孙中山曾多次来武康路393号黄兴寓所与黄兴商讨“二次革命”。当年7月，黄兴在南京主持讨袁工作，在繁忙的军务中，写信给在上海的徐宗汉：“弟在家保育儿辈，我极心感……吾责至大、至危、至暂，汝责至细、至久、至难，然则汝之责任艰巨于吾乎！”寸寸柔情浮现在字里行间。

一有空闲，黄兴便返回上海的家，孩子们见到爸爸回来，开心地又蹦又跳，他会从包里掏出南京带回来的糖葫芦，分给小孩子。餐桌上，鲜花盛开在花瓶中，还有他爱吃的湖南腊肉炒蒜叶在盘中闪着光泽，米饭的香味扑鼻而来，没想到夫人把家里料理得这么井井有条，他觉得自己真是幸福极了。那么，外人的那些刁难又算得了什么呢?

每一次战斗，他都抱着必死的信念，谁知死神一次次放过了他，和那些阵亡的弟兄们相比起来，他太知足了。幸亏一次又一次，夫人救他出绝境。汉阳前线虎口脱险，那一次，真的好悬啊!

革命的烈火在国内一直熊熊燃烧，1911 年 10 月 10 日，武昌起义成功，各地政府纷纷宣布独立。宋教仁在上海闻讯，急电在香港的黄兴，速北上武昌主持全局。徐宗汉也要随夫君一同前往，她抓着丈夫的肩膀:“好啊，好啊，前线马上就要开战了，我们现在就去!”看着她兴奋的脸庞，黄兴反对的话始终说不出口，只能认命地带她去。

10 月 24 日，黄兴偕徐宗汉抵达上海。各路关口盘查甚严，黄兴是被全国通缉的要犯，张竹君是徐宗汉的好闺蜜，素有女界梁启超之称，在她的安排下，一个由中外人士组成的红十字救伤队启程赴武汉战地服务。黄兴扮作医疗人员，宋教仁、陈果夫等随救伤队前行，于 10 月 28 日顺利到达武汉。黎元洪在武昌都督府门外筑坛，拜黄兴为革命军总司令，军政府派人骑马举着上书“黄兴到”三个字的大旗，在武汉三镇革命军控制区跑了一圈，革命军士气为之大振。

黄兴渡江亲临汉阳前线，率领民军与清军奋战二十多天，一度渡过汉水攻入汉口。那是一场恶仗，战士们被硝烟熏得像黑猴般，不断有冲锋的战士冲上去，又倒下来。掩体里，很多战士负了伤，可是卫生员不够，纱布也远远不够。在阵地上，徐宗汉冒着炮火，为战士包扎伤口;在野战医院里，她细心照料伤员。她就像女神一样，成为战士们的精神寄托。黄兴在汉阳鏖战时，儿子黄一欧也在上海参加了攻打江南制造局的战斗。

黄兴和黎元洪艰难支撑，后清军反攻，汉阳失守了，清军封锁长江，黄兴被困汉阳。他以为这就是他成仁之地，然而，绝处逢生，徐宗汉与张竹君用红十字会的一艘渡船，护送黄兴从汉阳渡至武昌江岸，终得以脱险。黄兴率部撤往长江下游，集聚力量。

这时，上海已经光复，南京也成革命军的囊中之物，清廷向革命军发出了和谈的请求。沪宁方面都电催黄兴回到上海主持大局。11月28日，黄兴到上海主持和谈，而徐宗汉恐和议不成，便组织“北伐炸弹队”以对付清廷。南京光复后，独立各省代表会议先举他为大元帅，后改为副元帅代行大元帅职权，他均未赴任。

流亡海外，困境中彼此鼓励砥砺前行

1913年7月，二次革命爆发，黄兴在南京强迫江苏都督程德全宣布独立。黄被推为江苏讨袁军总司令。同年9月1日，张勋率武卫军攻克南京，各地宣布取消独立。二次革命迅速失败，孙中山、黄兴与国民党许多骨干分子再次流亡日本。孙中山痛定思痛，在日本成立了中华革命党。但黄兴对加入该党需“以打手印为信誓”的做法不认同，不愿参加。

1914年，黄兴赴美国。由于连年征战奔波，操劳过度，加之革命事业坎坷，忧愤有加，抵美后黄兴患肝病吐血，暂时在费城郊外一家医院疗养，他命长子黄一欧伴送庶母来美相叙。徐宗汉闻讯，即刻兼程赴美。

“克强，我来了。”风尘仆仆的徐宗汉赶到了丈夫的病床旁。他伸出手去，拉着她的手，眼角湿润着说道，“夫人，这一路上辛苦了。”“你呀，现在这么容易感伤了，”她笑道。看到他面色蜡黄，她的心里一阵抽紧，可是表面上还要装作没事一样，她明白，只有自己坚强乐观，才能影响他，继续好好地活下去为革命工作。

1915 年，蔡锷在云南起事发起第二次反袁运动，因孤身奋战，便屡屡催促黄兴回国主事，孙中山也催促黄兴回国。1916 年 7 月，黄兴偕徐宗汉从美国经日本辗转回国，途中口占一绝：“太平洋上一孤舟，饱载民权和自由。愧我旅中无长物，好风吹送返神州。”他在两人意见相左时离开，在先生危险的时候还是回来，安危他日终须仗，他给予了他们的理想最为纯粹的忠诚。

1916 年 3 月 22 日，众叛亲离的袁世凯宣布取消帝制，6 月 6 日，在全国讨袁护国的高潮中，袁世凯暴卒，黄兴、徐宗汉于 7 月 8 日返回上海，黄兴又回到了武康路 393 号。“我们又回来了。”踏着玫瑰花盛开的花园小径，十指相扣的黄兴夫妇推开了家门。这里还是一如既往的宁静，他动荡漂泊的一生在上海得到了片刻的安宁，在最后的日子里，革命的爱情回归到了普通夫妻的爱情。各界人士殷切期望黄兴挑起建国重担，虽然此时黄兴已身患严重胃疾，但仍以极大的热忱投入革命事业中，日夜操劳。

1916 年 10 月 10 日，黄兴因胃出血入院，10 月 31 日，因食道与胃静脉曲张破裂出血，这是肝硬化常见的并发症，黄兴在寓所病逝，时年仅 42 岁。革命党人纷纷来到黄兴寓所吊祭，孙中山亲自主持治丧活动。次年 4 月 15 日，国葬黄兴于长沙岳麓山云麓峰下小月亮坪。

黄兴过世之后，黄公馆几经易主，先是沉寂 13 年后，迎来了由国民党元老李石曾、张静江、蔡元培创办的世界社总部，编辑出版的《新世纪》周刊成为推进革命的思想武器。1932 年，蔡元培、吴稚晖等又在此创办上海国际图书馆，它是日内瓦中国国际图书馆的分馆，也是中国第一家国际专业图书馆。1933 年 2 月，这里接待过英国文豪萧伯纳。

黄兴逝世后，悲痛的徐宗汉开始淡出江湖，加之江苏地区落入北洋军阀手中，她也不能回南京贫儿院主持工作，于是在上海一心抚育遗孤。孙中山劝徐宗汉重出江湖闹革命，此后几年，徐宗汉远赴美国、巴西、古巴、秘鲁等地募款。

黄兴和徐宗汉的战火爱情犹如战争巨片，一幕一幕动人心弦，他们是战场上凶悍如虎的神雕侠侣，每逢险境都能化险为夷，用生命捍卫着血肉纷飞、同生共死的爱情！她成全他为国牺牲的大义，他教会了她“何须马革裹尸还”的含义。这碧血丹心燃烧的爱情烈火，虽然在上海故居中熄灭了，但黄兴追求一生的革命理念在十多年后，就在这座房子里，由那本名为《新世纪》的杂志延续了下去，冥冥之中仿佛有黄兴的英灵庇佑着。岁月荏苒，大爱无言，黄公馆见证了这种革命精神的传承。

海上旧里
多伦路文化名人街

人物俊雅文风流

多伦路

以笔为矛

以梦为马

多伦路：位于上海市虹口区，邻近鲁迅公园、虹口足球场

中国的文学奖项有鲁迅文学奖、茅盾文学奖等，其中茅盾文学奖是中国第一个以个人名字命名的文学奖，可称是中国长篇小说的最高奖项。当年，这些文坛巨人都在上海的同一条小路上住过，彼此为邻，往来密切。这条路闹中取静，鳞次栉比的小洋楼掩映在绿树丛中，相邻的商铺以古旧书店、古玩收藏居多，甚是风雅。在中国现代文学史上，多伦路是上海乃至全国反帝、反封建新文化运动的起点，它汇聚了来自全国各地的爱国文化人士，相继涌现了左翼社联、剧联、美联、教联等浩浩荡荡的文化新军。

幻灭　动摇　追求

如今，当我们来到四川北路北端，会发现这里耸立着一座牌楼，上书“多伦路文化名人街”街名。向内走去，怀旧的幽幽氛围和浓浓的文化气息随即环绕在身边，脚下踩着的弹街路面是用约 15 公分见方的石头铺就的，和旧上海留下的许多路一样。

20世纪初的多伦路，还是宝山县一条荒芜偏僻的小河浜。1912年，有一个叫窦乐安的英国传教士，看中这里中美日三不管的宽松环境、便宜的地价和淞沪铁路近在咫尺的交通，填河造路，造出了一条只有 550 米长的小路，顺着弯道形成“L”状，起名叫窦乐安路（Darroch Road）。这里建房无需申批，因而渐渐引入了世界各国的建筑。当时，临近日本领事馆的虹口还是日侨区，很多日本侨民也入住多伦路，小路两侧于是留下了一些木结构的日式建筑和日西合璧的洋楼。当时，还有一些从农村踏进大都市的乡间阔佬也在此置地造房，将江浙皖的古镇老宅搬到上海，于是，多伦路就穿插着欧式洋房、日式公寓、中式石库门、杂交式建筑。

多伦路上按真人大小以青铜铸造的雕塑很多，大多为文化名人，他们或穿长袍手提雨伞，或穿中山装手握书本，或穿五四式女装静坐街头……制作的铜像雕塑，将历史定格在 20 世纪二三十年代的多伦路。他们是鲁迅、茅盾、叶圣陶、瞿秋白、冯雪峰、柔石、丁玲、沈伊默等，他们时常聚集在这里的咖啡馆，研讨文学的方向。其中茅盾的雕像是一个戴着墨镜的翩翩青年，有点潇洒不羁的样子。

景云里位于上海市虹口区横浜路35弄，建于1925年，它西临横浜路，东临多伦路，弄内有3排坐北朝南、砖木结构的石库门3层楼房。从通向景云里的弄堂口开始，石路上每隔一两米就有一块水泥地坪，四周用铜条框着，上面印有各个名人的脚印，依次是鲁迅、郭沫若、茅盾等人的。这里11号住过茅盾、冯雪峰、叶圣陶，23号住过柔石……这条小弄堂，曾被誉为“上海第一里”。

一大批文化人就在这个方寸之地相邻而居，从事创作、编刊等文学活动，使得这里成为进步文学的发祥地和精神家园。鲁迅创作了大量的杂文；茅盾写出了一时令洛阳纸贵、满城争读的《蚀》三部曲；叶圣陶创作了他的扛鼎之作《倪焕之》；柔石写成了《二月》……

1927年，大革命失败，沈德鸿被迫隐居在上海，他开始用笔来宣泄心中的情感，于是创作了小说《幻灭》。他在案前坐到天明，拼命写，双眼熬得通红。小说完成后，沈德鸿开始投稿，可许多报社不敢刊登他的文章。这使得他内心十分矛盾，于是他在手稿上署名“矛盾”。稿子最后交给了《小说月报》的编辑叶圣陶，叶圣陶认为小说很好，但是看了这个名字却提出了意见，认为这个名字是个哲学名词，不像一个人的名字，就自作主张在“矛”字上加了一个草字头，改作“茅盾”。

1927年10月上旬的一天，孔德沚（茅盾夫人）回到家，对正在埋头写作的沈德鸿说：“德鸿，我听人说，鲁迅搬到景云里23号来啦！我家前门正对他家后门呢。”“真想去拜访一下啊，不过已经放风我在日本了。”“别急，会有机会的。”妻子安慰道。

1927 年 10 月 12 日，沈德鸿夫妇晚饭后正在喝茶，忽然听见有人敲门。原来是鲁迅在周建人陪同下来看望他了。

沈德鸿充满歉意地说："听说您从广东到上海来了，而且也住在景云里，无奈鄙人通缉令在身，还要您亲自登门，实在过意不去。"鲁迅笑道："不用客套啦，咱们都是浙江老乡，还是小心一点比较好。"

几天后，叶圣陶前来对他说："《小说月报》上的评论太少了，德鸿你赶快写几篇吧。最好请你先写一篇关于评论鲁迅的。鲁迅刚经香港来到上海，也有欢迎鲁迅的意思。"1 月份的《小说月报》出版了。叶圣陶给他送来刊物。上面印着的正是沈德鸿写的《鲁迅论》。

茅盾旧居在景云里 11 号甲的三楼。应叶圣陶之约，茅盾写了《鲁迅论》，刊于《小说月报》，树立了正确评价鲁迅的第一块界石。

茅盾写完《追求》，已是 1928 年 6 月底。

《幻灭》中的章静是个感情脆弱的女人，她极易燃起对生活的希望，碰到挫折也极易感到失望。在面对社会现实时，不论是事业还是爱情，她都遭受到了幻灭的打击。在当时的社会氛围中，她寻求个人心灵的寄托与安慰，结局只能是一次次的幻灭而已。

《动摇》写的是大革命时期武汉附近一个小县城里发生的故事。主人公方罗兰作为革命联盟的国民党县党部负责人，在革命形势急剧变化的时候，奉行所谓的"中庸"政策，他的动摇与妥协，助长了混入革命党内部的胡国光等投机分子的反革命气焰。当革命遭受挫折的时候，他只能束手无策，以逃离作为保障个人安全的策略。

《追求》中所写的人物均是悲剧性的。领教过官场黑暗而试图

“教育救国”的张曼青，为了实现理想而不惜出卖自己肉体的赵赤珠、王诗陶，为寻出路甘做土匪的曹志方，一次次陷入“恋爱悲剧”无法自拔的龙飞，一味追求官能享受与刺激的章秋柳，等等。

那个时代，知识分子的理想被一而再再而三地碾压，直至不复存在。他们试图寻找理想的救国出路，当革命处于低潮时，他们虽各有所追求，但都找不出一条正确的道路，最终理想与自身反被社会现实所吞噬。

1928 年 7 月，为了躲避当局的追捕，茅盾东渡日本。1930 年，茅盾的这三篇小说合成一书出版了单行本，题名《蚀》，暗喻人生的低谷如短暂的日月蚀，过后将是灿烂的光明。

左联会址

带着那个年代的履痕，弹街路就好像一页页的方格稿纸，铺在面前，人如巨笔，书写着动人故事。它，把人们引向历史深处。

漫步小街，走进海派建筑，一扇木窗、一座石门，都在不经意间流转着 20 世纪 30 年代的风情。在这条曲折幽静的小街上，还有中华艺术大学和中华艺术剧社的故址。砖木结构的三层楼洋房在今天也是时尚的外观设计，屋前有花园，园周有围墙。

身处风雨如磐的白色恐怖中，当年多少年轻的才子才女们在这条路上奔走，纵然冒着付出生命的代价，为唤醒民众，也在所不辞。只见，一位蓄着浓密胡须、身着长衫的人步行来到多伦路 201 弄 2

号的中华艺术大学。在底层一间小教室，冯乃超、冯雪峰、钱杏邨、夏衍、柔石、殷夫等40多位作家或站或坐，恭敬地等待鲁迅先生的到来。1930年3月2日，中国左翼作家联盟（简称左联）成立大会在此召开，标志着以鲁迅为旗手的中国左翼文化运动蓬勃开展。

1930年4月，茅盾从日本回到上海，1931年5月担任左联书记。在左联的培养下，涌现了沙汀、艾芜、叶紫、周文、蒋牧良、艾青、蒲风、聂绀弩、徐懋庸等一批文学新人。他们给文坛带来许多生气勃勃的作品，农村生活、城市生活都带着鲜明的时代特征反映在了作品里，但同时，五四时代的人性解放思潮和海派文学的绮丽风气，也使得左翼文学弥漫着颓废气息。

后来，他们两家都搬到了离多伦路不远的大陆新村。鲁迅先住进1弄9号，邀请茅盾也搬来住，1933年4月，茅盾全家搬到3弄9号。为了庆祝乔迁之喜，茅盾夫人孔德沚想请鲁迅全家来家里吃饭，由她亲自下厨。但是准备什么菜呢，正颇费脑筋，从乌镇带出来的保姆由珍提出想和女主人一起来做家乡的“野火饭”，这一提议得到了大家的响应。野火饭就是用肉丁、笋丁、豆腐干丁、栗子、虾米、白果等，加上调料，与大米混合拌匀，煮熟即成，吃时再配以鲜汤。

5月6日中午时分，茅盾带了一本新出版的书，到鲁迅家送书，在鲁迅家吃过午饭后，茅盾又和鲁迅聊了一下午，然后陪着鲁迅一起回到自己家里享用野火饭。

茅盾笑着招待客人，“我特别喜欢吃母亲做的野火饭，家里孩子多，每次母亲总要烧满满的一大锅，土豆、山芋、扁豆、胡萝卜，什么东西都可以往里面放。”

“野火饭适合农村用的大灶，下面烧柴火，烘烤出来的饭别有一番滋味。”鲁迅说道。“可惜您夫人没来，”孔德沚说道。“啊，小海婴生病了，她要照顾小孩子，就没有口福了。”鲁迅笑道。尽兴而归的鲁迅在日记中记下了这美好的一天。

1932 年到 1933 年，茅盾达到了一个创作的高峰期，《子夜》《林家铺子》《春蚕》《秋收》《残冬》等社会剖析小说不断问世，成为中国左翼文学发展中最为重要的一环。而这一时期，也正是茅盾两度担任左联行政书记的前后。

《子夜》在 1933 年 2 月由开明书店出版。茅盾从开明书店拿到了几本样书后，想到鲁迅多次问过写作《子夜》的进展情况。于是，第二天，2 月 4 日，茅盾拿了《子夜》以及一筐橙子，和孔德沚一起，带了儿子，去鲁迅家中拜访。茅盾用毛笔在砚台上蘸了蘸，在《子夜》的扉页上端正地写上“鲁迅先生指正”，又签上了自己的名字。

1933 年到 1935 年，茅盾和鲁迅一起编写了中国现代短篇小说选《草鞋脚》，并创办了《译文》杂志。

让历史立于大地

“叮咚”“叮咚”，多伦路上奔跑着黄包车，黄浦江上的风穿过车上的铃铛，穿越了时光隧道。

左联完成了历史使命，宣告解散。

抗日战争爆发，多伦路一度被日军海军陆战队占领。岁月更迭，作为公共租界的多伦路不断涌入各方力量，明暗交织。

抗战胜利后，历史人物孔祥熙、汤恩伯、白崇禧等先后在此居住过。

现为多伦路250号的孔祥熙公馆建于1924年，建筑的平面呈扇形布局，沿街立面做弧面处理，釉面墙砖，正门上方出挑小阳台，石牛腿支撑。木制朱红色门窗均凹进，拱券，拱券上部有大量几何形交织或者植物的图案，像是波斯地毯的石雕版。各处细节都透着浓厚的阿拉伯情调。

位于多伦路L形拐角点处的夕拾钟楼是多伦路的标志性建筑，楼高18.15米，整幢钟楼椟体用花岗石砌成，既表现超越时空的动感，又有凝重的哲人气质。楼名取自鲁迅先生的名著《朝花夕拾》，大钟系青铜铸造，由机器人操纵报时，钟声悠扬。机器人同时具有电脑语音功能，能说话、会唱歌，可以准确报时，介绍本地区近代历史演变的大事典故。

多伦路215号是有红色鱼鳞瓦屋面的那一幢，楼前有一个大院子，和周围其他不同样式的建筑一起包围在铁门里。这里为广东商人李观森于1925年建造，后被汪伪政府行政院长梁鸿志和侵华日军海军陆战队司令侵占。

在一轮轮城市更新中，曾响彻文人跫音的多伦路，从20世纪50年代开始成为住宅区。到了20世纪七八十年代，多伦路成了一条热闹拥挤的马路菜场。与此同时，1981年，根据茅盾遗愿，其25万元稿费被捐献出来，设立了茅盾文学奖，旨在推出和褒奖长篇小说作家和作品。现已获得证实的沈雁冰的笔名有98个，然而在众多笔名中，“茅盾”才是他最常用的笔名。

1998年，虹口区政府本着“修旧如初”的原则，对多伦路进行了保护和开发，使其逐步发展成为一个国际化、艺术化、时尚化的特色社区。多伦路从一个侧面集中展示了上海一百多年来城市发展的缩影，是海派文化百年沧桑的“活化石”。

多伦路上还集中有许多小型私人收藏博物馆，包括筷子博物馆、目前亚洲最大的一家古钱币展览馆“金泉古币博物馆”（四川北路203弄35号原汤公馆）、文风奇石藏馆、藏书票管、集报馆、古陶瓷收藏馆和三百砚斋等，形成了“文博街市”的主体特色。这条已被评为“上海十大休闲街”的文化街上，还拥有全国第一家现代美术馆，它吸引了世界各地的画家与画廊。

多伦路是一条适合细细品味的小街，不但整条街蕴含着深刻的文化底蕴，而且每栋楼都有着属于自己的故事，充满了悠闲雅致的海派文化气息。坐在花坛边晒着太阳的普通的老年人，很有可能就是当年叱咤风云的人物，也许曾是呼风唤雨的大佬，也许是心底深藏秘密的高人，他们依旧静悄悄地过着隐士般的寓公生活。

中国历史上很多轰轰烈烈的大事件都在上海发生，无论是过去还是今天，上海都是一座惊心动魄又美艳不可方物的城市。

9
鲁迅故居

横眉冷对千夫指
鲁迅故居

名分算什么
彼此拥有还不够吗
相爱都来不及
哪有时间去管别人说什么
爱是苦茶里的糖
一笑看风云过

鲁迅故居：上海市虹口区山阴路132弄（大陆新村）9号

他刀削一般的脸部轮廓，手夹纸烟的剪影，在时代的幕布上不会被忘却。他勤奋的工作热情，至死不屈的战士精神，鼓舞着无数人。20世纪30年代的上海因为有鲁迅在，有了文化的制高点。而在他的文章中多次出现的“且介亭”住所便是大陆新村9号，那是将“租界”两字各取一半。“横眉冷对千夫指，俯首甘为孺子牛”，其实生活中的他待人非常和蔼体贴，因为遇到了她，他的多情浪漫正像江南春到，春来江水绿如蓝，那黑白的世界顿时有了美丽的颜色。

1918年5月，周树人第一次以鲁迅为笔名，发表了中国第一篇白话小说《狂人日记》。此后，陆续发表《阿Q正传》等小说，在新文化运动中产生了很大影响。1927年10月，鲁迅从广州来到上海，先后住过三处寓所，一处是景云里，一处是拉摩斯公寓，第三处便是这大陆新村9号。

鲁迅在上海整整生活了9年，其间他陆续出版了9本杂文集、历史小说集和翻译作品。1930年，鲁迅组织成立了中国左翼作家联盟（简称左联），担任左联领导工作。其间，还参加了中国自由运动大同盟、中国民权保障同盟等组织。鲁迅在大陆新村9号写下了280余篇杂文，在这里，鲁迅掩护过瞿秋白、冯雪峰等共产党人。

乔迁之喜和《两地书》出版

1933年4月的一天午后，阳光明媚，许广平牵着海婴的小手，孩子另一只手抱着玩具，一蹦一跳地和妈妈从内山书店门前的那条碎石子路走过来，两边的店铺林立，吸引着他四处张望。

自己的先生鲁迅因为发表激进文字，得罪了不少势力，所以许广平只好经常搬家。这次，先生是以内山书店职员的名义从拉摩斯

公寓搬进大陆新村 9 号，这里地处“越界筑路”的地带，具有半租界性质，很适合藏身。大陆新村建成于 1931 年，许广平之前已经去看过几次新房子了，与山阴路上其他花园洋房或新式里弄相比，外观并不十分出众，而且房间的格局很小，是介于新式石库门住房与新式里弄房屋之间的一种房型。但是只要是安全的，就很好了。

今日只是拿些最后的细软，其实家具早已经搬过去了，她想给他一个惊喜。“爸爸，爸爸！”海婴叫着，扑向爸爸的怀抱。鲁迅站在黑铁门的外面，正等着他们娘俩。“哎，”鲁迅宠溺着答应着，低下身，一把抱起了儿子，一起走进了这个新家。

铁门里是一个很小的花圃，种植着桃树、紫荆、石榴等花木。一进屋就是客厅，北间是餐厅。隔着小天井是厨房。循着木楼梯到了二楼，二楼的前间是鲁迅的卧室兼工作室，朝南窗下放着书桌和陈旧的藤椅，东面是张铁床，沿西墙放着大衣柜、茶几、两把藤椅和一只镜台，一幅周海婴出生时的油画像挂在五斗橱的上端。北间是储藏室。三楼靠南面有一个半圆形的小阳台，四周围有铁栅。

在鲁迅肩头的小海婴好奇地看着这里，“爸爸，这个房子有3层楼啊，那我住几楼啊？”“你住最高的楼好不好？”鲁迅用胡子扎着孩子细嫩的脸颊，弄得孩子咯咯笑。许广平看着开心的父子俩，心情也放松了下来。这正是最好的时光，愿上天可以让先生永远陪在我的身旁。

最近这几年，尽管他连别人喝咖啡的时间都用来工作，但是，他仍然抽出时间带她去逛公园，看画展，他空闲时候给她讲解日文版《资本论》，教她翻译童话集《小彼得》。每天，夫妇俩陪了客人一整天，终于轮到他写作的深夜时分，但是看她劳累，他满眼心疼，于是他会说，我陪你一支烟的工夫吧，于是，他边抽烟边和她聊些闲话，忙了一整天的她就在他的说话声中入睡了。然后他才点亮台灯，铺开稿纸。

“在想什么？”不知何时，鲁迅走到爱人身边，“最近辛苦你了，家里弄得很漂亮。”“你喜欢就好。海婴快下来，爸爸抱不动了。”“没事的，我可以。”一边说着，鲁迅一边咳嗽了几声。“好了别逞强了，你呀，熬夜太伤身体了，越来越瘦，家里钱够用了，你不要这么拼命好不好？”她和他说笑道。“好好好，都听你的。”鲁迅好脾气地应道。

“肚子都饿了，今天中午是什么小菜啊？”鲁迅问道。“黄花鱼、油焖笋、清炒菜苔，都是你爱吃的，”许广平笑盈盈地答道。“好啊，那老规矩，黄酒一壶，温一温。我今天要敬你一杯呢。”“哦，今天是什么大日子啊？”“双喜临门啊，一个是乔迁之喜，一个是《两地书》出版了，我刚刚就是去拿书的啊。”“是么，太好了，快拿给我看，”许广平兴奋地简直要叫起来。《两地书》是他们在1925年3月至1929年6月间互通的情书结集，这是多有纪念意义的事情啊。“你每次写信都为我挑选好看的枇杷花纹花笺，可惜这本书上看不到，”许广平叹道。“你呀，不能太贪心哦。”鲁迅用指头点了点她的额头。

乱世颠沛中，4年，4座城市，136封信，记录下了许广平和鲁迅感情的心路历程。

热恋是一片深情的海

1925年的春天，许广平因参与反抗北京女子师范学校校长杨荫榆的学潮运动，被无理开除，郁闷至极的她提笔给鲁迅写了一封信，以谦卑学生身份向先生倾诉苦闷。没想到，鲁迅收到信的当天就立刻写了回信，回信中鲁迅对她的称呼是“广平兄”。许广平马上又回信：“自己怎敢被先生称为‘兄’呢？”鲁迅再次回信，对此解释：“旧日或近来所认识的朋友，就同学而至今还在交往的，直接听讲的学生，写信的时候我都称‘兄’。其余较为生疏、较需客气的，就称先生、老爷、太太、少爷、小姐、大人之类。”

她惊喜，写了第三封信，鲁迅又是很快回信了。接着就是第四封，第五封…… 通信最多时，许广平与鲁迅两人的往来信件频繁程度甚至达到了一天 6 封。

为了避难，8 月 8 日，许广平搬入了鲁迅位于西三条胡同的家中。在许广平眼里，大自己 17 岁的鲁迅一身正气，是民众的精神领袖，对他越来越崇拜。感受到许广平对自己的情思的鲁迅，长期受封建婚姻之苦、多年禁欲过着苦行僧生活的鲁迅总是说自己不配去爱了，终于有一天，许广平主动握紧了鲁迅的手，迟疑了片刻，鲁迅释然了："你战胜了！"

鲁迅决定恋爱了。第二年，因北方军阀迫害，鲁迅被迫南下去厦门教书，许广平回了广州，其间两人书信不断，鲁迅也经常从厦门赶往广州去看心上人。

听他讲课的女学生很多，他对许广平说，自己可以做到绝对目不斜视，让她放心。许广平送给他一个印章，他特地买一盒极好的印泥来配它。许广平给他编织了一件毛背心，寄包裹过去。鲁迅收到后在信里写道："包裹已经取来了，背心已穿在小衫外，很暖，我看这样就可以过冬，无需棉袍了。"毛背心的款式是最新潮的，鲁迅特地穿着它拍了照片，眼里是满满的甜蜜，然后立即将照片给心上人寄去。

刚开始鲁迅给心上人许广平写信的时候叫她"小鬼"，后来因为许参加革命，被人骂作害群之马，鲁迅又叫她"害马"。他的署名也在不断变换，从"鲁迅"到"迅"再到"你的小白象"。他在信件末尾的时间落款会精确到分秒，让她欢喜感动。甚至收到信当天就立刻回信的他，总嫌绿色的邮筒寄得太慢，忍不住发几句牢骚。

面对周遭的闲言碎语，他坚持将许广平的工作安排在同校，高调回应：我想同在一校也无妨，偏要同在一校！4个月后，鲁迅去了广州，担任中山大学文学系主任兼教务主任，许广平担任他的副手。后来，鲁迅辞去中山大学职务，与许广平又回到上海。

1927年10月8日，鲁迅和许广平从共和旅馆搬入景云里23号，开始了同居的日子。他教她学日语，从自己编写的课本开始，每晚教授她学习，直至一年半之久。她为他查阅资料、抄写整理，将他的书稿精心保管，并且一一逐字校对，她成了他工作中最得力的助手。

许广平对于这种同居而没有名分的生活毫不在意。这个五四时期走出的新女性，学校运动的领袖人物，因为鲁迅，甘做后盾，在照顾鲁迅日常起居的琐碎里甘之如饴，即使在她最美好的年华里。

许广平经常为鲁迅打毛线衣，剪裁新衣，甚至日常饮食也经常会亲自下厨，她做的菜式讲究，色香味俱佳，菜要挑最嫩的，只要叶，不要根茎，连鱼肉也要挑选身上最嫩的一块，才摆放入盘，送到鲁迅的案前。而她自己的衣物都是旧的，纽扣都洗脱了，也磨破了。连鲁迅都看不过去了，问她，要去买新的吗？她总说不需要。

许广平总是从早晨忙到晚上，鲁迅不陪的客人，她在楼下陪着，一边聊天一边手里打着毛线。每送一个客人，她都要送到门口，礼貌地替客人把门打开，为了不打扰鲁迅休息，再轻轻地关了门上楼来。如果客人留下来吃饭，她还要到街上去买鱼或买鸡，买回来还要到厨房里精心准备各种款待的菜式。

萧红成了这里的常客

1936年春天，一直得到鲁迅提携的萧军和萧红搬到了北四川路底的永乐里，这样离鲁迅家更近了，他俩几乎每天晚饭后都要去大陆新村，年轻的萧军还想在必要时帮着做一些具体的事务。生长在南方的鲁迅偏爱北方的面食，萧红因此常常一显身手。通过鲁迅先生，他们认识了冯雪峰、鹿地亘、史沫特莱等人，在后来的日子里，他们之间有着长久的友谊。

这一天晚饭后，春雷滚滚，春雨潇潇，萧红独自一人来到鲁迅家里。客厅里长桌的当心摆着一个绿豆青色的花瓶，花瓶里长着几株大叶子的万年青。“萧太太，侬来了。”保姆向扎着两条辫子的萧红打着招呼。

这时，许广平端着托盘从楼上下楼梯，托盘里的饭菜基本没有动。“先生没有胃口吗？”萧红询问着。“是啊，他有些低烧的缘故。”许广平答道。“那我来做几个葱油饼吧，要是先生不想吃，海婴总是喜欢吃的。”萧红一边说一边卷起了袖子走向厨房。

黄黄的面饼上撒着翠绿的葱花，一圈一圈的面皮像树的年轮。不一会的功夫，葱油饼就一个一个接二连三地出锅了，海婴早就闻到了香味，等在厨房的锅灶边了，端出客厅的时候，萧红见鲁迅也披了一件袄子坐在餐桌边了。他的两条浓眉下是一双显得浮肿的眼睛，双颧突出，两颊深陷，脸色一片苍青。“先生，您身体好些了吗？”“嗯，这味道把我的馋虫都勾引出来了，我能吃两个吗？”

鲁迅柔情地问身边的许广平。“可以，批准了。”看到鲁迅居然有胃口吃饭，她也欣慰地笑了。

“萧军没来啊，忙什么呢？”鲁迅随口问道。萧红沉默了，眼圈却红了，见状，许广平起身，赶忙把话题岔开，“我要给海婴洗澡了，你们聊啊。”“今天不暖和，当心小孩不要感冒了！”鲁迅关照道，大约说得用力了一些，说完就咳嗽起来，他和客人解释道：“海婴这孩子体质不太好，总是生病，上个月看病花了20个大洋呢。”“孩子大一点就不容易生病了，倒是先生您才要当心呢，我们都盼着您能快点好起来。我的《生死场》稿子您改得那么细致，真是辛苦了。”鲁迅的手一挥，示意她不用说什么客气话。“你是很有才气的，是当今中国最有前途的女作家，很可能成为丁玲的后继者。”萧红的脸羞涩起来，小声地说道：“先生你过奖了。”她望了望窗外，“我想等雨停了再走，没想到今天的雨不像要停的样子，江南的雨啊，真是痴情。”

屋里的自鸣钟已经敲响了12点，萧红惊呼：“哎哟，这么晚了，打扰先生休息了。”她匆匆站起身来向外走。“等一下，”鲁迅叫住了她，递给她一把洋伞，让许广平将她送到路口，送上出租车。自己却径直向屋外走去，鲁迅站在屋檐下目送萧红离开，路灯下，频频回望的萧红看见，雨水打湿了先生的头发和肩头，他却还在朝她挥手。

这条路上的恒丰里门口就有一家仅一辆轿车的出租车行。那家有着“四万万同胞乘坐40000车”的广告词的祥生出租汽车行，也就在附近。鲁迅与许广平都爱看电影，那几年，他们一起去看了90多场电影，也是每次都乘坐出租汽车去的。为了照顾她近视，鲁迅买的都是最好座位的电影票。

1936年夏天，鲁迅重病缠身，仍坚持写作。宋庆龄知道后，语重心长地给他写了一封信。鲁迅在二楼养着，吃饭也不到一楼餐厅来吃了，许广平便每次都亲力亲为地精挑细选三四样小菜，小心翼翼地送上楼。

二楼的梳妆台上挂着一个旧时的日历牌，日历撕到1936年10月19日那一天，早晨，海婴的保姆低声对他说："弟弟，今朝侬勿要上学堂了。"小海婴从三楼冲下来，看到父亲躺在床上，像以往入睡一样安祥，床边站满了人，妈妈静静地流着眼泪，喃喃地说道："爸爸没有了。爸爸没有了。"

21日下午3时，在上海万国殡仪馆举行大殓。青年艺术家抬着司徒乔画的鲁迅先生的巨幅遗像，作为送葬队伍的前导。蔡元培主持了在万国公墓举行的葬仪，在哀乐声中，由宋庆龄、沈钧儒将一面白绸的绣着"民族魂"的旗子，覆盖在灵柩上。

他在遗嘱中关照她，"忘记我，管自己的生活，倘不，就真是糊涂虫。"但她没有做到，在先生走后的32年里，她收集编纂鲁迅全集，护他家人的周全，继续周济他的原配朱安和母亲。爱情，是可以跨越生死的。拼尽爱，用尽痴，她不悔，因为她得到了他的唯一的所有的爱，夫复何求！

鲁迅离世10年后，许广平心怀悲痛写下祭文："谁谓荼苦，或

甘如饴，唯我寸心，先生庶知。”她记得那年难产，医生问保大人还是保孩子，鲁迅不假思索说保大人，当时鲁迅正发着高烧，他带病住进上海福民医院，陪在许广平身边，彻夜守护。她记得那年，鲁迅购得《芥子园画谱》3 集，赠给自己，并题诗云：十年携手共艰危，以沫相濡亦可哀；聊借画图怡倦眼，此中甘苦两心知。

鲁迅逝世后不久，许广平迁居到了淮海中路淮海坊。抗日战争期间，大陆新村 9 号被日本人侵占。1949 年，大陆新村 9 号被民生实业公司投资的太平洋轮船公司作为职工宿舍。1951 年 1 月 7 日，作为上海鲁迅故居的大陆新村 9 号开始对外开放。

鲁迅在上海住过的三处寓所，像时光里的珠光贝壳，串连起那段难忘的光辉岁月，又像琴键，弹奏出了时代的最强音和柔和小夜曲，而大陆新村 9 号无疑是最精彩的一个。只是，太过劳累的他，令这动听的音符戛然而止。

百联集团
永安百
LANCÔME

市列珠玑罗绮奢

永安百货大楼

即便坠落谷底

也化身百合优雅芬芳

永安百货大楼：上海市黄浦区南京东路 635 号

蓝天上的云朵，松软得如棉花糖一样。逆风奔跑的少年在岁月的跑道上一圈又一圈，如今已是耄耋老人。20 世纪二三十年代，上海滩的南京路是中国的商业中心，先施、永安、新新、大新这四大百货公司的橱窗里争奇斗艳，阐述着“摩登上海”的内涵，引领着上海人的消费品位。不管是新式旗袍还是中山装，无不从这里走向大众。永安当年经营的近万种商品中，进口货达到了 80%。永安的郭四小姐，作为上海的金枝玉叶，见证了 20 世纪中国经历的种种坎坷。无论身处何地，她始终优雅。就算用煤球炉，也要烤出俄罗斯蛋糕；就算握着搪瓷茶缸，也要喝下午茶。

1914 年，南京路被铺上铁藜木路面，使得地价飞涨。一首童谣流传上海滩："北京的篷尘，伦敦的雾，南京路上红木铺马路。"这条路当时是远东最大的商业购物中心，路口历来是商家必争之地，南京东路从外滩到西藏路就有四川中路、河南中路、浙江中路、西藏中路等多个路口，浙江中路口是侨资相继开设的先施公司、永安公司、新新公司和大新公司新四大公司的发源地。

永安百货大楼矗立在南京东路浙江中路路口，它的对面就是同样赫赫有名的原先施公司，这里曾经是两条有轨电车的交叉处，是南京路步行街的繁华处。大楼占地面积 5 681 平方米，建筑面积 3 0992 平方米，高 6 层，建筑平面略呈正方形，朝向路口的东北角沿街处理为弧形，楼顶转角处立有 3 层高的巴洛克式塔楼，建筑外墙采用汰石子饰面。

小公主随父到上海开百货大楼

1997 年 6 月的一天，一个满头银发的老太太坐在轮椅上，被人在繁华的南京路上缓缓推着，熙熙攘攘的人流多年如一日，未曾改变。初夏的微风掠起了她额边的碎发，她抬起头，望着那熟悉的永安百货大楼，这座掺杂巴洛克风格的西方古典主义风格建筑已经恢复了当年最初的模样，而她再也不能回到童年，那些和玩伴在大楼里捉迷藏的美妙时光如蝴蝶一般飞走了。

她用上海话自言自语道，“过几天，香港就回归了，我真的等到这一天了。”没人注意到，这个普通的老人就是当年上海滩的名媛永安四小姐郭婉莹。

1916 年，7 岁的小公主郭婉莹随父母举家迁到上海。郭婉莹的英文名字叫戴西，母亲是富商马氏家族的千金小姐，祖父郭乐和父亲郭标、叔叔郭杰应孙中山的邀请，来到上海开办当时最新潮的百货公司。这个出生于悉尼的小女孩儿穿着精致的白色蕾丝裙子，背着一个小红包，粉嫩漂亮的脸蛋好像含苞待放的玫瑰花，被妈妈打扮得像洋娃娃一样。

选永安店址时，郭乐想出一个取豆数人的办法，派两个人分别在南京路南北两边站一天，过一个人取出一颗豆，结果发现南边取出来的豆多于北边，证明路南人流更大。于是，他们决定把店盖在路南。而且就在广东老乡马应彪开的先施百货对面，浙江路口西南角，建一栋 6 层营业大楼，贴身肉搏。当时，上海南京路两侧的不少地产是犹太富商哈同的，9 年前在香港创立永安百货的富商郭乐在这一年（1916 年）与哈同签订了租地合约，交给公和洋行精心设计和施工。与香港情形一样，两家又近在咫尺，如同比肩两巨人。

1916 年永安百货大楼开建时，对面的先施大厦还在建设中。先施原来计划只建 5 层，听说永安要建 6 层，马上将原来的设计改为 6 层。1917 年 10 月，南京路上第一个中国人筹设的先施百货公司在鼓乐鞭炮声中开张。一年后，就在先施准备开展周年店庆活动的时候，郭婉莹9岁时，上海永安百货公司开业，确立以经营环球百货为主的经营方针，并附设旅馆、酒楼、茶室、游乐场及银业部，还创办了中国最早的VIP会员卡——“永安折子”，迅速得到旧上海上流社会以及时髦人士的青睐。开业那天，永安的销售额就达一万多元。

她记得爸爸的永安百货大楼非常宏伟壮丽，夜晚下的霓虹灯流光溢彩。大楼入口采用爱奥尼式双柱，转角“绮云阁”为巴洛克式塔楼。一层的临街大玻璃橱窗，首开上海橱窗陈列商品的先河。铺面商场全部是马赛克地坪，楼上均铺打蜡地板。百货大楼楼上有个电影院，商场背面是永安百货公司所属的大东旅馆。

看到竞争对手永安楼顶有“绮云阁”，先施又硬是在自己的楼顶上加了一个3层的空心塔楼“摩星楼”，下部装有自鸣钟，使大楼更增气势。

永安开业20天后就把原来准备销售3个月的货物卖光了。百货商店里，到处是琳琅满目的欧美进口商品：法国的香水、意大利的时装、瑞士的挂钟、美国的大电器、英国的家居用品，还有酒馆和游乐场，茶室还有奶油冰淇淋配草莓。

作为贵族千金，郭婉莹11岁进入美国基督教南卫理公会在上海兴办的一所新式女子校园中西女塾就读，彼时宋氏三姐妹刚刚从这里毕业。在中西女塾，郭婉莹受到严苛的教育，生活起居都有严格的规定。最重要的是，她在中西女塾学到一句话：成长、爱人、生活。

1928年，19岁的郭婉莹从中西女塾毕业。因为未婚夫的一句“这袜子真结实，穿一年都不坏”，郭婉莹顿觉无趣，她不能容忍没有趣味的生活，所以拒绝了富家子弟的求婚，走进燕京大学主修心理学。

未婚夫从美国回来，用枪指住她逼她回心转意，她镇定答复：“你不杀我，我不会跟你成婚。你杀掉我，我也不可能跟你成婚了。”

1933年，永安百货公司在老楼东侧——浙江路和湖北路之间的尖角地带——南京路627号，新建了一座92米高的新永安大厦。这个当时南京路上仅次于国际饭店的第二高楼高耸挺拔，呈现出现代高层建筑风姿，并在第四层凌空架起两座封闭式天桥，与西边永安百货大楼连接，东西两处人员可以从“空中通道”来往。

第七层的“七重天”酒楼在当年十里洋场名噪一时。配置一色的火车座、弹簧椅，每张桌上都有红色的台灯，餐厅里还附设一个小小的舞池，对阔人家的太太小姐、公子哥儿颇有吸引力。

为了与先施竞争，凡先施涉足的产业，永安都跟进了。先施有先施乐园，永安就设永安剧场；先施有屋顶花园，永安就有天韵楼茶室；先施有141间客房的东亚饭店，永安就开建142间客房的大东旅社。同时，为招揽顾客，永安还增加了一些先施没有的设施：比如开设了上海第一家对外营业的舞厅——大东跳舞场；还开张了上海最早的旱冰场——永安跑冰场；此外还首次在商场内举办大型时装表演等。而新永安大厦的建成，将这些功能集中在两个相连的建筑体中。两家也心照不宣地形成价格同盟，彼此带旺生意，而且从不互挖墙脚，绝不聘用对方辞退或辞职欲转投的人。

20世纪30年代，永安百货公司跃居上海四大百货公司之首，在中国和世界享有良好声誉，是上海首屈一指的高档百货商店。“顾客永远是对的！”这条霓虹灯制成的英文标语置于商场的显眼处，成为永安职工必须恪守的准则。这里还有上海滩百货商场里最早的中央空调——两台开利空调。新新的创办人刘锡基和大新的创办人蔡昌是先施旧臣，新新自行设计、装备了上海第一个由中国人创办的广播电台，因电台的房子四周是用玻璃隔断的，俗称“玻璃电台”。最后出现的大新公司更是咄咄逼人，它楼高 10 层，营业面积 1.7 万平方米，是四大百货之冠。4 个香山老乡在上海滩上同样涉足百货行业，也因此留下无数精彩的商战故事。

在新永安大厦落成的第二年，25 岁的郭婉莹嫁给了和她情趣相投的男人吴毓骧。吴毓骧 19 岁考上庚子赔款的公费留学生，于美国麻省理工学院毕业。吴毓骧是林则徐的后人，他学识渊博，为人风趣，又有绅士风度，他的气质让郭婉莹着迷，两人很快就走到一起。

不料婚后丈夫与一个寡妇鬼混在了一起，更让郭婉莹难堪的是，这位寡妇还是郭婉莹的朋友。郭婉莹没有大闹一场，她很有风度地将丈夫带回家中，并故意不提此事。两年后，她与朋友合伙在静安寺路国际饭店里兴办了“霓裳新装社”，专为上流社会名媛淑丽设计、定制时装。她在国际饭店定时举办茶会，让太太小姐们能够边品茶边观看服装模特们展现的各种华服。

从 1937 年 8 月 14 日开始，每天都有几百架日本飞机在大上海上空盘旋呼啸，还频频扔下上千颗炸弹，但对于公共租界的南京路却基本没有影响。丈夫的牛奶厂被炸了。人们纷纷逃离上海躲避烽火。霓裳新装社关门了，郭婉莹怀着身孕暂避香港。8 月 23 日下午

1点多，一颗天上掉下来的炸弹，落在了南京路上的先施百货公司东南角，先施、永安、新新、大新均遭重创。四大公司组成战时服务团，开展救亡宣传活动，这是30年来他们的第一次联合行动。淞沪战争打得最激烈的时候，永安的老板郭琳爽率全体职工每天上午开业前和下午收市后齐唱《义勇军进行曲》，以表示对中国军队的支持。

在孩子要出世之前，郭婉莹又回到了上海。女儿3岁时，为了生存，她为一家杂志拉广告，补贴家用。1943年，34岁的郭婉莹在乱世中生下了儿子中正。

熬过了抗战，吴毓骧总算时来运转，进入国家敌产办理局负责办理德国人在沪的资产。吴家的日子又一天天丰实起来。郭婉莹还养了一条德国种大狗。1947年，吴毓骧开办了自己的公司兴华科学仪器行，在国际市场上站稳了脚跟。郭婉莹把女儿送到一个白俄罗斯芭蕾舞演员在上海开的私人学校学习芭蕾舞。她还和几个朋友请了一位俄国宫廷糕点师来家里，教她们做俄式蛋糕。

南京路上升起的第一面红旗

1949年5月25日清晨，晨曦洒在南京路上。“堂哥，他们正在赶制红旗呢。”郭婉莹兴冲冲地推开了新永安大厦十五楼的郭琳爽办公室的大门。“你昨天晚上怎么没回家，大家都很担心你呢。”

“嘘——”他下意识地把手指放在嘴唇边，招呼堂妹到窗边来看。郭婉莹和堂哥一起趴在窗台上向下望去，只见街道上有一排排席地而卧的解放军战士，怀里抱着枪，身着灰布军装。“婉莹，我们一起去把红旗挂起来。”“好。”前一阵子，上海的富豪们纷纷远走他乡。郭家人选择了移居美国。郭琳爽拒绝了父亲的包机，作出留守上海的决定。他要求所有职员共同维护公司财产，严守岗位。郭婉莹和波丽这对姐妹也坚决留了下来。

郭婉莹和堂哥一起来到了顶楼，只见永安百货的 4 名年轻的地下党员已经来到了这里，他们找来一根竹竿，举着刚做好的红旗登上公司最高处——绮云阁，把红旗插到绮云阁顶端。正当大家鼓掌欢呼的时候，突然响起了一阵机枪声，旗绳断了，原来盘踞在苏州河北岸的敌人看到了这面红旗，射来一排子弹。

有人想出办法，找根消防皮带来。小伙子乐俊炎趁着机枪声刚停，用皮带将自己和旗杆绑在一起，腾出两手将绳子系在旗杆顶端，南京路上终于飘扬起了第一面鲜艳的红旗。先施、新新、大新等百货公司也纷纷挂起了红旗，霎时间，南京路上红旗飘飘，成了红色的海洋。上海解放第三天，永安就开门营业了。

1956 年 1 月，北京、上海、重庆举行集会和游行，到处张灯结彩，锣鼓喧天，庆祝社会主义改造的胜利完成。永安公司在上海百货业中第一家实行公私合营。郭琳爽担任公私合营永安公司总经理。同年 10 月，82 岁的永安百货的创始人郭乐在美国病逝。

1958 年，吴毓骧因和外国人做生意而被划为右派，被捕入狱。那年，郭婉莹 49 岁。日子变得窘困了，郭婉莹仍乐观面对。她学会了用铝饭盒在煤球炉上烤面包，她还为儿子买来一只小鸡当宠物，甚至在刷马桶时依旧穿着旗袍。晚年时郭婉莹进入研究所里教授英文，已经70岁的她气质依旧优雅。她很少在他人面前提起自己经历的苦难，安然于当下的生活。

1977年，上海开始逐步恢复和国外的交易联络，郭婉莹受邀为上海硅酸盐研究所的专业人员讲授英文课。1982年，她又被请到咨询公司担任商务信函参谋。1987年，澳大利亚重开驻上海总领馆，郭婉莹协助领馆的工作人员翻译文件、教授中文，并担任中澳关系史顾问。

就在这艰难岁月里，上海永安百货于1966年更名为国营东方红百货商店，随后再次更名为上海第十百货，于1988年定名华联商厦。2005年4月，该商厦重新起用旧称“永安百货”。人们不能忘怀，这个为上海工商业发达繁荣做出了卓越贡献的百货公司，它是上海时尚尊贵的象征。

郭家的四小姐一生都维持着大家闺秀的体面和涵养。她不后悔留在上海，她和这座百年基业的永安百货相依相伴，各自历经旧中国和新中国的风风雨雨后，依旧昂头挺胸。郭婉莹在最后的岁月里也一直保持着喝下午茶的习惯，坚持只要待客必化妆换衣服，满头银发仍旧要打理得端庄雅致。1998年，生命在她90岁时画上了句号。

相信，在她脑海里最后浮现出的依旧是百年前的永安百货大楼吧，弹指如烟，她仿佛听见了那些黄包车的清脆铃声，电车里走下来的西装绅士和旗袍美女在她身边穿梭着。青瓦长忆旧时雨，朱伞深巷无故人。旧日繁华，浮世清欢，她都收藏得好好的呀。

富可敌国气可吞 盛宣怀旧居

败家

少爷是认真的

盛宣怀旧居：上海市徐汇区淮海中路 1517 号

他是中国实业之父，也被后人称为“中国商父”，他亲手打造了中国近现代史上的第一个“商业帝国”。在历史的风口浪尖，他是风光无限的弄潮儿，创办了许多开时代先河的事业，涉及轮船、电报、铁路、钢铁、银行、纺织、教育诸多领域，几乎创办了所有的行业第一，垂及后世。他创办上海交通大学、天津大学，也直接导致“保路运动”乃至辛亥革命的爆发。盛氏家族是近代上海的第一豪门，这是一百年来上海滩保存极好的豪门巨宅之一。只是，曾经一只手拿 16 只夜明珠的盛宣怀不会想到，他的儿子也刷新了中国第一败家子的纪录。子不教，父之过，一生精明，机关算尽，却不懂对自己的独生子授之以渔。

作为洋务运动核心人物李鸿章的得力干将，盛宣怀引领或直接参与了近代中国轮船、矿山、电报、纺织、铁路、银行的诞生。他创办了中国的数个第一：第一个钢铁企业、第一个招商局、第一个造船厂、第一个军工企业、第一个重型机器制造局、第一个电信局、第一条国家铁路、第一批轨道交通制造企业、第一家银行中国通商银行、第一批现代化大学（上海交通大学、天津大学）等，可以说中国重工业的基础和脉络多数源自盛家产业。

他打败了商业大亨胡雪岩，一举成为当时首屈一指的商业巨鳄，一统中国的商业命脉后，他的财富愈来愈多。

他任邮传部大臣时，因借外债而将川汉、粤汉铁路抵押，丧失主权，民愤甚大，回收路权的政策随后引发了四川保路运动。而清廷为镇压保路运动，又将驻扎在武汉的清军抽调到四川，让革命党人抓住机会夺取了武汉三镇。盛宣怀可谓歪打正着触发了辛亥革命取得成功的第一块骨牌。清政府不得已而将他革职。所谓祸兮福所倚，福兮祸所伏，曾经风光无限的盛大人此后逃亡日本。

1912 年，盛宣怀在日本表示效忠袁政府，袁世凯让他回上海，于是，落魄的他回到了自己的老宅斜桥盛公馆，准备卷土重来。1891 年迎娶第二任夫人庄德华时，正是盛家鼎盛之时。当时，盛宣怀已是一方道台，并任轮船招商局、中国电报局、大冶铁矿等大型政府企业的督办。庄夫人嫁给盛宣怀后，便住进了其上海的盛公馆中。庄夫人管家理财也有过人的才能，平时老爷不在时就成了公馆的最高领袖。盛公馆方圆百多亩地，前门在静安寺路（今南京西路），后门在北京西路，西到当时白克路（今凤阳路）口的新华电影院，东达今成都北路以东。仅佣人就有277个，每个孩子都有一个保姆，每一房都有管事、跟班、账房，每个太太、少奶奶又都有自己的一班随从。

盛家在沪上的房产不止一处，在全国的地产共171处，主要分布在上海、苏州、杭州、汉口、北京等地，而其中131处分布在上海租界。不断购房是盛宣怀商业头脑的体现。回上海不久，他托人要回了曾经被没收的地产，昔日的财力又逐渐恢复了，两年后，他又看中了一套位于宝昌路的大洋房，就是现在的淮海中路1517号。

这座花园洋房为德籍犹太商人哇吸于1900年所建。1914年第一次世界大战爆发，业主回国，易主盛宣怀。整幢房子豪华气派，具有典型的德国古典主义建筑风格。大门入口处辟有回车道，东北角设车库、杂房，整体布局功能分区清晰。宽大的花园内植有冬青、雪松、龙柏等树木花卉，有大理石砌成的喷水池、假山等景观。花园采用欧式大草坪和中式庭院相结合的手法，营造出宽敞、幽静、舒适的环境。草坪面积达1 668平方米，草坪东南角辟有网球场和休息室，草坪四周筑高围墙，设双扇镀金雕花大门，形成一个独家庭院。

白色的建筑外墙，与绿色草坪相映衬。四方形铁皮楞瓦屋面，由镂空女儿墙围护。建筑面积1 775平方米，分主楼与侧翼，立面左右对称，住宅的主楼为3层，北面由厨房和佣人房组成辅楼。大门朝南，前有门廊，两面置双柱，入内为大厅，厅旁另有楼梯间，以彩色玻璃为天棚，门厅两侧有衣帽间和会客室。再进入另一个门厅，两侧是餐厅和起居室。楼上是起居室、卧室和浴厕，墙饰有姿态各异的古希腊神像，壁面贴花绸和花纸，地板、扶梯、门窗均以柚木制成。

民国第一败家子一夜输掉百栋楼

一辆豪华汽车在马路上疾行，天显出黛青色来，夜色初上，大上海已经霓虹闪烁，空中飘来细细尖尖的歌声。这辆奔驰车太惹眼！这是上海进口的第一部奔驰轿车。可是，对于他这样的豪门公子来说，这实在算不得什么。父亲是中国首富，老丈人是中华民国总理，真正是含着金钥匙出生的。

盛恩颐，盛宣怀的四公子，江湖人称“盛老四”。他出生的时候，盛宣怀任邮传部尚书，是慈禧太后身边的大红人，慈禧听说盛家生了个儿子，赐名恩颐。

盛宣怀在北京、天津、上海、武汉等地来去匆匆。因为前面三个哥哥都早夭，盛恩颐就更为得宠，结果被养成了骄纵奢靡的花花公子。盛宣怀对这个儿子寄予厚望，锦衣玉食地养大，再给他出国镀金。盛恩颐先后去过伦敦大学、哥伦比亚大学学习。回国后继承父业，历任津浦铁路局局长、汉冶萍公司总经理、丰盛实业公司总经理及董事长、三新纱厂和中国通商银行经理。

借着自己父亲的权势，盛恩颐娶了总理孙宝琦之女孙用慧为妻，瞬间成为当时中国最有“主角光环”的阔少爷。宾客盈门衣香鬓影，夜夜笙歌艳舞纵情。盛恩颐挥霍无度的豪举在上海是出了名的。几个姨太太不仅每人都给配一幢别墅和一台汽车、数个奴仆，其他珠宝首饰也是要什么给什么。他声色犬马，挥金如土，任何时髦、新鲜的物件，一定要有一份。豪车的车把被主人换成了银的，上面刻上了自己的名字。因为盛恩颐在家排行老四，所以他的汽车租界牌照是 4444，华界牌照是 4。

这时，轻短的一声鸣笛，飞驰的汽车在一座花园别墅前停了下来。车窗缓降，露出一张年轻俊秀的脸。门哨敬礼后，拉开大铁门，汽车缓缓驶进卢公馆。

盛恩颐自从认识了浙江督军卢永祥的儿子卢小嘉，两人臭味相投，相见恨晚。四少爷开始迷恋上赌博，将莺莺燕燕的姨太太们都抛在了脑后。抬头金，地上银，明珠嵌在墙面上，灯是水晶心。在大上海梦幻的销金窟里，无数富豪权贵一掷千金，寻欢买醉。盛恩颐的一天一般是从下午开始，就算去上班，也是一边抽着大烟，一边办公，因为晚上要赌博，不抽足大烟根本就熬不住。

盛老四白天睡大觉，到下午四五点钟才起床。起床后一看要用钱，而家里的现钱又不够，怎么办呢？街上的银行已打烊了，反正家里有的是古董玩意儿，随便拿一件到当铺里去当掉，到第二天天亮银行开门，再取钱到当铺把古董赎出来。盛恩颐还在跑马场养了 75 匹马，带头在上海开始了跑马赌博，下的赌注非常大。

这一晚，盛恩颐的赌运不好，他不是不知道，赌下去未必赢钱。

这时收手也没什么，可是欲望最终战胜了理智。为了翻盘，他不惜押上了北京路和黄河路一带的整条街，那条街上有百余栋房子和各种铺子，由乃父1910年一手打造。结果盛恩颐还真的输了。

这个世纪之赌的赌注，即现安庆路366弄1—33号和天目西路65弄1—41号，如今，走到安庆路366弄门口，会看见“均益里”三个红色大字醒目刻在二楼一户人家带有山花的阳台上。

如果他父亲还活着，也非被活活气死不可。也许，正因为他父亲已经不在，他才没有了最后一点约束，无法无天，放肆妄为。盛宣怀于1916年4月27日在上海病死。出殡时送葬队伍从斜桥老公馆一直排到外滩，前头队伍已经到达外滩折回了，后面的队伍尚未走出门。据说当时南京路为之交通管制了一天，而抬棺的和吹奏的都是从北京请来的为慈禧太后出殡的原班人马，以至于那天上海滩万人空巷。然后，盛宣怀的灵柩被抬到了留园旁的义庄。后葬于常州。

盛宣怀去世之后，由李鸿章的大儿子李经方主持的盛氏财产清理处，经过两年半的清理，最后登报公示的数字是一千多万元遗产。按彭信威教授的《中国货币史》一书中的换算法，即以中国大米的实际购买力来换算，20世纪20年代中国一块银元相当于2006年的145元人民币。普通人一年生活费才需要十几两银子。

遗产纷争

1916年盛宣怀去世后，身后留下很多地产，各方纷争酿成很多历史事件。

此后，他的第五个儿子盛重颐继承了宝昌路的这幢房子。到1929年，国民政府下令，谓盛宣怀任官职时有侵吞公款之行为，决定没收其遗产，包括这套花园洋房。从此该房先后又成了蒋介石的干将安徽省主席陈调元和“北洋之虎”段祺瑞的住宅。

1933年，正是日本人侵占我国东北之后进一步向华北蚕食的严峻时刻。日本人要段祺瑞出任华北地区傀儡政权的头目。段当时住在天津，无意出任伪职，但又怕得罪日本人遭遇不测。这时南京政府也生怕段祺瑞落水，对抗日造成不利形势，所以邀他南下上海住几年，离开华北这个是非之地，此议正合段氏心意。1933年春，段祺瑞到上海，住进了原先盛家的这一处大宅院。

院子里那棵伞形大塔松，长年苍翠，颇令人赏心悦目，心气清朗。还有一处西洋式喷泉，雪白的小天使跃跃欲飞……这都让段祺瑞心情愉悦，本想在此颐养天年，可是树欲静而风不止，日本人还是不放过他，无奈他登报表明心迹，才算保住晚节。1936年10月30日，段祺瑞这位近代中国的风云人物，在这所静谧的花园里告别了人世。

抗战中此房曾被日本人占用过，偌大的花园被砍去一半，建造了现在的上海新村。抗战胜利后，盛宣怀之子盛重颐收回这栋房子，之后因为生意失败，又卖给了荣德生。新中国成立后，此房归国家所有。中日复交后，日本驻上海领事馆设在这座花园洋房中。

怎样才能长期保持家族的凝聚和财富？盛宣怀从日本家族的管理模式中得到启发。他立下遗嘱，成立愚斋义庄基金会，遗产的一半分给各房子孙，另一半五百八十万两银子放在愚斋义庄，本金不许动用，利息用于慈善事业。他想用这个办法长期保住盛氏家族的一部分财产。盛恩颐的母亲庄夫人去世时又归入义庄一百多万两白银，这些钱如果使用得当，盛氏子孙十辈子也不用为生计发愁。可是盛恩颐在败光了自己的大部分财产后，竟然打起了义庄的主意。

1927 年 11 月 26 日，盛恩颐联合其他几房盛氏子孙，向法院申请分割义庄公产，但没有盛家女儿的份，于是，盛家的七小姐盛爱颐就和自己的亲哥哥打起了官司，由此引发了中国历史上第一起女儿继承权官司。最后，在宋美龄等人的支持下，盛家未出嫁的七小姐和八小姐根据男女平等原则如愿分得巨额财产。盛恩颐带头瓜分了义庄的巨款，不久就挥霍一空。当真是盛宣怀攒下多少家底，盛恩颐就要败光多少。

抗战胜利后，盛家兄弟姐妹常在盛重颐的这个淮海路大宅院里聚会。有一次七小姐接到盛重颐电话前去串门，谁知宋子文居然也在场，七小姐见此情景一下子愣住了，方才知道这是预先安排好了的，心中十分不快，只跟他们草草应酬了几句。大家请她一起共进晚宴，她推说，“不行，我丈夫在等我”，便拂袖而去，弄得宋子文好生尴尬。原来这背后有一个悲伤的爱情故事。

早前，宋子文刚刚回国，在汉冶萍公司任英文秘书，时常出入盛府，被七小姐美丽和高雅的气质所倾倒。宋子文还主动担任七小姐的英文教师，很快赢得了七小姐的倾心。可是当时两家地位和环境悬殊，七小姐的母亲庄夫人硬是不允这门婚事。时值孙中山先生在广州发动革命，一封封电报急催宋子文南下，宋子文无奈，只得暂与七小姐分别。

临走前，他把七小姐和八小姐盛方颐约出来，手里拿着3张船票，劝两位小姐随他同去参加革命。两位小姐没有答应。但七小姐表示，等他革命成功，回沪可成婚，临走还送他一大把金叶子作为路费。谁知革命成功后，宋子文竟带了夫人张乐怡回到上海，七小姐为此大病一场，直到32岁，才与他母亲娘家的内侄庄铸九结婚。

四少花落知多少

盛毓邮是盛老四的大儿子。虽然其祖父为其取名毓邮，小名传宝，但老人家邮传部尚书的位子只坐了10个月，就爆发了辛亥革命。毓邮在大家族析产时，分到了总价为一百一十六万零五百八十六两银的祖上遗产，其中包括三新公司、客利房产合股、沁园房屋、泰吉里、郑家木桥、东有恒路地块的房地产，还有上海、南京、汉口、武昌等地的空地，以及中国通商银行和扬子公司的股票若干。这个时候，他才9岁，就已经成了百万富翁。虽然说他是第三代，分家产还轮不到他，但是因为盛家老三盛同颐早逝无子，盛毓邮过继给盛同颐，于是继承了三房的份额。

9岁的孩子自然还不会花钱，那么就由他父亲“帮助”他来花。所以后来盛毓邮对人说，他最怕父亲请他吃饭，或者是为他做西装，因为吃完了饭、做完了西装就要向他借钱，但是总是有借无还。

盛毓邮是盛家子弟们中最用功的一个，从圣约翰大学毕业后留学英国曼彻斯特大学，读商科，回沪后打理自己的产业。他娶了宜兴望族任家的小姐任芷芳，端庄典雅，温婉可人，婚后他们和母亲孙用慧住在一起，在万航渡路的一处大花园洋房里过着闲适的生活。

由于盛恩颐太会花钱，盛家家境急转直下，房子越住越小，最后盛毓邮和母亲、兄弟姐妹 7 个人只能挤在一间房子里，而且还是灶披间，也就是上海人说的厨房。

盛宣怀是清末洋务运动领袖人物，他始终处在权力中心，官至一品大员，是亦官亦商的官僚资本第一人。1896 年，清廷邮传部尚书盛宣怀于今淮海西路华山路西南创设南洋公学，即后来的上海交通大学。可是他却无力教好自己的儿子，这不能不说是个悲剧。

抗战胜利前，盛恩颐分到手的家业基本上就被败空了。到了晚年，盛恩颐穷困潦倒，他与李鸿章的孙子李厚甫走到襄阳公园门口，两人都想进去坐坐，结果谁都拿不出买门票的钱来。

盛恩颐本来在苏州还有不少房产，但是 1949 年后国家实行土地国有政策，一切私人占有的土地必须缴纳高额地价税，盛家许多房产因缴不起地税，折算成地价划到了公家的房产簿上，只剩下苏州留园门口的 4 间盛家祠堂，成为盛老四晚年的栖身之处。

时光的指针指向了 1958 年，全国轰轰烈烈地开展了大跃进运动。姑苏城的清晨，天还是冷冷的蟹壳青，晨风一阵一阵地吹过来，古木葳蕤的留园透着水般湿润的凉意。盛恩颐觉得有点累，躺在花园的长凳上，晨曦里有雾蒙蒙的光环，他笑了，曾几何时，人家也说他是光环罩身的民国四少呢，现在呢？他想起上海的那幢漂亮的洋房里，父亲偶尔回到上海，一进门就喊他的名字，他故意装没听见，非要父亲找到他的书房来，阳光慵懒的午后，他伏在桌前，身子微微前倾趴着假寐，桌上摊着一本临时打开的书，那是听见父亲回来做做样子的，可是父亲真的相信他读书读累了睡着了。

父亲看着宝贝独子的身影仿佛要融在光晕里，忍不住凑近了去看，高高的鼻梁，眼睫毛扑在闭着的眼皮上，此时，时光仿佛静止了，只有窗外簌簌的落叶声。这便是他所有的希望了，他知道自己宠坏了他，现在唯一能做的就是祈求他能改邪归正，扛起延续家族的重任。

父亲翻动书页带起沙沙的一声响，将盛恩颐惊醒。他看见父亲花白的胡子抖动着，脸上带着歉意。他总得意于自己的这种小把戏每每得逞，因为接下来他总听见父亲训斥下人的声音，“你们是怎么照顾少爷的？着凉了怎么办？这个月薪水扣一半。”下人们也处变不惊，因为他们知道，老爷不过说说罢了。

这时四周也极静，太阳马上要升起来了，只有一园子的青草香味，一片此起彼伏的秋虫鸣叫。盛恩颐的身体凉了下去。

盛宣怀当年的豪宅，如今高墙蔽日，终年大门紧闭，充满神秘色彩。漫漫流年，任凭沧海桑田世事变迁，老房子淡看无语，只是默默坐守着晨曦昏鸦，朝花夜雾，独属它的历史终不会变。

接鸿福步步登
迎新春事事如
1

闲花深院听啼莺

丁香花园

生逢时

生不逢时

丁香花园：上海市徐汇区华山路 849 号

又是人间四月天。花如海，柳如烟，一条蛟龙卧半园。园中有水，水上有曲桥，曲桥通风亭。它是上海十大优秀花园洋房之一，成就了华山路一百年前的尊贵。园中山石浓荫，花香袭人，而最令人怦然心动的便是那怒放的丁香。纯粹的中式园林里却伫立着西式别墅，中西合璧，如若梦境，似乎折射出主人游历四海的经历。如今，这紫藤缠绕、巨龙盘踞的庭院，依旧满园春色，馥郁芬芳，春的静默里，张扬着生命的力量。怎一个上海的风花雪月！中国近代史上富有争议的人物，李鸿章当然位列其中。不妨相信，这座李家的私家花园，是为了一个叫作丁香的女人而建造的。

上海滩，有很多私家花园。丁香花园，是上海滩第一座中西合璧的花园别墅，也是上海百年来极负盛名、保存完好的花园洋房之一。这座李鸿章的私家花园，绿茵平畴，花木蓊郁，融西洋派建筑和古典式江南园林于一体，百年来它的历任主人赋予了它神秘色彩。

关于丁香花园的来历，众说纷纭，不一而足，而人们更多地愿意相信这一段顺理成章的推理。

老夫少妾的自在生活

在春色满园中，一片紫色云烟该有多么惊艳。那是一片深深的浓烈的紫丁香，是那种明媚的紫，一簇一簇，放肆地盛开在天光中，妖艳至极。在这座同名的别墅，深深的庭院，淡淡的丁香，花丛中有着一个丁香一样美丽的女子……

从 19 世纪 60 年代后期起，作为洋务派首领的李鸿章，在上海开办近代化的军事工业、纺织工业及航运业，如江南制造局、机器织布局、轮船招商局等，经常住在上海，随从而行的是他的宠妾丁香，李鸿章委托下属盛宣怀在上海为她置办一笔不动产。盛宣怀便在海格路（今华山路）购置了 2.67 公顷土地，而这条海格路，也与李鸿章有着关系。

1860 年，以李秀成为首的太平军东进逼近上海，租界当局与清

政府联手镇压太平军。李鸿章同意租界当局在租界外筑路，以利军行，这种路被称为“越界筑路”。法租界沿肇嘉浜北岸筑从斜桥通徐家汇的马路，称“法徐家汇路”，英租界筑从静安寺至徐家汇的马路，称“英徐家汇路”。两条均称“徐家汇路”的马路容易混为一谈，1921 年公共租界将“英徐家汇路”重新命名为“海格路”，以纪念第一次世界大战中为英法战胜德国作出贡献的英国陆军元帅海格（Douglas Haig），1943 年改称华山路。它因抵御太平军进攻上海而起，淮军的大队人马曾从这里经过。

有人说“半条华山路都是李家的”。战后这里又成为名门望族、富商巨贾置业造房所偏爱的地方。单就李鸿章家族而言，与之有关的就有枕流公寓、李鸿章祠堂（现复旦中学所在地）、李鸿章衣冠冢（现安福路 318 号近华山路）、孙家花园（现华山路 831 号近武康路，原为李鸿章家族所有，后转让给孙多森、孙多鑫）等。

丁香花园中建有 3 幢西式花园别墅，主要建筑今称 1 号楼和 3

号楼，建于19世纪末，其中1号楼即为丁香楼，共3层，外观用深色露木构架，浅色粉墙，墙面为水泥砂浆作鱼鳞状纹饰，是英国乡村风格。南立面有敞廊式的晒台，采用红白相间的色调，使小楼在周围绿地的映衬下，显得十分鲜艳。前立面设小尖顶，双坡屋面，平缓瓦顶，用红色筒瓦铺盖。西墙竖出檐烟囱，囱顶饰小尖券。窗间设螺旋形柱，墙上饰有绿釉花饰。檐下设券齿带饰，二层设立三连券柱，落地长窗。餐厅与会客室均用玻璃装饰，门窗、扶梯、护壁板均用柚木装修。

1号楼的下层三间住房朝南，为餐厅、客厅，北面有厨房、贮藏室、佣人房间，二层主房三间，中间凸出大阳台，内有卧室，旁有小书房、会客室等。楼前种着开放起来如烟似霞的丁香树。

奔忙操劳在各地的李中堂对于陶公归隐田园的生活十分向往，无奈食了朝廷俸禄，犹如穿上了红舞鞋，想停也停不下来。在丁香花园这个都市里的花园作短暂的停留，是令他愉悦的事情。李鸿章一般很早起床，早餐一般在7点进行，有燕窝、米糊或者米汤，还有一杯黑咖啡。12点时，他开始午餐，他喜欢用象牙筷子吃饭，通常是八道菜。先是用小碗呈上的汤，其次是鱼翅，然后是一些肉或者蔬菜。对他来说，最好的休闲方式就是写书法。

那日，薄薄一层冬雪覆盖了整个园子，几树红梅在白雪的映衬下生气勃勃，让他竟然一时忘情。身材高大的他穿着一袭貂皮披风，中年男性的稳重老练和威严面目里透出难得的一丝温情。“大人，你喜欢红梅，我更喜欢白梅呢。”丁香道。“红的热情，白的素雅，咱们这个国家太没有生气了。”李鸿章的话别人听来也许不甚明白，丁香这朵中堂大人的解语花却太了解其中三昧了。

“梅妻鹤子的林逋隐于孤山，数十年间不入杭州城中。我却并不羡慕他，只要我们一家人能在一起，心中有山丘，山丘便在。”红色披风下的丁香依偎着她的夫君，享受这团聚的时刻，她明白，这个男人属于大清，属于自己的时间并不太多。“我会把你们安排得好好的，你安心吧。记住，退中有进，隐藏锋芒，定能不乱于世，得长久，有始终。”茫茫雪地上，黄昏里又起了风雪，淹没了红色和黑色的披风。

丁香常常抚着古琴，唱起家乡小调《茉莉花》，旋律简单，悠扬动听，每当李鸿章心情郁闷的时候，他就会让丁香弹上一曲。

1896 年，巴黎万国运动会。开幕仪式上，各国国旗伴着国歌依次升起。轮到中国时，却只有黄龙旗在一片寂静之中升起，自始至终，没有人唱国歌。在场的很多人开始大笑。在一片嘲笑声中，李鸿章这个年过七旬的老人拄着拐杖站起来，迈着步子走到黄龙旗下。他挺直腰板，神态毅然，满怀深情地唱起家乡小调《茉莉花》。

在外交场合，他一向思路敏捷，言词恰当，精明圆滑。可惜，纵然栋梁之才，耗尽心血为迟暮之帝国，只是裱糊其表面而已，挽救不了大清王朝腐朽衰败的命运。1900 年夏，在岭南闷热潮湿的天气下，刚刚从两广总督调任直隶总督兼北洋大臣的 78 岁的李鸿章从广州天字码头启程了。

李鸿章奉命北上议和，途经上海，炎炎酷暑中最后一次来到丁香花园，他头戴圆顶方毡帽，帽子上镶嵌的一颗深红色的宝石和指上戴着的钻石戒指宣誓着主人的尊贵。老迈的李鸿章走出丁香楼，他的脸上皱纹不多，稀疏的胡子已经灰白，搀扶着他的是丁香。

在上海，他接到儿子李经述的电报，叮嘱老父亲切勿进京。京城的局势非常糟糕，因此，虽然慈禧太后十万加急的电报雪片一样飞来，李鸿章依然拖延着进京的时间。他拄着拐杖，贪婪地欣赏着丁香花园里的每一处风景，他多想和丁香相爱直至老死，继续做一对神仙美眷啊！某种久远的孤独向他袭来。悲哀像洪水漫溢。

四公子的逍遥生活

李鸿章再也没能回到上海。带着对帝国的不放心，带着对慈禧太后和光绪皇帝奋发图强的美好想象，李鸿章咽下了最后一口气。

消息传来，丁香竟然没有一滴眼泪。她心里明白，没有了老爷的庇护，她和儿子只能随波逐流。她必须坚强地活下去。

李鸿章 53 岁的时候才生下儿子李经迈。老来得子，因此，李经迈从小受到父亲的宠爱，他通晓四书五经，英语也说得非常流利。再加上父亲的荫蔽，李经迈 29 岁时就成为当时最年轻的外交官，出使奥地利。世人都羡慕他是含着金钥匙出生的贵公子，谁知道，他却有着晚清第一豪门中庶出子女的苦辣辛酸。

李鸿章正房夫人姓周，她和儿子李经毓都早早夭亡了。继室夫人赵小莲是太湖人氏，侧室莫顺喜是赵小莲的陪房丫头。赵小莲体弱多病，李鸿章常年出差和出访都是由丫头顺喜随行服侍。莫顺喜聪慧伶俐长相端庄，就是传说中的丁香姑娘，李经迈就是她所生。长子李经方是从李鸿章的六弟家过继的嗣子。次子李经述是夫人赵小莲所生，系嫡出，赵氏夫人去世 3 年后李鸿章出访西洋为其讨封为“一品诰命夫人”，那时李经迈已经 20 岁了。

李鸿章去世后，他的嫡系长子李经述承袭了一等肃毅侯爵位，李经方、李经迈分别被朝廷恩封了一份官职。李经迈在庆亲王奕劻的举荐下，恩赏三品京堂候补。丁香花园传给了四公子李经迈。

但嫡出的总是瞧不起庶出的，莫氏在李家地位不高，李经迈也在李家受歧视。连侄子李国杰也欺负他，分家的时候把一些当时视为不值钱的股票就都分给了叔叔李经迈。

孝期结束后，李经迈重新返回紫禁城。他在朝堂上觐见了光绪皇帝和慈禧太后。年轻气盛的他直言江南的盐业中恶霸蛮横，十分危险。事后，亲王奕劻急忙将他叫到府上，将他训斥一顿，若想留命，就不要乱说话。李经迈一听，吓得魂不守舍。

那次训斥让李经迈久久不能忘怀，此后他便奉行对朝廷报喜不报忧的戒律。后来他转战商场，那些原先不值钱的股票到了他手里，稍加利用，都变得值钱起来。经过多年经营，他成为上海房地产业的先驱人物。他在上海西郊购置了大量房产，并修建了许多高级公寓，十分豪华，使之成为当时上海权贵们聚集最多的地带。

1900 年，英资泰兴银行大班在上海建造了一套花园住宅。不久，李经迈将这套花园住宅收购了，聘请美资哈沙德洋行进行设计，改建成一栋公寓大楼——枕流公寓。里面装修豪华、设施先进，拥有集中供暖设施、室内游泳池等，是当时上海规模最大的高级公寓。李经迈将它出租给在上海的外国人居住，生意相当火爆。

1910年2月，为了学习世界上先进的军队建设经验，李经迈跟随24岁的载涛赴日、美、英、法、德、意、奥、俄八国考察陆军。爱新觉罗·载涛是光绪帝载湉的异母弟，曾留学法国索米骑兵学校，专修骑兵作战科目。1909年，载涛被摄政王载沣任命为训练禁卫军大臣，负责筹办禁卫军。4月28号，时任美国总统威廉·塔夫脱在白宫为他举行了欢迎宴会。之后，载涛一行考察了著名的西点军校以及驻扎在纽约的第71步兵团，他学到的东西还没来得及运用，就发生了辛亥革命。

1917年，李经迈与堂兄李经羲一同参与张勋复辟活动，出任外务部左侍郎，但只是昙花一现，仅12天后便再次垮台，他回到上海，从此安心当起寓公。

丁香花园里经常高朋满座，李经迈的许多外国朋友非常乐意被邀请过来品尝李家的私房菜，也给他带来了很多商业信息，这使得他在上海滩的生意场中风生水起。

李经迈与载涛关系极好，受其委托，于1919年春天聘请英国苏格兰人庄士敦做溥仪的英文老师。以前，极具维新思想的光绪学习英语热情就很高，每日清晨4点就开始上课，他以九五之尊带头学习英语，紫禁城内很快掀起了学英语的时尚。

溥仪对英语学习抱有极大兴趣，英语水平进步很快，到后来能用英语翻译《四书五经》。日后，日本战败投降，1945年东京审判时，溥仪面对法官的英文质询，对答如流，不需要戴同声传译的耳机。

自清末至民国前期，清廷和北洋政府每次向英国借款，都由精通英语的李经迈从中磋商。每次借外债，李经迈所得的回扣都在百万两以上，因此家资殷富，拥有小轿车数辆，还备有专用游览的轮船、汽艇。

值得一提的是李经迈的收藏，丁香花园里有好几间房间专门储藏他的藏品，书画、碑帖、印章、藏书、古扇，均为大宗。

但他在经历官场、商场的尔虞我诈之后，在晚年看透了众生相。李经迈给自己写了一份墓志铭，怒发冲冠地说："综计一生，所作者，不甚爱惜之官；所办者，无足轻重之事；所遇者，全无心肝之人；所闻者，不知羞耻之言。"1938年，李经迈去世，前来吊唁的人在海格路上排成了长队。丁香花园的草坪上摆满了纸扎的祭品和挽幛，最惹人注目的是一架纸糊的雪白的飞机。

李经迈之子李国超在其父去世后，无意在沪久留，去北平买了一处偌大的旧王府宅院，装修成中西合璧的风格。临行前把上海的房产全部卖掉，把李经迈"望云草堂"的藏书捐入震旦大学图书馆。李国超是独子，把上海的家产清理完毕，包括卖掉丁香花园和枕流公寓后，之后就率全家出国了。李国超走后再不与李氏家族的人往来联系。这不免令人遐想，当初他们这支庶出的一房是怎样度过那些难挨的时光的？

李氏后人

丁香花园是由美国著名建筑师艾赛亚·罗杰斯设计的，罗杰斯是现代化建筑的开创者之一，善于将卫生、消防、暖气等新设备与建筑艺术结合。但花园布局和房屋内部的许多中国传统建筑装饰物语都体现着深厚的家世文化背景。

李鸿章去世之后，历经辛亥革命等一系列历史巨变，失去了大清帝国庇护的李氏家族犹如风中落叶一般飘零。李鸿章家族中出了不少政治家、外交家、企业家、科学家、艺术家……他们如今定居在世界各地。

李家是清朝极为显赫的家族之一，人称“一门三总督”：李鸿章——直隶总督兼北洋大臣，哥哥李瀚章——两广总督，侄子李经羲——云贵总督。李经方出任驻英、驻日公使，李经迈出使奥地利，李经畲任北京电话局总办，李经楚任邮传部右丞，李经沅出任驻英、德、丹麦等国公使秘书官，李氏家族在晚清出任道员、按察使、盐运使，以及获赠朝议大夫、奉政大夫、资政大夫、荣禄大夫、武功将军等头衔者达153人。众多子孙都曾陆续来到上海经营工厂、办涉外商务、开设银行、投资运输及房地产，还从事股票交易。书香之盛，人才之多，位业之隆，门闾之大，令人惊叹。

抗战前丁香花园被卖给湖州南浔籍的房地产商张芹伯（张静江的侄子），抗战中张家又将其卖给了上海颜料富商奚鹤年；太平洋战争爆发后，丁香花园归入张善琨之手，那时张已投敌伪，在里面办“中华联合制片股份有限公司”。抗战胜利后，丁香花园被国民政府没收，成为邮政储金汇业局机关，李鸿章的一个曾侄孙女婿刘攻芸在里面当局长。

现“申粤轩”饭店所在的半圆形南向2层小楼，原为丁香花园的2号楼。透过南边的落地大玻璃，园中美景尽收眼底。曲径环绕，古树参天，具有明清古典建筑的风韵。这和李鸿章多年在北京供职，受北方园林理念影响有一定关系。一条琉璃瓦龙墙，长达百余米，曲折环绕，有18个起伏。龙头伸向园中未名湖，与湖上八角亭顶端的凤凰遥遥相视，形成龙凤戏水之景，寓意龙凤呈祥。

园中有大小石狮多尊，有蹲有立，有俯有仰，大小拥抱，左右相望，千姿百态。园中散植丁香、茶花、月桂、牡丹、紫藤、玉兰等花木数百种，是上海罕见的庭院珍品。最多的当然是丁香，花开时节满园馥馨，令人一洗都市嚣尘。傍晚时分，一轮明月，一岸星光，让你不由被这暗夜妖娆蛊惑了。

李鸿章家族在那个时代可谓金玉满堂，可时光荏苒，岁月如梭，再强大的人也都会归于尘土，回归寂寥。

一个半世纪来，华山路上典藏着一幢幢尊贵名宅，像一颗颗宝石闪耀着夺目的光彩，而丁香花园这颗钻石似乎和李鸿章手上的那颗钻戒重叠在一起，泛散着历史的余晖，蕴含着岁月的沧桑。

常德公寓
195

芷芳遗世成名早

张爱玲旧居

成熟男子
是少女翻阅不过去的高山
跨越不过去的大海
他似魔法师一般
强调着多份感情里某份里的真
却从来不会说
爱的本质和表象都是独霸一人

张爱玲旧居：上海市静安区常德路 195 号常德公寓

老上海是她的前生。爱林登公寓是她生命中最深的划痕。这里有爱的你侬我侬，有撕裂爱的痛彻心扉。她像一朵名花，摇曳在晚风中，自有一番惬意风雅，却在一把风流倜傥的纸扇前低下头去，一直低到尘埃里。只因爱这扇面上的兰草，哪里还顾持扇人的身份。她贪婪着呼吸着末日的空气，如汽油般刺鼻浓重，埋首在金沙里，孤注一掷地再斟一杯烈酒。看透红尘的她早慧过人，字里行间都是聪明女人的味道，果不其然，日后，她竟然在适当的时间全身而退，离开了这个处处印有足迹的家园，免去了浩劫中的凋零枯萎。比起当年的同行悲怆地死于非命，常德公寓这颗心上的朱砂痣偶尔作痛又算得了什么呢？

世人总津津乐道在繁杂枝蔓的家史和暧昧曲折的情史中呈现的张爱玲，而文艺青年会铭记，文坛上永远有张爱玲的一席之地，她用悲剧意识描写都市生活，为海派文学注入灵魂。一位临水照花的美人在黄浦江边，敛着眉低着眼，秀口一吐便是半个海上传奇。

1939 年，张爱玲与姑姑住在静安寺赫德路 192 号爱林登公寓（今常德公寓）51 室，随后，她远赴香港大学进修文科。不久，香港沦陷，张爱玲又回到了上海，于 1942 年住进了爱林登公寓 65 室，从此卖文为生。直到 1947 年 6 月，她与胡兰成离婚后不久，才与姑姑迁居梅龙镇巷内重华新村 2 楼 11 号。

她笔下妙趣横生的《公寓生活记趣》，写着她在这快乐城堡里的喜怒哀乐的青春。《对照记》里便真真切切地留着它曾经的影像：20 世纪 30 年代的家具，大圆镜子配着花，一张单人沙发。

她在这里写下了《沉香屑第一炉香》《倾城之恋》《金锁记》《红玫瑰与白玫瑰》等传世佳作，无数出版商、杂志编辑乃至电影制片人前来索取她的稿子，几乎踩破了公寓的楼梯。

如今，常德公寓底楼开着一家书店，老式五斗柜上放着唱片机，

颇有老上海风情，书架上最多的自然是张爱玲的作品。据说，这个书店所在就是张爱玲最爱的起士林咖啡馆的位置。当年，她常在此一边喝咖啡，一边写作。那是她最好的年华，像一朵鲜花开得灿烂。却因为一个男子的不请自来，从孤高处顿落尘埃里，变得很低很低。

爱林登公寓的名作家

1936年，爱林登公寓竣工，建筑面积2 663平方米，为8层钢筋混凝土呈凹形建筑，正立面设置宽阔的大阳台，为十分典型的装饰艺术派风格建筑。建筑师充分利用几何线条来作装饰，显示现代美感。为了打破正面层层阳台的横线条造成视觉上有矮胖的感觉，建筑师就在正立面中央采用竖线条处理手法，并突出门厅的位置。

当年这里属于公共租界，有“中国租界的小拉丁区”之称，因其设施现代精致，故只租不卖，租金昂贵，不少都要付美元或金条，当年入住的很多都是外国人或是国内有点身份的人。

现在，爱林登公寓改称常德公寓，肉粉色的墙面夹杂咖啡色的线条，从另一座高楼上看它就会看出它的苗条颀长，这种肉粉色如同定妆粉那般的颜色，像极了那位遗世的佳人，一袭华丽的旗袍，高高的旗袍立领上，倨傲地仰着头，噙着一丝睥睨的笑意向远方望去。但若只是从楼下经过，它和街上其他的建筑并无二致。

上海在晚清开埠后，千姿百态的洋楼拔地而起，其中不乏华美耀世之作，这种装饰艺术派风格的公寓在当时蔚为时髦，20 世纪初集中在静安寺路两侧呈现。静安寺路就是现在的南京西路，上海的时尚高地，东起西藏中路，西止延安西路，全长 2 033 米。在百多年前，这里原为李鸿章因镇压太平天国所需而建成的一条行军小道，然后英租界当局筑跑马场，为方便来往马场运输物资，再将这条泥泞小路拓宽延伸，再在路两侧种上英国人喜欢的悬铃木，由于穿过千年古刹静安寺，故名静安寺路。这条路因为这样的因果和张爱玲结缘，不能不说有点让人诧异。

静安寺一带是张爱玲和其小说里主人公的重要“据点”，张爱玲本人在上海居住时间比较长也是在静安寺附近，这里地处老上海的“西区”，为富贾贵族公馆、私家花园云集之地。

1920 年 9 月 30 日，张爱玲出生在上海公共租界的张家公馆，原名叫作张瑛。张公馆位于麦根路 313 号，在今天的康定东路 85 号，这是一座清末民初的老洋房，它是李鸿章送给女儿也就是张爱玲祖母的陪嫁物之一。张爱玲所读的圣马利亚女校，位于白利南路，今长宁路 1187 号，上海滩的很多名媛淑女都出自这所学校。

张爱玲母亲黄逸梵深受五四新潮的影响，20 世纪 20 年代出国留洋，学过油画，跟徐悲鸿、蒋碧微等都熟识，是真正的新派女子。受不了爱狎妓的丈夫，她果断离婚了。1934 年夏天，张爱玲的父亲再婚，迎娶孙宝琦（段祺瑞执政时总理）之女孙用蕃。订婚仪式在浦江饭店举行，14 岁的张爱玲难以接受。

1938 年，因张爱玲与后母冲撞，父亲大怒把她关了起来，气势汹汹地扬言要用手枪打死她。张爱玲逃出康定东路 85 号后，就投奔母亲和姑姑住的开纳公寓，现武定西路上。

这段日子大概有一年左右的时间。之后张爱玲便和姑姑张茂渊搬到爱林登公寓，位于静安寺路和赫德路的交叉口。张茂渊是独立自主的职业女性，自己挣钱自己花，在无线电台当播音员，每天工作半小时。她曾感慨地说：“我每天说半个钟头没意思的话，可以拿到几万的薪水，我一天到晚说有意思的话，却拿不到一个钱。”

爱玲和姑姑一起住了 10 年。张茂渊一直未嫁。她不是没有爱的人，年少时曾对他一见倾心，他也喜欢她，却听说她是李鸿章的外孙女而愤不娶她。真是书生意气，迂腐之极。她倒也不恨他，还和他来往了整整一个甲子。直到 78 岁，和他结婚。从婵娟两鬓秋蝉翼的少女到鹤皮鸡发的老太太，她始终是一颗少女心，痴情不悔。

公寓的设置为一梯二户，户型有两室户和三室户，客厅面积较大，并设有壁炉。每一户的大房间都带有一个大阳台，另外厨房外面也是一个阳台，是意大利风格的。

张爱玲最喜欢在阳台上俯瞰静安寺路，傍晚看“电车回家”，一辆衔接一辆，像排了队的小孩。她喜欢听电车经过的声音，有俗世的味道。她喜欢闻汽油味，她觉得那是明亮的，感性的张爱玲在各类通感中游刃自如。写得累了，张爱玲喜欢逛街去，她会去附近的“凯司令”蛋糕店买栗子蛋糕，这曾经是张爱玲和好友炎樱最喜欢的小点心。她也会去“绿夫人”时装店逛一逛。南京西路石门二路西北角，德义大楼下面，是“绿屋夫人时装沙龙”的旧址。

梅花雪，烹好茶

现如今，当你走进常德公寓，会看到北墙上还留着昔日考究的木质旧信箱，各家的信箱上积满了经年的尘土。老电梯摇晃而上，六楼左转至 65 室，便是过去张爱玲家的大门。墙上的涂料和门上的油漆虽已剥落，但不掩昔日的豪华。门上有一个玻璃的小窗口，后面用布帘掩着。每次来人，可以掀起布帘，打量一下来者。

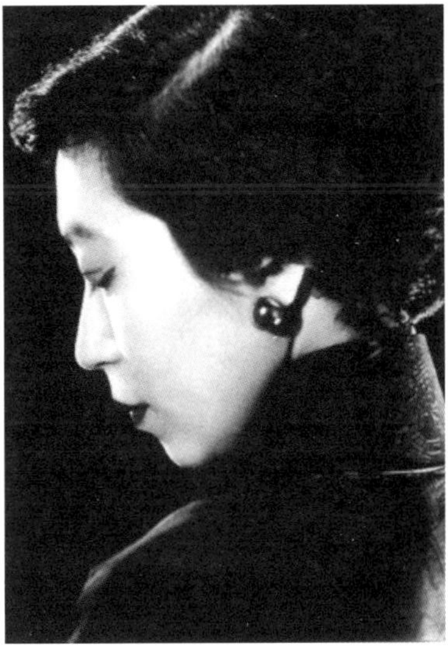

那一年，大她 15 岁的胡兰成第一次按响 65 室的门铃，却吃了闭门羹。张爱玲通常不见生人，他只好从门缝下塞进了一张纸条。望着那扇紧闭的门，他心底作为男人的原始征服欲望，被激活了。

时任《中华日报》主笔、汪伪政府宣传部常务副部长、法制局长、《大楚报》主笔的胡兰成对文字有超乎寻常的敏锐度，从第一眼看到张爱玲的小说《封锁》开始，就产生了一种渴望，想见张爱玲一面。能够写出如此苍凉文字的人，居然是个这么年轻的女孩，这让恃才傲物的他对她产生了强烈的好奇。他了解到，自己的好友作家苏青和张爱玲也是朋友，就从她那儿得到了张爱玲的地址。

过了一日后，胡兰成家传来了一阵铃铃的电话声。张爱玲恭敬地说：“看了介绍才知道是您，我来看您。”当时炙手可热的女作家张爱玲穿着短旗袍，尽显身段，气质清冷高傲，却没让胡兰成的荷尔蒙有所膨胀，他嫌她不够妖艳动人、风情万种，可是即使在这样的心情下，他还能和这个饱读诗书的才女畅谈了5个小时。胡兰成风度优雅，对张爱玲彬彬有礼，有成熟男人的那种体贴周到。他风趣又幽默，且很有见地，在文学上能够跟得上张爱玲的思想，这种种无不让张爱玲欢喜。

丰富的情场经验，让胡兰成明白她需要的是什么。这是一个性子清冷又非常缺爱的女子，他懂得怎么从她最脆弱的地方，去攻陷她的心防。

接下来的日子，他对她有些冷淡，这次轮到张爱玲坐立不安地等待门铃声。不知是欲擒故纵，还是他还没考虑好是否要和她发展一段感情。可是，后来，他又对她热了起来，情话如春风不断吹入她的耳中，因为，张爱玲闺房的豪华家私和家族荣耀的历史故事，都让早年穷困潦倒的胡兰成感受到莫名的兴奋，她所拥有的正是他从未曾得到过的。

他们迅速地恋爱了。胡兰成成了张爱玲公寓里的常客，每天，胡兰成都在固定的时间叩响张爱玲的房门。她的脸上，第一次有了年轻女子恋爱的模样。他们的灵魂是如此契合，茫茫人海中，原来你也在这里。哪怕当时胡兰成尚且是有妇之夫，张爱玲也毫不介意。因为胡兰成是懂张爱玲的，懂她贵族家庭背景下的高贵优雅，也懂她从小缺乏父爱而造就的世事洞明。

从来不愿意做家务，也怎么都做不好家务的张爱玲，以前总让想把她培养成贤惠淑女的母亲气得直摇头，现在，因为爱，她居然无师自通地能做好多事了，整理房间，做小点心，烹茶给他喝，连胡兰成都赞她的茶艺呢。她总是去买来茶叶店里最贵的茶叶，把自来水用容器装满，沉淀一夜，取容器里上面的水，没有古人的取水梅花雪，也算是以净水敬美物的意思吧。

张爱玲住的是两室一厅，走进房门是一条狭长的走道，通到屋子中间的一个厅。站在厅里，左手边是两个卧室，张爱玲住在靠近门口的小间，姑姑住在通向阳台的大间。厅的右侧是张家的厨房。

就在这间屋子里，穿越了百年的历史风云，两个才女仿佛正在说着贴己话。

“爱玲，胡先生明天又要来看你了吗？哎哟，我在问你话呢，小囡，侬勿要搭架子啊！”张爱玲看着自己漂亮的布拖鞋，脸上飞起了红云，“嗯，是额呀，侬是明知故问。”

张茂渊一边冲着咖啡一边说道：“要我讲，侬脑子还是要拎拎清，毕竟他是白道上的人，现在抗日分子刺杀很多的，搞不好哪一天横尸街头，不要把你也搭进去。不过，我晓得的，你现在头昏了，讲么也听不进去的。”“爱就是不问值不值得。”张爱玲的语气里有坠入情网的女人才有的执拗和坚决。

“你爱他什么？成熟男人的魅力还是怜香惜玉？老实说，男人年纪大点，这些都会有的。”显然，姑姑张茂渊已经意识到这场爱的大火将越烧越旺，明明知道此时的劝诫是无用的，还是要多讲一句。张爱玲答道，“没有人比他更懂我。千金易得，知己难求。”

张茂渊用小勺搅拌着烫金茶杯里的咖啡，抿了一小口，慢慢说道，“难得一心人，白首永不离。听说，胡先生女人缘很好的。”张爱玲接道，“孃孃，侬意思他很花心是不是？”“这个嘛，我没看到，我也不晓得。”张爱玲撅着小嘴说，“我的事情不用你管，你自己倒要赶紧把自己嫁出去哦。”张茂渊嗔道，“小囡，侬将我的军啊！”张爱玲换了一个话题，“孃孃，你说我明天穿哪件上衣好看，快来帮我挑一下。”

旗袍背影总徘徊

似是上天催促一般，胡兰成的第二任妻子提出离婚。1944 年，23 岁的张爱玲与胡兰成结婚。没走法律程序，没有好友祝福，只有一纸私下的婚约。

两人手工制作了一张小小的结婚证书，张爱玲写下：“胡兰成与张爱玲签订终身，结为夫妻。”胡兰成接过笔写道：愿岁月静好，现世安稳。她的朋友炎樱和苏青是证婚人。

她的朋友沈寂和吴江枫日后回忆，他俩第一次来到常德公寓的时候，和张爱玲谈话之际，从里屋出来一位男子，一身纺绸衫裤，折扇轻摇，飘逸潇洒，坐在一旁默默聆听。

一个博古通今、妙笔生花的胡兰成，让张爱玲有寻觅到知心爱人的幸福感觉。在张爱玲的眼里，胡兰成便是她的“现世安稳”。殊不知，他不过是一个文化较高的情场老手。

这段婚姻只维持了 3 年。1946 年 11 月，东躲西藏的胡兰成在这个公寓住了一个晚上，第二天清晨，他与张爱玲诀别。那曾经的美好时光一去不返，张爱玲泪眼朦胧地和这段情挥手作别。

前晚，胡兰成要留宿，爱玲不忍心将他赶走，但心被伤透了的她把他安排到了另一个房间。第二天早上，天还蒙蒙亮，早起的胡兰成轻轻敲了敲房门。“门没锁。”一夜无眠的爱玲答道。

那曾经多么熟悉的身影闪了进来，“醒了吗？我，我一会儿就要离开了，让我再抱抱你好吗？”他真是多情才子，一开口就让人抵挡不住，爱玲知道，这一别就是海角天涯，天各一方，往昔点点滴滴涌上心头，她的心一软，从被窝里伸出双手，勾住了他的脖子，像以前那样。

她喃喃地念道，“兰成！兰成！”眼泪就从眼角淌下来，辗转反侧的寂寞长夜，她好几次都想去他的房间，枕在他的膝盖上，任他抚摸着自己的头，“宿昔不梳头；丝发被两肩。婉伸郎膝上，何处不可怜。”

胡兰成将爱玲的手放回被子，还替她掖好被角，只说了四个字：“后会有期！”他知道，张爱玲的决心一旦下了，就像百川入海一样无法阻挡。

在此之前，他想和张爱玲重归于好，还给炎樱写信希望她再做红娘。惩处汉奸的风头过去，他想再次回归江南佳丽地，胡兰成毕竟是个文人，和张爱玲的关系总能满足他文人的虚荣心，对于爱玲，他也曾深爱，虽然短暂了一些。胡兰成在湖北街头遇到轰炸慌乱时，绝望中，他也只喊出两个字：爱玲！不过，复合的想法被张爱玲婉拒了。她说得委婉，她还是说不出难听的话，因为对他撕开温情的面纱等于自己亲手将过去的美好通通涂抹掉。终归有些难以下手。

这时，爱玲忍不住问了一句，这段日子以来每天都问自己的问题，“兰成，你曾经爱过我的，对吗？”胡兰成望着眼前的旧人，答道，“是的，傻瓜，当然是啊。”“可是，你不断地有新欢。”“我记得你说过，不在意我有几个女人，只要我们在一起的时候开心就好。”胡兰成不慌不忙地兵来将挡水来土掩。“我以为我很开放，我以为我不在意……”爱玲哽咽着说不下去，眼泪更多地湿了枕套，她向来通达，不为任何事情哭泣，却没想到，情字是这样地伤人。

更早之前，她曾去温州寻找自己的丈夫，却发现他身边已经有了女人，他依赖她的程度更甚于依赖自己，对于名分从来不看重的她也不想闹了，得不到他的心才是最悲哀的。她要强一世，又以情爱导师的身份写了那么多爱情小说，却没想到成了胡兰成情场上的败将。

胡兰成拍了拍她的肩膀，柔声说道，“不要说了，我都懂的呀。”张爱玲幽幽叹了一声，“我们再也回不去了。”“我说过的，爱玲，我们这种人是没有好结果的，我去逃命去了，你还是名扬上海滩的大作家，你在我心中的地位，没有人比得了，我会想你的。”爱玲没有起身相送，望着胡兰成离去的背影，她听见了自己心碎一地的声音。

1947 年 6 月，心灰意冷之际，张爱玲经过深思熟虑后，终于写了一封绝交信给胡兰成，信中她写道：“我已经不喜欢你了，你是早已不喜欢我了的。这次的决心，我是经过一年半的长时间考虑的，彼时唯以小吉故，不欲增加你的困难。你不要来寻我，即或写信来，我亦是不看的了。”

此后，张爱玲把自己的巨额稿费30万元寄给了逃难的胡兰成，虽然，她也十分拮据，那不但是因为女性情感的一种惯性还在向前奔驰不能戛然而止，还因为她要让他后悔，用自己的好去换他后半生的悔愧，她觉得值得。

她爱的时候爱得很纯粹，不考虑他的出身、婚姻、人品，抽身的时候也很难决绝，30万，彻底买断两人曾有的一切。毕竟，她还是心疼他此时居无定所，毕竟她曾深爱过。

张爱玲的文字近百年来风靡亚洲，张爱玲小说是一扇观照十里洋场世态人情的窗口。有多少读者由此来探寻爱林登公寓，这上演过上海滩第一才女的爱恨情仇的舞台！

斯人已逝，才情出众、误爱渣男的传奇女子让人唏嘘，而她文字中蕴藏的魅力就像爱林登公寓，静默无声，延传百年。

落花成冢香满路

席家花园

用善良温柔岁月

用真情打动时光

席家花园：上海市徐汇区东平路 1 号

芬芳扑鼻的花香，翩翩起舞的黄蝶，惬意的心情，席家六小姐迈着轻盈的脚步，走过自家的花园小径。在豪杰辈出的上海滩，席氏家族是中国近代史上著名的买办世家和金融第一家。他们几乎垄断了上海各大外资银行的买办业务，在金融界呼风唤雨，对整个中国的金融都产生了巨大影响。20 世纪初在中国的三十几家外资银行中有 17 家银行的业务是掌握在席家手中，在中资银行如中国银行、招商银行等也都有参股并参与实际经营。此外，席家的投资经营还包括房地产、典当行、金铺、绸缎庄等领域。他乡漂泊的游子，多少次梦回黄浦江边，世事熬煮，一切都存在变数。猜得着故事开头，却料不到最后结局。只有教养和知识穿越乱世的尘埃，熠熠生辉。

东平路位于徐汇区东北部，东起岳阳路，西至乌鲁木齐南路，全长仅400米，宽约12米，是上海永不拓宽的64条马路之一。这里环境幽静，绿树成荫，花园挨着花园，暗藏贵族气，有着特有的闲适情调，不但是上海人心目中顶级的地段，也成为魔都第一情侣街。东平路原名贾尔业爱路，是1913年由上海法公董局修筑的。民国四大家族“蒋宋孔陈”中，有三户在此置业。见证过老上海辉煌的这条小马路，每到华灯初上，两旁深院里时常飘出轻曼的钢琴声。而东平路1号也有一段自己的故事。

从19世纪后期起，上海主要的外商银行的买办，几乎都让“洞庭帮”攘夺，当时的金融界流传着一首口谚：“徽帮人再狠，见了山上帮，还得忍一忍。”这个“山上帮”即“洞庭帮”，而“洞庭帮”的领袖人物就是汇丰银行第二任买办席正甫。席正甫由李鸿章亲自上书保荐，被授予二品衔红顶花翎，史上有“红顶买办”之称。而洞庭帮的两个主要支柱就是席正甫三代相传的汇丰银行买办和以沈氏为主的新沙逊洋行买办。

上海席家第一代共有兄弟四人。老大席嘏卿是渣打银行买办。老二是席正甫，从1874年到1929年，席正甫祖孙三代掌控上海最大的外资银行55年。老三席缙华先后任德华银行、有利银行、华俄道胜银行买办。老四席素恒过继给新沙逊洋行的第一任买办沈二园，也就是他的亲舅舅，后来他改名沈吉成，接替沈二园任沙逊洋行的第二任买办，人称“沙逊老四”。

来品尝时光的味道

席德柄是上海席家的第三代，毕业于美国麻省理工大学，与宋子文是同学，后来去伯明翰商业专科学校学习，回国后担任北洋政府财政部的秘书，民国时期做过中央造币厂的厂长，他娶了浙江湖州双林黄家的小姐黄凤珠，她是中西女中第一届毕业生。当年席家最出名的，是 7 个明媚秀丽的女儿。从小，席家姆妈就把女儿们打

扮得像七仙女一样，衣着鲜丽。她们穿着漂亮的连衣裙，头发上扎着蝴蝶结，脚蹬一双红皮鞋，像可爱的洋娃娃。

7 个女儿渐渐长大了，个个都出落得如花似玉。她们大多在市西女中读书，周一早晨送去，下一周的周六再接回来，每两周才能回家一次。在秋冬季节，她们总是一身漂亮的羊毛衫，那是姆妈亲手编织的。姆妈在翻阅外国报刊时，特别留心明星们的穿着，尤其是童星秀兰・邓波儿，然后照样子用毛衣针编织出来。

人们对于席家姑娘印象最深的就是六小姐席与时。她圆圆的脸庞上，一对大眼睛忽闪忽闪的。腮边两缕发丝随风飘拂，犹如一朵含苞的蔷薇，摇曳生姿，迎风盛开。这样一个出生在盛世豪门的女子，却嫁给了一个穷小子，在当时引起了轰动。她 1930 年出生于贾尔业爱路（今东平路）1 号席家花园。

席家花园与东平路 9 号的爱庐是近邻，与宋子文位于东平路 11 号的豪宅也相距不远。这幢占地 3 亩多的独立欧式别墅始建于 1913 年。楼高 3 层，红顶黄墙，内部装潢非常讲究，凡是有木质装饰的地方都有精美的雕花。小楼底层的南部有一道漂亮的内廊，中间突出。两侧向北收敛，两根乳白色的大理石柱一左一右，非常典雅。从内廊望出去，是一片宽阔平整的草地，草地上散置着休闲的遮阳伞。

1937 年，日军侵入上海，席与时的父亲去了重庆，哥哥席与文则去了美国留学。她的母亲为了女儿们的安全，千方百计找人将未出嫁的女儿们送去美国读书，当时她的大女儿已经病逝，三女儿也已出嫁，但还有 5 个女儿需要她保护，她只好让年龄大些的席与明和席与萱坐上美国邮轮先走。可谁曾料想，这两姐妹刚走，就传来美国邮轮被炸毁的消息，这直接就把席与时的母亲给吓病了。

尽管后来得到消息说被炸的邮轮并非两姐妹登上的那艘，但席与时母亲的身体已经垮了，难以康复，再加上战争时期药品紧张，得不到及时的医治，最后因患伤寒而去世，那一年，席与时只有12岁。

抗日战争胜利后，归家的父亲给她们带回了一位新母亲。1948年3月29日，席与时最小的妹妹席与韵在和父亲、后母及其他亲戚朋友去春游的时候，遭遇车祸，车上五死二伤，其中席与韵当场死亡。

席德柄在抗战胜利后任阜丰面粉厂总经理，1949年举家迁居美国。席家留下的房子，后来成了一个叫席家花园酒家的连锁店的旗舰店，做的是本帮菜。其中，水晶虾仁和蟹粉豆腐都是地道的“上海味道”。白墙上，“席家花园”几个字很醒目，园内遍植香樟树，空气里弥散着樟木的清香。小楼南部的花园和草地已经荡然无存，只剩下一栋小楼，原先窄小的后门现在成了大门。

凝重的深褐色楼梯，仿红木的餐桌椅，厚实的柚木护墙板，窗户均为铜质框架镶配嵌花玻璃，20世纪30年代的老上海风情随即扑面而来。包房里一派家庭的温馨之感，古老贵重的沙发，镶嵌着真皮的木头细微处都有精致的雕花。西洋古典式的壁炉，壁炉上随意摆放着的一摞书，老式的留声机、打字机、红色的餐巾、白色的桌布，这些具有上海滩烙印的元素，是很多人期待重温的优雅旧时光。在席家花园，一边享受着舌尖上的美味，一边可以感受到贵族才有的尊贵奢华。

东平路上的别墅是席家花园酒家第一家门店，之后巨鹿路、虹桥、新客站等地又陆续开出了新的门店。巨鹿路 889 号大院内共有 9 幢式样相同的别墅，席家花园酒家位于其中的第五幢，编号是 9—10 号。这些别墅是亚细亚火油公司在 1929 年投资建造的，用作外籍高级职员的寓所。

席家上海第一代的励志故事

席家祖籍是苏州洞庭东山，靠经营丝绸生意成为当地知名的富商。至今，苏州太湖边上仍保留了席家占地 70 亩的宅院，也叫作席家花园，又名启园，位于江苏省苏州市东山半岛北端的湖山之间，1933 年席氏为纪念其上祖在此迎候康熙皇帝而兴建。园景错落有致，使人赏心悦目，被誉为“太湖第一园”。

追溯席氏家族，可推至唐代将军席温。席温官至武卫上将军。黄巢之乱后，弃官隐居于太湖东山，并在此繁衍生息，成就“洞庭东山席氏家族”。“翁席刘严”是东山四大望族。

席正甫之父席元乐在昆山做典当生意，他娶东山金塔村金毅斋的三女为妻，生长子席嘏卿、次子席正甫。金氏早殁，继娶东山岱心湾沈聚堂的次女（沈二园的妹妹），生三子席缙华、四子席素恒。太平天国时期，席氏来沪避难，并在租界里开设了钱庄。

席正甫 3 岁那年生母病殁，10 岁时父亲去世，家境从此不堪，靠在上海洋行打工的大哥席嘏卿维持家计。1857 年，受太平天国农民运动的影响，东山乡下的世道越发混乱，19岁的席正甫来到上海，在同乡开的钱庄里当学徒。席正甫在乡下只读了几年私塾，却能靠自己的刻苦通晓英文，1866年经沈二园的介绍进了汇丰银行，在汇丰银行的第一任买办王槐山手下当跑楼，上海人称跑街先生。

席正甫真正的人生转机出现在1874年，当时清政府面临严重的海防危机，向汇丰银行提出借200万两白银用于福建、台湾的防务。这是清政府第一次向外国银行借款，数额如此巨大，又要与朝廷打交道，买办王槐山心里着实有些发怵。他派席正甫代他到天津北洋大臣李鸿章的衙门去抵挡一阵，这样既可不得罪朝廷又可以把事情拖黄。但是精明的席正甫却另有盘算，席正甫认真把握住这次千载难逢的机会，在精准评估各方利害关系的基础上，靠他娴熟的商业手腕和灵活的谈判技巧，最终用大清国的盐税作担保，以高出行市一倍的利息，办成了这笔10年期的贷款。这件事情显示了席正甫的胆识和才干，受到汇丰银行高层的重视和肯定，又得到了清廷重臣李鸿章等人的赏识。

年底王槐山因病返乡，席正甫顺理成章地当上了汇丰银行的第二任买办。

席正甫开创了一个庞大的席氏金融家族，除了他过人的金融业务能力以及低调融通的处世方法外，还有他非常注重开拓人脉关系，特别是与政界人物的关系。他在与朝廷的业务交往中深得李鸿章、左宗棠两派政治势力的信任，在盛宣怀和胡雪岩之间游刃有余。他与上海道台袁树勋私交深厚，是换过帖的兄弟。汇丰银行也因此垄断了清政府的政治贷款和重要的实业贷款。在 1874 年到 1890 年的十几年间，汇丰银行给清政府的巨额贷款就有 17 笔。在汇丰银行获得丰厚利润的同时，席正甫也得到了大量的佣金。

席正甫有 6 个儿子，长子席裕成协助父亲经理汇丰银行业务，在 1904 年席正甫过世后继任汇丰买办 18 年，1922 年买办一职交长子席鹿笙接任。

席鹿笙是上海滩有名的公子哥，喜欢养狗养马，他举止张扬，与其祖父的低调处世正好相反。1929 年 12 月 6 日，席鹿笙在四马路（今福州路）一品香西菜馆遭恶人绑架，反抗过程中被打死。席鹿笙死的时候他的儿子尚幼，汇丰银行买办一职就此旁落他人。

上海席家分枝繁茂，后人众多。上海纱业银行成立于 1942 年，席季明为董事，并担任纱业银行总经理。目前在大陆的席姓后人约有四千，其中很多人都有所建树，有科学家、企业家、教授学者、作家、媒体人，也有从事金融业的。

乱世佳人的爱情

夕阳的余晖中，身着旗袍的席与时依然肌肤如雪，花白的头发挽成高高的美人髻，来来往往的行人认不出，她就是当年名动浦江的席家六小姐。她坐在巷口的咖啡馆，抿了一口咖啡，对面就是她的家。数十年风风雨雨，老房子还是那么坚固，她的眼眸中，闪着生动的光泽，像时光之水里的晶莹浪花。

她小时候很喜欢吃老大房的苏式甜点。有一次，买好甜点准备上车的时候，不知道从哪窜出一帮小叫化子，冷不防把她的点心抢走了。那些穷孩子个个衣不蔽体，看来的确是饿极了，她带着同情的眼光看着他们，这件事给她留下了深刻的印象。

席与时后来每次外出买点心的时候，都会故意买许多点心等这些孩子来抢。她也对着漫天星斗许下了一个愿望，那就是她要开办一所盲童学校，她要帮助盲童孩子。

1948 年，18 岁的席与时和妹妹席与景被父亲送到美国读书，从此离开席家花园。但是席与时总也忘不了那些流浪上海街头的可怜盲童，在美国读大学的时候，她选择了主修社会学、辅修心理学，大学毕业后又去哥伦比亚大学的师范学院读了两年师范，考取了教师资格证书，同时还设法学习了盲文。毕业后她进入纽约州办的一所当地最大的盲童学校当老师，达成了她童年时光立下的愿望。

当时医疗技术欠缺，美国医院对于早产儿的养护通常是用接氧气的方法辅助呼吸，但氧气输入量过大会破坏新生儿眼神经，导致很多早产儿双目失明。席与时所在的学校有 300 多名这样的孩子，她搬到校内，日夜和他们待在一起。她耐心地教学生读盲文，天气好时，带他们去草地上唱歌做游戏。她更像是一个母亲，对盲童进行无微不至的照顾，鼓励他们要有自信，让他们相信自己与正常人没有什么不一样。孩子们和当地人都喜欢这个有责任心的中国女人，她的工作得到了校方和社会的一致好评。当地报纸特地为她作了报

道，标题是“她给了孩子更好的未来”。

优渥的家族底蕴，造就了席与时优雅的人格魅力，令她骨子里永远保持着乐观、高贵、天真。而也是在美国的这段时间里，席与时遇见了同样在美国留学的张南琛，对于貌美如花的富家千金来说，身边从不缺追求者，但是张南琛从不去主动追求，而只是默默关注着她。他在图书馆学习时的刻苦认真也给席与时留下了非常好的印象。

她于是抛开女孩子的矜持，开始主动追求张南琛，但他知道自己配不上席与时，于是拒绝了。而席与时并没放弃，男孩子被六小姐的痴情感动了，两人很快便坠入了爱河。当两人决心一起步入婚姻的殿堂时却遭到了席家的反对，原来张南琛家刚刚在美国宣布了破产，作为中国金融界顶级家族的千金小姐怎么能够和家里破产的公子在一起呢？

爱情的力量是强大的，曾经养尊处优的大小姐不顾家人的反对，也要嫁给爱情，就连办婚礼的钱也是她去问朋友借来的。结婚后，她和心爱的人蜗居在两小间屋子，儿子的小床没处放，只好架在浴缸上，但一家人相互体贴，其乐融融。

张南琛通过自己的努力，终于成为金融专家，事业有成，在美国著名的史密斯信托公司工作多年后，创立自己的金融投资公司，80岁才退休。张南琛重振了张家，也没有辜负妻子的深情，所有的人都羡慕六小姐慧眼识英雄，羡慕她享尽了福气，可曾想过，这是上天对于她热爱慈善事业的回报呢?

而在上海，席与时家的宅子被收归国有，成为上海音乐学院附中的校长办公楼。1998年被改建成酒家。名媛的风华，老房子的故事，都给席家花园蒙上了一层神秘的面纱。

暮色里，华灯初上，席家花园酒家已经开始人声鼎沸。自家的房子可以带给人们愉快的感受，也算是求仁得仁的一桩美事。她想起小时候，姆妈教她们姐妹用一把剪刀作工具，吃完螃蟹将蟹壳拼装在盘子里还是一整只蟹的样子。姐姐们吃得又快又好，可是她却被螃蟹的外壳扎破了手指，眼泪汪汪的。大家都安慰她说，别急，慢慢来，那你以后都多吃一只，多吃了就熟练了，她这才破涕为笑。吃完蟹，洗干净手，再喝上一杯暖融融的姜茶，这才算大功告成。

夜色渐渐深了，席与时看着街对面的这座藏满了儿时记忆的建筑，眼角眉梢泛起慈祥的笑容，不染尘世哀愁，道尽人间温柔。荣华富贵，真的不过是过眼烟云，和喜欢的人在一起，平平淡淡，就是最大的幸福。

1

有女踏梦梦成真

马勒住宅

父爱无所不能

梦里花落知多少

追梦造梦上海梦

所有的结局

早已写就

马勒住宅：上海市静安区陕西南路 30 号

我们双手合十，祈愿美梦成真。但谁又能事事如意、梦想成真呢？然而，见证父爱如山的马勒住宅让我们震惊了！1936 年，被建筑专家称为“多种艺术风格混合，结构神奇的建筑”的马勒住宅完工了。它是依照公主梦境，一砖一瓦建立起的童话般的城堡，它由一颗爸爸的心铸就，曾守护一个小女孩童年的梦境，百年来就藏在高高的院墙后面，静静看着外面的喧嚣和落寞。我的爱，会是最好的守护。

1919 年，英籍犹太人马勒赤手空拳闯荡上海，凭借一匹屡战屡胜的跑马发家致富。马勒的女儿从小体弱多病，做爸爸的格外心疼女儿。有一天，女儿做了一个梦，无忧无虑的她置身于一个大城堡里，城堡四通八达，梦幻温馨，置身其中，仿佛疾病都远去了。女孩醒后用蜡笔描绘出自己梦中的幻景。马勒被女儿的梦所触动，决定按照梦境造一座城堡。

外看犹如童话城堡

走在幽闲静怡的陕西南路上，蓦然间，一幢童话般的梦幻城堡跃入眼帘！三个刺破青天的尖塔和坡顶犹如雪峰峡谷，双坡屋顶和四个老虎窗，连同东西两座四坡屋顶交织在一起，错落有致，边梢楼角勾勒出奇妙的轮廓，像进入了安徒生的童话世界。这就是闻名遐迩的马勒住宅。在许多上海人的心里，这里始终保持着神秘的姿态。

许多行人被这座迷人的古老建筑所倾倒，穿过喧嚣的街市，追寻而来。这幢3层城堡式别墅的院墙和外墙都是用耐火砖拼叠而砌成，像是匠人手工编织而成，低调轻奢，围墙还以黄绿色的中式琉璃瓦压顶。占地 5 000 余平方米，其中草坪面积近 2 000 平方米，院子内散布着层高不等的六幢砖木结构建筑，共有大小房间 106 间。

入口处大门为红色，大门口放置了一对中式的石狮子。步入雅致幽静的庭院，这座华丽的小宫殿里满眼都是绚丽与精致，处处散发着神秘奢华的贵族气质！

叩开马勒住宅的大门，室内也可移步换景，每一步都令人惊艳，如同步入一个绚丽多姿的童话世界！室内穹顶上装有彩色玻璃，天光透进来，呈现出斑斓柔和的色彩。室内雕花精美绝伦，地上铺有彩色瓷砖。坐在典雅富丽的咖啡吧，你可以点一杯纯正的英式下午茶，偶尔一阵风吹来，树叶轻微的晃动使得窗前洒满了斑驳的光影，茶香袅袅，亦梦亦真，上海滩的不尽风华缓缓而至。

还在一个半世纪前，喜欢冒险的英籍犹太人赉赐·马勒和儿子爱立克·马勒漂洋过海，从此上海不仅成了马勒父子冒险的乐园，而且是他们美梦成真的福地。这对极有生意头脑的父子，在上海滩先是买马票中大彩，接着从世界各地购买了几十匹良种马参与比赛。他们的马在比赛中经常得手，后来他们也跑狗，运气像赛马一样很不错，也连连获胜，于是财源滚滚，富甲申城。

1913 年，小马勒子承父业，拥有海运船只 17 艘，成立了一个总吨位 5 万吨的航海舰队，水上排位仅次于怡和洋行和轮船招商局。1925 年，小马勒又租下元芳路一带的黄浦江码头。有了自己的马勒码头之后，他又着手创办马勒机器造船有限公司，1933 年在上海复兴岛江边三角地建造厂房，招收工人 2 000 余人，这是沪东造船厂的前身。该公司从造船、修船、轮船报关、进口业务代理到海上运输业的一条龙服务，使得小马勒成了上海炙手可热的大富豪。

小马勒在上海娶妻，生有四子一女。马勒极其疼爱女儿戴安娜，因为她从小体弱多病，还有轻微的忧郁症。这个长着楚楚动人的眼睛的小姑娘喜欢养猫、绘画和看童话书，马勒对她百依百顺。

有一天，戴安娜做了一个梦，在童话世界里奔跑玩耍，快乐极了。梦醒后的女儿将梦境画在纸上给爸爸看，后来，“土豪”爸爸就参照画纸在亚尔培路（今陕西南路）30号西侧近福煦路（今延安中路）建造了一组北欧挪威建筑风情的城堡式豪宅。马勒喜欢中国文化，因而在房子的设计上也特别注重中国元素的融入。

这座城堡有很多传说，有人说它的围墙是用糯米垒起的，异常坚固。只有把这堵围墙垒得笔直的工匠才有资格进入施工队伍。据说，设计马勒住宅的华盖建筑师事务所，由陈植、赵深、童寯三位留学美国宾夕法尼亚大学建筑系的业界巨头执掌。虽然已经静静地矗立了百年，但马勒住宅的建筑思想依然时尚，不但注重实用功能，同时又强调人文因素，将主人的爱凝固在其中。

白马王子的故事

喝过咖啡，环绕别墅走一走，看一看，只见，中间双坡顶的装饰木构件清晰外露，构件间抹白灰缝条，比较典型地表现出了斯堪的那维亚情调的乡村建筑风格，因为这种屋顶有利于抵御北欧寒风侵袭和减少屋面积雪。别墅主楼连接副楼，高高低低，门窗上端呈拱形。边梢楼角，都建有小的尖塔，以求与主塔呼应。

历时十年，马勒住宅惊艳出世。当马勒牵着戴安娜的手，第一次走进这座城堡，问女儿与儿时的梦有什么区别时，戴安娜只喃喃地说了一句：“FAIRY LAND，真是梦幻之地啊。”于是，“FAIRY LAND”的标牌就竖立在了别墅南门，当然，现在已经看不到了。

而现在你能看到的是，住宅入口处的草坪上伫立着一座气宇轩昂的铜马，守护着主人的城堡。马勒依靠一匹赛马发迹，那匹阿拉伯赛马是常胜将军，后来马死去了。为了纪念这匹汗马功臣，马勒将赛马遗骨葬于别墅的草坪一角，并花重金聘请艺术家制作出了一比一的赛马塑像。

关于这匹传奇赛马的故事，当时就在上流社会的名媛里传播：英俊潇洒的马勒是很多富家千金的梦中情人，也被视为白马王子，后来一个叫琳达的女孩成为他的太太，而他的岳父是上海滩有名的航运家。

当初，跑马场的老板霍克委托马勒从英国买一批马到上海，运输途中遭遇大雨，船员们关上了舱盖。第二天，船员忘了开舱盖，当马勒发现时，这批马已经是奄奄一息，只救出了一匹名叫 BLONIC HILL 的赛马，马勒一路上对这匹马精心照顾。当 BLONIC HILL 到上海跑马场后，可能是受海上那场大病的影响，在跑马场上屡战屡败。霍克很生气，就叫马勒到跑马场来。当马勒在跑马场见到 BLONIC HILL 时，BLONIC HILL 扬蹄嘶鸣，异常兴奋。赛马开始了，BLONIC HILL 一马当先，夺得冠军，马勒挖到了第一桶金。

花园设在主楼南向，花园四周用彩色花砖铺地，并植有龙柏、雪松等名贵花木，更有上亿年历史的木化石。因其雅致独特的风格，神秘丰富的历史，马勒住宅相继被认定为上海优秀近代建筑和全国重点文物保护单位，同时还被欧洲建筑师设计协会权威评为“二十世纪建筑设计十个最经典作品”之一。

别墅内部酷似游轮

马勒住宅是上海滩现存的上千处花园旧邸中极为别致的一处。夕阳西下，尖顶的老洋房被余晖包围，散发出梦幻的气息。夜幕降临，泛光照明投射在别墅上，使建筑本体呈现出蓝色、黄色、紫色、玫瑰色，五光十色，充满着魔幻的色彩。

既然上天赐给自己一个可爱的小公主，就用满满的爱来实现她的公主梦。马勒当年建造的房间共有 106 间之多，房间的款式竟无一雷同，有法国式、英国式、丹麦式等等。既给女儿造梦，也记录自己的人生故事，整个马勒住宅，就像是一场海上欢梦，完美到极致。

主楼的大厅十分气派豪华，迎门两根大理石圆柱高 3 米，在上海的建筑中屈指可数。楼梯、地板、壁板多为柚木，每间房屋的地板拼法都不一样，护墙板的花饰竟然有 40 种之多，窗子也是各种形状都有，圆的，方的，椭圆的，异形的。楼内装修的许多细节都是中西合璧的，甚至连宠物都有专属的门道，墙壁里巧妙镶嵌了保险柜等，每一处心思都让我们惊叹。

室内家具按照 20 世纪 30 年代的欧式贵族风格设计，大堂内的木结构壁炉散发出尊贵的气息，上面的雕花纹饰一时无二。在一间家庭舞厅内，窗下的休息椅是与窗台连体的，椅裙处有高浮雕的玫瑰花纹饰，精美绝伦。在餐厅内，酒柜和银器柜还保存得相当完好。房间内的水晶吊灯也是欧陆式的。

当你推开一扇镶着彩色玻璃的门，外面就是朝向花园的露台，外围栏杆上站立着一圈翠绿的琉璃曲栏柱。彼时，马勒陪着他的爱女在这里玩耍，父女俩眺望天上的云彩，“爸比，你真的送给我一个童话城堡咯。”“是啊，爸比什么时候食言过？”“爸比，你是世界上最好的爸比，爸比我爱你。”“我也爱你，宝贝。爸爸希望你在这里度过快乐的童年、青年，在这里和你的白马王子过着快乐的生活。”小马勒摸了摸小公主长长的头发。

他把别墅内部装修得酷似一艘豪华游轮。目光所及，都是船的符号。圆形的窗户，如同船上的舷窗，复杂的舷梯，甚至栏杆都依着船舷的模样而建造，花园里更有一个石刻的灯塔来响应这个主题。

由主楼分出东西两翼，一翼通向前舱，另一翼通向后舱，走在楼道里，时不时地还能撞上佛龛，就像渔民在海上供养的菩萨，保佑主人一帆风顺一样。处处都有木雕，画面全都是船队和海上的情景，如船锚、海草、海浪、海上日出，等等。踏在脚下的拼花地板，亦拼出了海草、海带的纹路，最细的地板条仅几毫米宽。有的地板花饰则如海浪般起伏的波纹。

别墅的内部结构非常复杂，每间房子都是相通的，进入一间屋子，就能打开通向另一间屋子的门。这艘陆上之舟的楼梯，迂回曲折，楼梯是三段的，从一侧楼梯走上来，对面就有楼梯可以走下去，不熟悉的人很容易在错综复杂的楼梯口迷路，甚至不知道自己究竟是在第几层，秘诀是：楼梯越向上越窄，同一层楼梯宽度相同。如今，你走在楼梯上，似乎还可以听得到马勒先生的女儿的欢笑声。

“宝贝，跑慢一点，要是从楼梯上滚下来就完了。听到没有？”马勒太太在女儿后面追着喊道。“没关系的，亲爱的，马勒家族跌倒了就能爬起来。”不知何时，马勒从房间里走了出来，站在了太太的身后，他骄傲地看着女儿的背影。“好了，我不管你们了，”马勒太太转身离去了。“爸比爸比，我要听你讲故事，”戴安娜顽皮地向父亲跑过来，马勒低身一把抱起了孩子，高高举过了头顶，然后，他俩一起坐在楼梯上，马勒又说起了这个经常重复的老故事。

马勒一家原先住在挪威，虽是犹太人，但以捕鱼为生。犹太人与生俱来有一股韧性，不管做什么事情都非常认真。在挪威海边的小渔村里，马勒家族祖祖辈辈以捕鱼、修船为生，直到有一年挪威海盗血洗小渔村后，全村人几乎无一幸免，只有马勒家族有一个人逃到了瑞典。他做了一名水手。在环游世界的几年中，他对世界有了新的认识。凭借当水手的经历，他在英国很快就当上了船长。他的航线是在英国与中国上海之间往返。于是，马勒家族来到了上海。

“然后呢？爸比，每次你讲到这里就中断了，”戴安娜抗议道。“然后就有了你啊，哈哈，”马勒笑着。“可是，我觉得有我之前，还有很多故事呢。”“我的小公主，你真聪明！”

马勒原本想在这里安享平静而富足的生活，没想因时局动乱而成为遗憾。1941 年，日军悍然占领上海。日本人进入租界后，马勒一家被赶往集中营，住宅成了日本人的军人俱乐部。他们被迫逃离上海，却带不走心血铸就的别墅花园。

后来，马勒住宅多历战乱，几经转手，现为衡山马勒别墅饭店，是目前国内唯一一家由保护建筑修建的现代宾馆和上海的首家精品酒店。马勒住宅只开放了一部分，这家饭店是由原副楼改建而成的。

每个女儿都是爸爸上辈子的小情人，这辈子的小公主。马勒别墅是爱的象征，是梦想的结晶，它链接着一对异国父女的故事。如今年轻的父亲们选择来这里为女儿办周岁酒，新人们选择在这里举办婚礼。入夜，璀璨的星光透过彩色玻璃的穹顶，照亮了美丽的梦。

欧洲公主的梦生长在花开花谢的江南，像一只美丽的蝴蝶翩飞在青春的绿草地。穿越时光的河流，当初的爱意如柔波几许，留影在梦中。不知公主在远方，可曾日夜惦念着这个家园？多少人的梦逝去了，而她的梦如此立体，如此盛大，在这座城市里依然伫立着。

2409
虹桥路

暑月听蝉声声清

沙逊别墅

谁是谁的真命天子

谁是谁的生命过客

赴真爱

谁不是刀山火海

沙逊别墅：上海市长宁区虹桥路 2409 号

上海是犹太人的拾金天堂，沙逊家族历经四代人的苦心经营，财富遍及全世界各地，在华的沙逊集团登上了上海犹太商人盟主的宝座，也成为上海的首富，染指地产、洋行、纺织、食品、建筑、金融等 13 个行业。有人甚至认为“没有沙逊就不能理解上海”。跛豪沙逊的传奇一直在江湖上流传，这个风流浪子可曾有过意乱情迷的时刻？爱情是怎样神奇的东西？——一道解不出的难题。瞧他在虹桥路的别墅，那赭红的瓦顶、黑白相间的外露木条、淡雅素净的粉墙，以及古朴的英式烟囱，整体散发出的英国绅士气息牵引出了那些淹没在岁月长河中的上海滩故事。

如今虹桥路两旁散落着的风格迥异的欧式别墅大都是 20 世纪 30 年代建造的。那时，地处上海西郊的虹桥路还是一片田野风光，空气新鲜，是商贾权贵们的度假胜地，他们扎堆似地在那里建造别墅。

上海滩巨富之一维克多·沙逊为了度周末，在现哈密路处购地 104 亩造了罗别根花园（也称罗白康花园，以前俗称罗别花园），在现龙柏饭店处购地 60 亩建了沙逊别墅（又称伊甸园）。两处别墅分别位于现在的虹桥路 2310 号和虹桥路 2409 号。沙逊别墅与高尔夫球场相邻，主要用于招待客人，而罗别根花园是沙逊自用的花园别墅。

两幢别墅均由英商公和洋行设计，风格一致，都属哥特式“半木构”住宅，具有典型的英国乡村别墅风貌。其中，伊甸园别墅的两任主人，竟然都与盛宣怀家族有着间接的千丝万缕的联系，上海很大，上海又很小。

人生若只如初见

1935年，新沙逊集团占有的房地产达50多处，成为上海的房地产大王，是与太古洋行、怡和洋行、英美烟草公司齐名的四大财团之一。而新沙逊集团的掌门人维克多·沙逊也就是在这一年爱上了一个美国女孩，她才华横溢，风情万种，可是她的脸又长得清纯无辜。她让他欲罢不能。

就在这一年，酷爱冒险的年轻女孩艾米丽·哈恩带着她的宠物猴子从非洲森林来到了上海，此行，她是作为《纽约客》杂志社的中国海岸通信记者来采访的。本来只是想到这个东方的冒险家乐园看看，做几件旗袍就回去，竟不由被上海的魅力所倾倒，她成功应聘上了《字林西报》的女记者。

艾米丽工作之余，常和女朋友一起到华懋饭店吃午餐。这座外滩的标志性建筑楼高77米，共12层，有“远东第一楼”的美誉，主要接待金融界、商贸界和各国社会名流。她们习惯到大堂先喝一杯，希望能遇到有趣的男士。这时，艾米丽看到一位打着领结的男士跛着脚向她走来，她报以礼貌的一笑。凭感觉，她相信，这一定是那个为建华懋饭店投入300万两白银的跛豪沙逊。

而风流的沙逊爵士也是这样的想法，他希望在自己的饭店里能遇到才貌双绝的女士，可是遇到的美女很多，谈吐都俗不可耐。直到，他见到了这个打扮随意却美丽非凡的女孩子。多年后，他回忆起他们的初见，总能清晰地看见，是那种周围一切化成了虚无，只有他的女主角在他的焦距中心的惊艳。

他知道自己花花公子的本性，有钱可以任性，不是吗，而那些女人不也就贪图这些吗。贵族出身的维克多·沙逊对奢华优雅生活方式的热衷体现在方方面面，他热衷赛马和狩猎，擅长游泳和网球，高尔夫球也打得不错，还将欧洲下午茶传统引入上海。他喜欢漂亮的女演员。只要有轻歌剧团到上海演出，总会有一两个合唱队女队员被他选中，然后过几天，这个女子会作为沙逊爵士秘书处的临时成员出现在薪金发放的名册上。

他对待任何让他隐约动心的女人，总是赠送两打丝袜。这一次，当他的助理默契地拿来了这个礼物，站在不远处等待他的示意时，他用手背朝后面摆摆手，他知道，眼前的这个职业女性可不会在乎这个礼物。

他们聊得很投机，沙逊约艾米丽经常过来喝一杯，通通记在他的账上，她接受了他的邀请。从此他们过从甚密，成了无话不谈的好朋友。她从不会仰视他，这让他感到不一样的滋味，他告诉她沙逊家族暴富的秘密，果真，这是女记者爱听的故事。

沙逊这个古老的犹太家族一直在中东繁衍，1832 年全家迁往英属印度的港口城市孟买定居，不久后就加入了英国国籍。他们做起了鸦片生意，财源滚滚而来。林则徐虎门销烟，近一半的鸦片就是沙逊家的。

沙逊洋行由英籍犹太人大卫·沙逊于 1832 年创办于印度孟买。大卫·沙逊的长子阿尔伯特·大卫·沙逊继承父亲的实业，产业多置于印度；次子伊利亚斯·沙逊自立门户，1872 年在孟买开设了新沙逊洋行。上海新沙逊洋行创设于 1877 年，原址在仁记路（今滇池路）5 号。

1923 年，伊利亚斯·沙逊的儿子维克多·沙逊来上海继承父业，并把经营重点转移到上海。他在第一次世界大战中参加英国皇家空军，作战时因左脚负伤而致残，人称“跷脚沙逊”。他在 1934 年曾花七千多两银子购买高级轿车，租界中申请的车牌号为 1111，在华界使用 2222 号车牌。对车牌要求有同样嗜好的上海大亨杜月笙的车牌号码为 7777。

“周末晚上，过来玩吧，这一周是化妆舞会，你先不要告诉我你准备装扮成什么样，直到我揭穿你的面目。”沙逊脸上是一贯的绅士笑容。艾米丽被逗得哈哈大笑，“爵士您喜欢举办主题派对？听起来不错。”“每个客人都有礼物的哦，是一架进口照相机。我想你会喜欢的。”仿佛生怕她不来似的，他又补充道。情场老将的她洞悉了这一切，伸出手臂给沙逊吻了一下手背，一边也淑女地回应道“荣幸之至”，然后飘然而去。

除了饭店里的九国套房分别以中、英、法、美、德、日、意、西、印九国风格装设，成为在上海独一无二的奢华，沙逊还在饭店顶层设置了俯瞰上海城全景的私人寓所，沙逊平时住在这里，他的卫生间里有两个浴缸，其中有一个是为女人准备的。饭店每天需要鲜花点缀各处，有专人开车去 20 多里之外的伊甸园别墅采摘。

千金博一笑

沙逊兴趣广泛，极富活力，他酷爱摄影，用上海滩第一台禄来福来相机拍下了这座城市的风土人情。

“听说你天不怕地不怕，你敢拍裸照吗，一般的女孩子没有这种勇气的。”在饭店顶楼的摄影室里，沙逊一边摆弄着相机，一边对面前披着纱巾摆动作的艾米丽说道。“这有什么不敢的，我觉得这没有什么，人体是最美的。”艾米丽想也没想就答道，这倒让沙逊惊讶了。不知不觉，艾米丽已经成为他常用的摄影模特了。

他知道，无数女人拜倒在他的脚下，只有艾米丽他无法征服，这更激起了他的征服欲，而且一向不知道嫉妒是什么滋味的自己，最近感到了莫名的伤感，是的，是那个海上孟尝君偷走了这个美国女孩的心。她竟然如此爱那个中国已婚男人，而且心甘情愿做他的妾，这太不可思议了。他费尽了脑筋也没有俘获她的真心，他不甘。

“最近天气不错，别墅里的玫瑰花开得很好，”他若无其事地说道。“那我想去那里看，你知道我特别喜欢玫瑰花，”艾米丽有点兴奋起来。半露木构架作装饰，红砖勒脚，屋顶为红瓦陡坡，青绿的爬山虎，沙逊别墅的一切都彰显着英国乡村的韵味。艾米丽喜欢这里的宁静和建筑风格，冥冥中似乎昭示了她日后死心塌地爱上一个英国军官的命运。

每逢周末，沙逊经常到这里度假，或到相邻的高尔夫球场打球，在空地上遛马。遇到举办盛大的宴会，沙逊别墅周围张灯结彩，甚至延伸到虹桥路上。酒菜一般由华懋饭店承包，而时令蔬菜一直要到下锅前半小时才到附近一个菜园内采摘。

沙逊别墅坐北朝南，建筑总面积800平方米，南入口处设大平台，200平方米的长方形大厅东首为餐厅。书房、车库、马厩、花房置于西侧。二层卧室内的地板和墙裙选用从英国进口的橡木和柚木，致使沙逊别墅造价高达每平方米317银元，堪称天价。

正门在主楼北面与辅楼连接处，广场中间有喷水池，周围是回车道，供主人出入。屋前是一片大草坪，草坪一端有玻璃花房。近处还设有马槽和饮水池，并有雕塑错落分布。

艾米丽一袭性感的粉红露背曳地长裙，一改往日的休闲打扮，将草坪上众宾客的目光都聚集到了自己的身上。这里正举办着菜品丰富的冷餐会。她举起高脚酒杯，一边喝着铺着白色桌布的长桌上的香槟酒，一边从大花瓶里抽出一朵含苞欲放的粉红玫瑰，放在鼻子下嗅着……咔嚓一声，这人比花娇的景象就被收录在照相机里了。

这时，一辆新式雪佛兰轿车缓缓开进了别墅的花园，吸引了众人的视线。沙逊爵士亲自驾驶着汽车，开到了艾米丽的面前。在众人的尖叫声中，他说了一句，“来试试你的新车吧，宝贝”，然后给了她一个大大的拥抱，并顺势把佳人抱进了车里。这般的慷慨，确实惊到了见多识广的艾米丽小姐，她知道他不过是一时兴起，对自己短暂的迷恋终将消失，所以她对沙逊爵士不过是逢场作戏。对她那个中国丈夫，她倒是一度陷入了迷乱。

邵洵美，盛宣怀的亲外孙，娶了表姐盛佩玉。丰姿俊美的洵美

集诗人、书法家、藏书家为一身，对英国文学素有研究。他出手阔绰，为人慷慨，家里如同文艺沙龙，座上客常满，杯中酒不空。美国女孩和中国大男孩彼此相爱并公开同居了，邵洵美还根据她的名字音译，替她取了个“项美丽”的中文名字。通过这个中国男人，她结识了当时上海乃至中国的精英文人钱钟书、林语堂等。她知道，她伤害了他的妻子，但看起来，盛佩玉并不在意，还以正房的身份送给了她两个玉镯。后来，在这样的纵容下，她和邵洵美真的办了结婚手续。

1937 年 8 月，淞沪战役爆发了，从此，上海沦陷。其时，宋霭龄在香港，宋庆龄和宋美龄在重庆。项美丽为了完成《宋家三姐妹》这部著作，准备先赴香港，再转重庆，去会宋氏姐妹。她拉上邵洵美于 1939 年一起离开上海奔赴香港。《宋家三姐妹》于上世纪 40 年代初期出版，项美丽因此名声大噪。

在书稿完成后问世前，第一个读者就是沙逊。坐在罗别根花园舒适的躺椅上，他戴起眼镜，翻阅着项美丽的手稿。流畅的文笔，翔实的史料，让人不忍掩卷。沙逊钦佩她的才华，也知道了她的志向就是成为一个名作家。他为有这样的红颜知己而感到欣慰，纵然知道这个女孩处处留情，他依然不能在心中将她放下。

所幸的是，艾米丽是很喜欢这两座别墅的，这里鲜花如云，真像爱的伊甸园啊。他还记得，自己第一次带着她参观两座别墅时，她脸上那快乐欣喜的神情。“天哪，真奢侈啊！”她撅起了小嘴，发出了赞叹之声，这令他很是愉悦。

往事只有怀念

1945 年抗战胜利，日本无条件投降，沙逊回到上海，逐步收回他被日军接管的财产。徜徉在自己的别墅外面，他发誓，一定要重新搬进去。

罗别根花园，在其诞生之初，因为外国人不得在上海租界以外拥有土地权，因此由沙逊洋行以“大中实业公司”的名义购置。1941 年太平洋战争爆发，日军进驻租界，沙逊的全部财产归日伪所有，罗别根花园亦被侵占。日伪因急需用钱，便将租界外的这份财产卖给了一个叫做赵志模的人，而后者又将其转卖给了金兆海，金又将它转手给了寅丰毛纺织公司。

为了重新夺回罗别根花园，沙逊大费周章地打通了诸多关节，想要让国民政府苏、浙、皖敌产处理局将花园判归沙逊。这就是沙逊洋行与寅丰公司著名的“敌产诉讼”官司。

沙逊不止一次回忆起那天的场景。“这里随时都欢迎你的到来。这是我真正的家。”沙逊爵士淡淡地对项美丽说道。这既可以理解成对女主人的渴望，也可以理解成一句客套语，成年男人的表态总是给自己留有后路。她的表情是永恒的那个微笑，静若深水，藏而不露。

罗别根花园是一座2层楼的尖顶花园别墅，屋顶的双坡顶很陡峭。建筑面积960平方米。建筑立面朝南，铺盖红瓦，白粉墙立面，木构架外露，长方形的钢门、钢窗多为落地式。门窗一律选用带疤的木料制作，特意保留制作的斧凿痕迹。所有的窗框、门套都有螺旋式木纹雕刻，形成统一格调。小五金构件全部用手工制作，细微之处也不马虎。

建筑内部装修全部采用橡木和柚木，大厅内的屋架梁柱和墙壁悬接处用黄铜雕花包边装饰，壁灯嵌入墙内，外面有铜制的罩面。暖气水汀片外有精美的铸铁雕花围栏，大厅的壁炉是用水泥和青砖砌筑的，显得古朴而厚实。底层有一个贯通主立面的敞廊，面对花园，二层朝南有两间主人卧房和起居室，北面是储藏室，西面是卫生间和小楼梯及一条小小的长走廊。

围绕小楼的花园中栽植了茶花、百合、牡丹、杜鹃、芭蕉、松柏和白玉兰等花卉树木，南面为大草坪，草坪西北角种有两株并列的悬铃木，下置秋千荡椅，别墅四周有高大围墙。

沙逊别墅在太平洋战争爆发后，被日本人强占，由于临近虹桥机场，成了日本军政要人来往上海的接待处。日本战败后，产业被沙逊收回。沙逊以12万美元的价格将沙逊别墅卖给了另一个商业巨鳄。他是美商美兴洋行买办、上海金融企业巨子厉树雄。此人与盛宣怀家族关系密切，18岁时就在上海房地产业中初显身手，在霞飞路、常熟路口建造了上海的第一幢公寓大楼“厉氏大厦”，1915 年到 1925 年期间又在江苏、浙江、安徽开办了多家电厂、电话公司和自来水公司，将江西景德镇的瓷窑改为电力照明，继而又在 20 世纪 30 年代创办了上海毛纺织厂、信和纱厂、纶昌纱厂和印染厂。

厉树雄将其改为“虹桥俱乐部”，实行会员制，会费每人 500 美元。于是这里成了当时上海社会名流的社交娱乐场所。每个周末，沪上的大银行家和大企业家都蜂拥来此度假。

最终，因法律规定外国人在郊区的土地一律无偿收归国有，沙逊收回罗别根花园的想法化为了泡影。1948 年，沙逊黯然神伤离开上海。沙逊辗转得到了那个美丽姑娘的消息。项美丽那年在香港写《宋氏三姐妹》时，爱上了一个已婚的英国军官鲍克瑟少校，少校是英国驻远东情报机构的首脑。1941 年 11 月中旬，项美丽生下了一个私生子。半月之后，太平洋战争爆发，香港沦陷，项美丽和鲍克瑟都被关进“敌侨集中营”。一关两年，备尝艰辛。1943 年 12 月美日交换侨民时，项美丽被遣返美国，定居纽约。第二次世界大战结束后，项美丽终于与鲍克瑟结婚，又生下一女。

从 1923 年初来到上海，维克多·沙逊在上海待了 25 年，他一生都未娶，自从遇到那个女孩，他的深情都用完了。在似水流年里，老别墅亲眼目睹了历史沧桑巨变而依然历久弥新。漫步在偌大的花园里，时光仿若倒流，一幕一幕，情景重现。

445弄2-48号
泰兴路
中華新邨
静安区文物保护点
中华新村
Zhonghua New Village
一车一杆 损坏赔偿2000元

荣辱当年成旧梦 辛家花园旧址

秋风止于寒夜

我止于你，可曾如此情深过

辛家花园旧址：上海市静安区泰兴路 445 弄（中华新村）及新闸路 968—1048 号

那个联合 18 省千位举人作《公车上书》的读书人，那个被光绪皇帝重用的戊戌变法的领袖人物，那个全身而退又颇有生意头脑的可屈可伸之人，维新百日，流亡十六年，周游大地，遍四洲，经三十一国，行六十万里，这是 1898—1914 年康有为的行踪。公车上书唱响了大清王朝的挽歌，使康梁名满天下，擎领风云，戊戌维新惨遭失败之后，谭嗣同等“六君子”倒在血泊中。康有为流亡海外，四海为家，以后又参与了张勋复辟。康有为是清末维新改良派的主要人物之一，这个晚清社会的活跃分子，在上海新闸路辛家花园安度了最后的时光。

走进位于新闸路与泰兴路交界的中华新村，几声黄鹂鸟的婉转叫声衬出闹市中的静谧。这里曾是闻名遐迩的辛家花园一隅，康有为常在园中吟诗作画，泼墨挥毫，他也曾无数次地回想起他当年的辉煌往事。

1898年6月11日，光绪皇帝发布《明定国是诏》，宣布实行新政，变法自强。5天以后，光绪正式接见康有为，赏六品衔，任“总理衙门章京上行走”。他的弟子梁启超、谭嗣同也都任了官职。同年9月，慈禧太后发动政变，光绪帝被囚至中南海瀛台。康有为和弟子梁启超流亡海外。谭嗣同及康有为胞弟康广仁在内的戊戌六君子被杀害。

对盛家产业一见倾心

新闸路曾经是1862年英国租界当局为了攻打太平军在田野间修建的一条军用马路，因靠近新闸桥而得名。战事结束后，租界趁机接管了这条马路。这里交通便利，工厂商店和民居沿路而筑。如今漫步在这条路上，随处都能邂逅历史的风云，那藏在门牌背后的故事，缠绕在夜的梦里。

戊戌变法后，康有为在长达16年的海外流亡生涯中，在海外组织保皇会，几年之间，就在全球拥有百万会员，1905年最高峰时，在 160 多个城市建立了分会，规模远超同一时期的革命党。涉足领域十分广泛。如在美国开设华美银行、琼彩楼饭店等，在墨西哥投资地产、电车、铁路、轮船公司；在国内，则在香港开设中国商务公司、中华酒店等，在内地开设书局等。

1913 年 12 月，康母去世，康有为结束了海外流亡生涯，回归广东南海，安葬了母亲和胞弟康广仁的遗骸，翌年 6 月，乘长江轮，徐徐驶向上海。面对奔腾的激流，康有为回顾自己当年的岁月，深感老之将至，却心有不甘。

1914 年 6 月，康有为一到上海，就相中了盛宣怀在原新闸路 16 号的辛家花园，眉头都没皱一下，就以每月 120 元的租金租赁下来，从此携全家定居上海辛家花园。1914 年，绸缎铺中薪金最高的掌柜先生，每月的薪水不过 8 元。

辛家花园原是犹太商人辛溪购地营建的私人住宅，后来辛溪炒股票破产，以发售彩票的方式拍卖住宅，盛宣怀兴致勃勃地去凑热闹，竟一举中彩。

康有为心气一向甚高，他看上辛家花园，不仅仅因为这是一座如同“大观园”式的住宅，花木成林，奇花如海，当然更因为他觉得匹配自己的必须是中国当今风云人物的宅子，从地位上来说，自己和他们应该是平起平坐的。

辛家花园占地 10 亩，走进朱漆大门，可见一条长约 30 米的木桥，过桥沿走廊贯穿两个圆形凉亭，亭下一方池塘，清澈见底，各色锦鲤游来游去，一座七曲桥连到岸上。康有为将园内两座二层楼房命名为“游存楼”和“补读楼”，将一些平房唤作“莲韬馆”“闻思斋”等。园内还搭建凉棚，种植瓜果葡萄，养了大龟、海豹、澳大利亚袋鼠等动物，一派怡静的田园风光。

在流亡海外那些年，康有为及其追随者的精神支撑是一份文件，这个文件即神秘的“衣带诏”。康有为说这是光绪给他的。光绪帝确实颁发过一个密诏，只是赐给军机章京杨锐的。“衣带诏”里有“尔其与林旭、刘光第、谭嗣同及诸同志妥速筹商”，根本没有提到康有为。

当年7月26日，光绪降旨改上海《时务报》为官报，派康有为督办其事。此举本意是将康调离北京，因为当时康有为的激进主张得罪了掌握实权的保守派，如果再这样下去，改革将毁于一旦，光绪此举也是向慈禧太后发出的缓和关系的一个信号。但康有为理解成光绪命令他逃出北京，从长计议。按照这个思路，又以为六君子死无对证，于是他临摹了一个衣带诏，并且篡改了文字。

杨锐在1898年秋天被杀，他将这份密诏交家人保存，后来杨锐的儿子拿出光绪皇帝的“衣带诏”原件，事情才水落石出。

康有为也在海外经商，做地产生意，以保障活动经费。1906年春节，康有为访问墨西哥，受到隆重接待。康有为利用各地华侨提供的捐款，购置电车轨道经过之处的地产，不久以后，这些地价上扬好几倍，得到巨额盈利。

为了宣传君主立宪，康有为著述就有700多万字，主要著作有《康子篇》《新学伪经考》《孔子改制考》《日本变政考》《大同书》和《欧洲十一国游记》等，辑成《南海先生诗集》。其政论文打破传统古文程式，汪洋恣肆，骈散不拘。

康有为在辛家花园居住之时，正逢第一次世界大战结束后，他致书北洋政府，请求他们在巴黎和会上废除不平等条约，力争国权，但最终失望，愤而通电支持五四运动，致电日本政府，谴责他们的侵略行径。在这里，康有为一住就是 8 年，其名著《广艺舟双辑》也在这里完成。

在这里促成徐蒋私奔

康有为一生折射出诸多矛盾，这从他的生活细节和情感生活中也可以看出来。康有为极力提倡一夫一妻制，但自己却妻妾成群，被人称为“风流圣人”，何旃理就是康有为的三姨太。

1907 年，康有为流亡到了美国西部的非士那。有个叫何旃理的华侨女孩听了康有为的演讲后，对他很崇拜，这个年轻的美女瓜子脸上长着一双水汪汪的大眼睛，而且还热情开朗，更兼有一颗赤子之心。康有为觉得宣传君主立宪，办实业，需要一名懂外文的助理，就写信给何旃理试探，结果两人一拍即合，通过书信交往，共结同心，短短的日子里居然写了上百封情书。

17 岁的何旃理不顾父母反对与 49 岁的康有为结合，康有为老来交桃花运，格外疼爱这位三太太。两人婚后漫游世界，何旃理开展夫人外交，由她为康有为做翻译，使康有为如虎添翼。

康有为逃亡后，曾在日本风景如画的须磨奋豫园居住过很长一段时间。搬到奋豫园之后，正好遇到三姨太何旃理怀孕，而其他的孩子多又年幼，生活很是不便。经朋友介绍，16 岁的神户少女市冈鹤子来到康有为的家里做女佣。康有为回国后不久，鹤子也来到上海。在辛家花园的游存庐，康有为和鹤子举行了婚礼。从此，女佣鹤子正式成为康有为的第四个姨太太。

康有为和三太太育有一子一女，不幸的是，何旃理 1914 年患腥红热症病逝于辛家花园，年仅 24 岁，康有为失去爱妾，悲痛欲绝。何旃理去世的第十天，康有为梦到了她。他一气呵成《金光梦》词，下笔千言，倾吐相思之苦：卿年十七我五十，岂意婚合耶输罗。吾乃文魔多伤者，触我慧想度爱河。他将爱妾葬于江苏金坛县茅山积峰下青龙山，与康母和康有为弟弟、戊戌六君子之一的康广仁葬在一起。每逢周忌，他都要在何旃理的灵前焚香哭拜；清明时节，则亲临茅山祭祀，在坟茔前涕泪交加，长跪不起。

康有为在哈同花园与年轻学子徐悲鸿结识，此后不时请徐悲鸿来住，拿出珍藏的中外名画供徐悲鸿欣赏、借鉴，教授他书法，并鼓励他去日本考察新画风和新画派。 康有为常在花荫下喝茶，手捋胡须，观看这个才华横溢的弟子作画。徐悲鸿还专门为他画了一幅《康有为妻妾成群图》。纳徐悲鸿为弟子，是他晚年最得意的事。他还请徐悲鸿根据三太太的遗像，画了一张水彩人像。画中是一位穿清代服装的少妇，头挽高髻，仪态端庄，秀目生辉，亭亭玉立于一幢洋房的阳台上，背景是一片苍翠的树林，林后微露一泓清泉。

徐悲鸿 17 岁时被父亲逼着结婚，第二年生下一孩子，同年妻子病逝，孩子也在 7 岁时夭折了。19 岁时，父亲去世，他辗转到上海，考上复旦大学，深得时任复旦大学老师的蒋梅笙也就是蒋棠珍父亲的喜爱，也得到哈同花园总管的赏识，并开始在哈同花园作画。

哈同花园作为一个文化中心，当时是上海社会名流相聚之处，蒋梅笙经常带女儿蒋棠珍去会各位大师。一天黄昏，徐悲鸿正在画室作画，蒋棠珍恰巧经过，凭窗望去，不禁怦然心动，徐悲鸿与蒋棠珍彼此一见钟情。蒋棠珍在 13 岁时已与苏州查紫含订了亲，后来查家公子考试作弊被发现，蒋棠珍觉得嫁给这样没有出息的男子是自己的耻辱。康有为常常安排两人在辛家花园的后园相会。

1917 年 5 月，徐悲鸿决心与蒋棠珍一同去日本。康全力支持，并鼎立资助，又多次登门，说服了蒋棠珍的父亲蒋梅笙。后来还精心策划，先让徐悲鸿躲进辛家花园，临行前蒋棠珍才从家里潜出与情郎会合。

蒋梅笙只得伪称女儿暴卒，还买了一口棺材，内装石头安厝于苏州某寺，并在《申报》上登了爱女病逝“讣告”。从此世间再无蒋棠珍。徐悲鸿为她取了新名字：碧薇，徐悲鸿在两只对戒上分别刻上了悲鸿和碧薇。在徐离开上海前夕，康有为还挥毫写下“写生入神”四个大字，赠徐悲鸿留念，鼓励他学业有成。

除了张罗这件事，康有为还有一件大事在忙。他在辛家花园里奋笔疾书，精心设计他心目中的国家蓝图，拟了很多诏书。半年前，他曾被醉心于复辟清室的张勋邀至徐州，住在道台衙门达半年。康有为在徐州大搞祭孔活动，起草请定孔教为国教的电稿，以张勋的名义发表，为复辟进行舆论宣传。日本首相寺内正毅也指派日本军部参谋次长田中义一和黑龙会成员等到徐州，密谈复辟帝制。

康有为和张勋并不同道，但簇拥皇帝的目标是一致的，他俩就好像掩耳盗铃一般，完全看不到大清帝国已经像一辆沿坡下滑的牛车，是拉不回来的。

利用黎元洪与段祺瑞的矛盾，张勋率领五千名“辫子军”，假借“调停”为名进京。到达北京之后，张勋便开始向各地清朝遗老们发电报，包括康有为，请他们进京共同探讨复辟大业。入京后，康有为与张勋发生了分歧。康有为主张定国名为“中华帝国”，开国民大会，实现梦寐以求的君主立宪主张。而张勋不愿意。

康有为想做首席大学士，也就是宰相。当时，他为掩人耳目，剃掉胡子，是化装入京的。结果，瑾太妃嫌他发辫短，没胡子，说本朝从未有过没胡子的宰相。康有为得知后，极为懊丧，急忙从药店买来生须水，一小时内抹上两三次，且时时揽镜自照，恨不得拔苗助长。众人问他，辛亥年后，别人都剪发，为何你反而要蓄发？康夫子得意地说：“我早料到必有今日也！”

最终康有为只得了个弼德院副院长的虚职职位。可惜，这场张勋精心准备的“大戏”只唱了12天。而那些所谓的同盟军，居然个个都翻脸了，因为他们发现自己没有得到预想的利益。很快，讨张战争打响了，冯国璋、段祺瑞控制的北京政府发布通缉令，60岁的康有为第二次成为通缉犯。之前积极参与的遗老们大部分都提前逃走了，康有为仍旧化装成老农，逃回上海。

徐悲鸿和蒋碧薇在 1917 年底又回到了上海。康有为动用京师人脉，促成徐悲鸿公费留学法国。1919 年 3 月，在康有为的帮助下，徐悲鸿终于得偿所愿，用公费和蒋碧薇一起远赴法国，就读于法国最高国立艺术学校。故事远远没有结束，后面发生的故事堪比小说情节，结局却令人唏嘘。

再造“辛家花园”

这位维新领袖人物的最后 15 年，就在构筑别墅、尽情纳妾、游山玩水的寓公生活中度过。

辛家花园是符合康有为审美的园子，但园子再好，毕竟不是自己的，作为租客的感受实在不咋样，对于他这样皇上曾经倚重的风云人物，怎能没有属于自己的园子？ 1921 年，他在愚园路购地 10 亩，仿辛家花园建造了一座豪华的园林式住宅“游存庐”，门牌为 192 号和 194 号，今愚园新村。

“游存庐”临街筑有两幢西式楼房。院中为一座五开间中西合璧的 2 层楼房，名“延香堂”；左边是一个宽敞的大客厅，可以举行相当规模的舞会，这些是康有为及其家属居住活动的地方。康有为指挥人在院里挖了一个比辛家花园还大的池塘，上架两座曲桥，塘内可划船。挖出的泥土垒成假山，山腰建一茅亭，周围散布着千姿百态的太湖石。庭院各处，遍种花树 1 200 余株。其中有从日本、苏州邓尉买来的樱花、梅花、桃花，以及鲜见的开绿花的梨树，人置其间，“暗觉馨香已满襟”。他还在池畔舍旁搭了爬葡萄的紫藤架，架下点缀菊花和玫瑰。院中除原来的动物外，又增添了两只孔雀，一只麋鹿，一只金丝猴，一头野驴，500尾流光溢彩的金鱼。

庭院中间有一所古朴的平房，叫“三本堂”，康家人称为“神厅”，供奉上帝、孔子、列祖列宗的场所，堂内还奉有康广仁的遗像。另外还有一座仿新闸路简照南（上海南洋烟草公司创办人）园中的“茅庐”而筑的“竹屋”，用苍翠的青竹搭盖，充溢着山野情趣，为康有为会客、休息和赏月之处。

在这湖光山色、芳草鲜美的世外桃源，康有为荡漾池塘，漫步林间，惬意之至。他常常想起那个晚上，张勋穿上清朝的官服，带上顶戴花翎，穿着皇马褂，率领以康有为为首的文武官员进入了紫禁城。7月1日凌晨3点，12岁的溥仪来到了养心殿，召见了张勋等人。张勋和康有为见到小皇帝后便立刻甩了甩马蹄袖，行三跪九叩大礼。丁巳复辟的流产，他全怪罪于张勋不肯听他的君主立宪，否则，他已经再次接近中国权力的中心。

1921年，康有为又在上海杨树浦临吴淞江处修建了“莹园”。该园按江南农村格局构思，简单中显现水乡农人躬耕田野、安居乐业的意境。而在上一年，康有为在杭州西子湖畔的丁家山已经建筑了占地30亩的“一天园”。丁家山突出湖面，好像一只苍鹰振翅欲飞，山不甚高，却能鸟瞰全湖。康有为每至春秋花季，便去“一天园”小住。

坐拥一线城市的几处豪宅，雇用的仆人、厨师就达四五十人。有人替康有为算账，每年大约要花掉两万银圆。想要的都能得到，除了政治上一向失意，从某种角度来说也算是人生赢家了。

康有为最风光的时候是被皇帝垂青，权力一时达到顶峰，这种风光在他的思想上烙下了深刻的烙印。没有了权力，只剩下了钱，加之妻妾子女众多，所以康有为特别喜欢四处筑屋。除了戊戌变法前在广州花埭原有一所别墅外，1923 年，康有为游青岛，青岛市长赵琪招待他住入福山路 6 号的“提督楼”，此楼乃 1898 年德国在青岛设治时造的提督署，遂将其租下，次年干脆买下院落，取名“天游园”，每年率太太、子女来青岛避暑。

康有为迁居“游存庐”后，辛家花园的地产仍归盛氏收还。不久，盛氏家族将原来的辛家花园的北部建为家寺，此寺庙后来由盛氏捐赠给佛家，改建成为“清凉禅寺”，寺址位于今泰兴路 465 号。该寺一时跟玉佛寺齐名，成为举行丧礼、追悼会的场所。后来其南部即归房地产商，并建今为泰兴路 445 弄的中华新村及新闸路 968—1048 号的沿街房子。如今这里还有好几棵高大的广玉兰，在中华新村 26—34 号处，是康有为手植的。除此之外，很难有辛家花园的旧日遗物留存下来了。

1927 年，康有为为躲避北伐离开上海前往青岛，3 月 19 日在一家粤菜馆吃完饭后夜晚呕吐不止，第二天凌晨七窍出血而死，他的死因扑朔迷离，至今难以有定论。

中华新村的前尘往事，现在已经很少有人知道了。辛家花园当年的繁荣也如烟散去。

粉面桃腮溢芬芳

梅兰芳旧居

爱情是一场突然而至的急病

婚姻是一场保卫战

梅兰芳旧居：上海市黄浦区思南路 87 号

梅也似雪，兰也似雪，半是虞姬，半是贵妃，折花心绪易偏慵，青天碧海露华浓。经典悠长的唱腔百听不厌，咿咿呀呀的胡琴裂帛穿云，须生坤旦，戏里悲欢，戏外人生，爱恨刹那重合。在最好的艺术年华里，上海沦陷，他矢志不渝，蓄须罢演，气节上的刚强和气质上的婉约叠合于一身。韧性的爱成就了最终的赢家，情场如何不是战场？水袖挥开去，云烟渺茫处。阅尽烟雨山河，终究必须放下。

质朴中见华贵，端庄中含俏丽，淑静中蕴情致，妩媚中显大方。梅兰芳融青衣、花旦、刀马旦行当为一炉，世称“梅派”，与程砚秋、尚小云、荀慧生合称四大名旦，成为旦行掌门人。代表戏有京剧《贵妃醉酒》《霸王别姬》等，昆曲《游园惊梦》《断桥》等。

梅兰芳，字畹华，别署缀玉轩主人。他 8 岁学戏，11 岁登台。他在沪上受欢迎的程度甚至超过北平。1913 年 10 月，梅兰芳接受上海许少卿邀请首次赴上海演出。梅兰芳第一次演压大轴的新排戏《穆柯寨》，当年轰动上海滩。1914 年，他再赴上海，45 天以 22 万多张票被选为“伶界大王”。这是他戏剧艺术炉火纯青的顶峰时代。

插曲

这里是梅兰芳和福芝芳的家。

上海马斯南路 121 号（今思南路 87 号），在弄堂的最里头，有一幢 4 层高的花园洋房，建筑风格是西班牙式的，屋顶的坡度是两折的，顶部平缓，靠近檐部就比较陡了。它有个美丽的名字，叫作梅华诗屋。

四楼是娘和女儿住的，梅兰芳夫妇住在三楼，二楼是儿子们的卧室与厨房，底层为汽车间和佣人们的居室。楼前的花园里，栽有不少花卉草木，前庭是一片绿茵茵的草地，那是孩子们的天堂，梅兰芳也常在园中散步、吊嗓子、跑圆场。

1932 年，梅兰芳一家从北平的东城无量大人胡同 5 号搬到了上海，下榻于静安寺路的沧州饭店，1933 年迁入马斯南路 121 号安家。说来说去，都是因为一个叫冬皇的女人。

她是上海人，梨园世家的子弟，老生扮相气宇轩昂，唱腔苍凉激昂，芳名孟小冬，小小年纪名气很大，被人尊称为冬皇。而那时的梅兰芳，俊采风流，扮相惊艳。1925 年的 8 月，京剧名伶举行义务献演，孟小冬演《上天台》，梅兰芳演压轴戏《霸王别姬》，这是他们初次相遇。适逢北洋政府财政总长王克敏五十大寿，堂会上，他俩合作《游龙戏凤》，俏丽妩媚的李凤姐遇到微服私访的正德皇帝，乾旦坤生，颠倒阴阳，众生倾倒。

1926 年，是福芝芳与梅兰芳结婚的第四年，他们已经有了两个孩子。能寻得自己一生的良人，她觉得自己就是世界上最幸福的女人 。年幼学戏，文化欠缺，为了跟上丈夫的步伐，福芝芳聘了家庭教师，早上起床，先写一个时辰的毛笔字，然后从《三字经》《百家姓》《千字文》学起，之后是《唐诗三百首》《古文观止》。除了古文，还学白话文，阅读杂志。日积月累地学了 4 年多，福芝芳可以陪着梅兰芳听书赏画、对诗采戏。福芝芳也常到剧场后台做些化妆、服装设计之类的工作。梅家班底演员之间的冲突和心事，总是由福芝芳从中说和化解。

每当散戏回家，梅兰芳一边与福芝芳说演出的情况，一边与儿女嬉戏，一家人其乐融融。渐渐地，这一切都改变了。

那时，凡梅孟二人出演，总是场场爆满。观众也好，梅党也好，孟小冬的粉丝团和好事的记者们也好，早就期待着伶界大王与须生之皇的梨园佳话。听见下人们议论他们假戏真做，福芝芳满不在乎地说："难不成他们要真戏假做吗？"可是她的心在滴血。明明，丈夫是深爱她的啊。

梅兰芳每天很晚才回家，可是走路都哼着调，看得出，他很快乐。福芝芳的心里一阵阵生疼。孟小冬的确很美，身材颀长，举止优雅，比起风靡上海滩的名媛唐瑛，不输分毫。绝世名伶，天生丽质，令人惊艳。她的照片被很多年轻人收藏，清丽脱俗的容貌，美得像幅画。福芝芳心想：就是因为年轻，吸引了畹华吗？谁又没有年轻过？

以前，福芝芳和娘住在一个大杂院里，曲艺气氛很浓，她从小学唱八角鼓，她的小玩伴冯金芙，长大后嫁给京剧名家姜妙香，另一个女孩果素瑛，长大后嫁给京剧四大名旦之一的程砚秋，而果素瑛之父果湘林也是京剧名角。

十四五岁时，福芝芳向邻居吴菱仙老师学唱京剧的青衣，师父也是已经名满天下的梅兰芳的师父，所以她成了梅兰芳的嫡亲同门师妹。福芝芳演出的《桑园会》《武家坡》《二进宫》颇受好评，人们称她为"天桥梅兰芳"。豆蔻年华，情窦初开，也是在堂会上，一出《战蒲关》下来，福芝芳和梅兰芳一见钟情。梅党要人冯六爷评价福芝芳："长得不错，唱得不错，能生孩子。"

本来王明华已经为梅兰芳生下了一双儿女，因为要跟着他外出演戏，她做了绝育手术。梅派汲取花旦和青衣之长，既雍容华贵，又典雅端庄，那些华丽的戏服、头饰和化妆都出自王明华之手。遗憾的是两个孩子都夭折了，可是梅家怎么能无后呢？

1921 年的一天，梅兰芳的师父和京城名流罗瘿公登门拜访，替梅家说亲。福芝芳的娘知道，梅兰芳人品好、事业好，她谢绝了聘礼和定金，但有两个条件梅家必须接受：一是要按两房的规矩迎娶我，仍然是正室；二是娘要跟着我到梅家生活。

那一年，福芝芳 16 岁，放下自己刚刚开始的演艺生涯，就这样嫁入了梅家。生儿育女，柴米油盐，常年如此琐碎地过日子，自然新鲜劲儿会过去。

1927 年正月，因为王明华病重，又是按兼祧的说法，坠入情网的梅兰芳一定要娶孟小冬。她能博得梅兰芳的爱，不仅仅是她的年轻美貌，更因为她是他的艺术知音。福芝芳觉得自己并没有胜算。论容貌，论才华，论名气，论后援，她都没法和冬皇相比。多年夫妻虽然恩爱，怎敌得过激情燃烧的时刻？对手强劲，她胜券几多？

一向不知眼泪为何物的福芝芳，那些天里，像雪夜里受伤的野兽，浑身狼狈，寝食难安。半夜福芝芳上了娘的屋，娘要她守住这个大门。福芝芳的外公是靠吃皇俸为生的一名满旗军官，福芝芳的娘 19 岁时嫁给了一个小商人，两人性情不合，她怀孕不久后就逃回了娘家。她有侠义之风，凡有别人求到她，她总是两肋插刀，能帮就帮。所以对于梅府上下，但凡有人有难处，福芝芳也尽量相帮。

福芝芳不准孟小冬进门，这让梅兰芳很为难。梅兰芳便在缀玉轩与孟小冬住，他常带一些朋友过去，谈古论今。夜冷衾寒，福芝芳睡不着，常常在月色里看窗户上的树影移动，看到眼睛疲劳才能入睡。她逼自己不去想象缀玉轩里的缠绵悱恻，她也体会到了明华姐姐的心情，感受到了她孤枕难眠的心伤。

福芝芳尽量说服自己，那不过是梅兰芳一时迷途，他对妻子、对这个家还是看得很重的。“我是厚道、大气的梅二奶奶！”福芝芳让自己的心沉静下来,不动声色,和往常一样,相夫教子,居家过日。

他们婚后 9 个月的时候，发生了一件惊天血案。当时的孟小冬有很多戏迷，其中有一个富家子弟喜欢孟小冬很久，在得知心上人情归梅兰芳后，便持枪到缀玉轩寻衅，要找梅兰芳算账。本来那人拿枪是吓唬人的，但在惊慌之中却将做客的记者张汉举打死，自己也被随之赶来的军警击毙。险些受伤的梅兰芳很受惊吓。报纸也对此事大加炒作，流言蜚语，铺天盖地。事业是梅兰芳的生命，他不能不看重，福芝芳轻飘飘地和冯六爷（冯耿光，当时的中国银行行长）说：“大爷的命要紧。”此后，梅兰芳便很少去孟小冬那里了。

孟小冬是角儿，是名人，就算她愿意低下身段伺候梅兰芳，她的戏迷也不愿意。这次事件后，梅党完全偏向了福芝芳，出于安全考虑，他们开始着手阻止梅孟的恋情。

不久，梅兰芳将赴美演出，有意带孟小冬同行，这样一来，孟小冬就要顺理成章地进入梅府大门了。这大门，福芝芳是要死守的。

看着两个活泼的孩子，福芝芳暗暗对自己说，“我不能输”。

那一天，梅兰芳得到消息赶回家时，梅府上下已经一片混乱，外国医生窘迫地站在一旁，福芝芳摸了摸肚子，一脸决绝端坐一旁，“医生，请你开始堕胎手术吧。”他赶忙劝慰道：“你这是何苦啊。”福芝芳眉头紧皱：“你如果带她去就一尸两命！你自己选！”“别动气，当心伤着孩子。谁也不带，总行了吧。”梅兰芳吸着凉气，他大约是从没见着福芝芳这样的狠。果真，他未带孟小冬出国。

1930 年 8 月，梅兰芳访问美国载誉而归，大伯母梅雨田夫人逝世，福芝芳在灵堂接待吊唁宾客。福芝芳知道孟小冬会来，她偏不让孟小冬进门，也绝不能让孟小冬进门。

孟小冬被挡在大门外。福芝芳说：“若她进门上香，我就带着肚子里的孩子一同撞死在灵前。”梅兰芳为难地对孟小冬说：“你先回去吧。”心气颇高的孟小冬伤心欲绝。梅兰芳和王明华的两个孩子被麻疹夺去了性命。福芝芳的第一个儿子葆琪，自小聪明伶俐，不幸 9 岁时患了白喉也夭折了。福芝芳拿孩子说事，这是梅兰芳的软肋。

绝地反击，这是福芝芳唯一的机会。“这是我的家，我才是女主人。”

天快亮了，梅兰芳才回来，他浑身湿透了，像是撑着伞在雨中等了孟小冬一夜，才怅然离去。福芝芳像只鸵鸟埋在被子里，她看不见，看不见他的落寞心碎，因为泪水早已经模糊了她的双眼。

1931 年，孟小冬正式向梅兰芳提出分手。孟小冬性情孤傲，这是意料之中，红尘纷扰，谁能在梦境里生活一世？路过的缘分，不过是人世的一场桃花美梦，醒来已是暮雪年华。

世人说福芝芳彪悍，可能她身上有旗人的血统。捍卫婚姻，她别无选择。

主旋律

“我才是最适合他的人，我才是最爱他的人。之前种种，不过是我们爱的旅途上的一段插曲，到了上海，希望一切从头来过。”福芝芳暗想。

上海的环境和气氛都与北平有很大不同，梅兰芳夫妇很喜欢这里。上海是一座中西文化交汇的城市，世界各地的艺术形式竞相涌入，好学的梅兰芳如鱼得水。每周有两个下午，他都会在家里学习英语。京昆不分家，昆曲名角俞振飞每天都会到家里来给他上课。他认为艺术都是相通的，所以一直在考虑怎么吸收别的艺术的长处。他还跟着画师汤定之学画松梅。

当然，这里也是杜月笙的地盘，那个帮孟小冬出面向梅兰芳要离婚费的人。

随着抗战的气氛越来越浓，梅兰芳排演了《抗金兵》《生死恨》等戏，来激励国人的抗日热情。作为卓然众生之上的“伶界大王”，他照顾疼惜着他的弟子和同行。梅家成为梅派弟子的学校，李世芳、言慧珠、张君秋、杜近芳、李玉茹、童芷苓、白玉薇和顾正秋等，都在这儿排戏。

1936 年 2 月 9 日，梅兰芳夫妇在家里接待了美国著名表演大师卓别林及夫人，请他去看了马连良的戏。

1937 年日军占领上海后，梅兰芳夫妇安定的生活被打破了。日伪想借梅兰芳第一名旦的影响力粉饰太平，几次要他出场在电台讲话，但均遭拒绝。梅兰芳罢歌罢舞，息影舞台。尽管他视艺术为生命，但民族存亡关头，他绝不肯失去气节。他投降，就象征着中国文化界的屈服；他抗争，则成为国人的榜样。

1919 年 4 月，25 岁的梅兰芳东渡扶桑，《天女散花》《御碑亭》令岛国万人空巷，争看梅郎，京都大学狩野直喜、铃木虎雄、青木正儿等著名汉学家出版《品梅记》，京剧自此在东瀛生根发芽。因此，日本人非常喜欢京剧。日军头目山家少佐勒令梅兰芳一定要参加演出，再有违抗便以军法从事，梅兰芳依然是婉言谢绝了。少佐说，既然梅兰芳年纪大了不能再登台，那么出来讲一段话还是可以的吧。

梅兰芳不惜冒着生命危险，让福芝芳给他连着注射了三针伤寒疫苗，结果他真的开始发起高烧来了。日本军医来家后，摸了摸梅兰芳滚烫的额头，只好无奈地摇着头走了。当时梅兰芳也备好了安眠药，万一疫苗不起作用，准备以死相拼。

日本人不肯放过他，他们不断到家里来，各种威胁，要他出山。梅兰芳说，上海呆不住了，不如到香港躲避吧。1938 年，他应邀率团赴香港演出，找到了名正言顺离开上海的借口。

隐居在香港干德道半山腰上的一幢 4 层公寓里，梅兰芳一住就是4年。他在香港演出了《梁红玉》及《生死恨》等剧，鼓舞激励中国人的抗战斗志。香港沦陷后，他深居简出，白天画画，练太极拳，打羽毛球，看报纸，集邮，还跟一位英国老太太学起了英语。

后来，日寇将他软禁在自己的寓所里，一边胁迫他到南京参加“中日建交”大典，去演出助兴，一边散布梅兰芳已经变节，到日本娶了小老婆的谣言。

福芝芳一如既往操持着家务，管理着几十口人的大家庭，鼓励大家渡过难关。知夫莫若妻，福芝芳告诉他们，梅先生一定会回来的！

此时，梅兰芳通过西方媒体，发表了致妻儿的一封公开信。他还托冯力带给福芝芳一幅他的自画像，画像背后写了四句诗：“半生氍毹唱皮黄，更思归曲翻新腔。无奈日毒梅花荡，蓄须明志别芝芳。”福芝芳给梅兰芳回写了一首诗：水淌大江几多愁，尝胆卧薪不低首。思悠悠兮慢悠悠，明月总是随君走。

1942年夏，梅兰芳从香港回来了，他拎着箱子进门的一瞬间，看着他憔悴的脸庞，福芝芳愣了一下，扑进他的怀里。分开得那么久，终于，盼来了团聚。

梅华诗屋又迎来了它的主人，他不在的时候，福芝芳日日打扫，从未让书房染上灰尘。梅兰芳依旧是闭门谢客，继续过着留须辍演、以书画为伴的日子。没有了戏演，他们的生活很清苦，只好卖掉北京的房子，接着又出售多年收集的藏品。有一位戏馆老板对梅兰芳说，只要你出来演出，百根金条马上送到府上。梅兰芳不为所动。

梅家一直沿袭老北京的习俗，午饭常吃炸酱面。看到孩子们长得很壮实，梅兰芳笑称这可是吃炸酱面的功劳啊。

福芝芳劝梅兰芳卖画度日。于是梅兰芳花了两三个月的工夫，画了几十幅作品。那时上海几乎每天都有空袭警报，晚上 10 点就停止供电。他就买了盏铁锚牌汽油灯，每晚把窗帘拉得严严实实，点上汽油灯，然后沏一壶香片茶，研墨调色，铺纸落笔，直到东方出现了鱼肚白。因长期看不到梅兰芳的戏，观众纷纷购买他的画，很快抢购一空。

上海各界的进步人士，为了声援梅兰芳，筹资为他举办画展。1945 年春天，梅兰芳画的画作在成都路中国银行的一所洋房里展出，好评如潮。但日本人在每件画作上都别上小纸条，上面写着“汪精卫主任订购”“周佛海院长订购”“冈村宁次长官订购”等，拒绝别人购买。梅兰芳见后，气得大叫：“我要抗议，我要申诉！”

福芝芳拿起桌上的一把裁纸刀，决绝地说：“这世道，妖魔横行，一不做二不休，毁了这些画！”刹那间，满庭的画作化作片片飞雪。

1945 年 8 月，当梅兰芳从收音机中听到日本投降的消息后，当着家人和朋友的面，用一柄打开的折扇挡着脸的下部，然后忽地撤掉折扇。只见他唇上蓄了多年的胡须已全部刮掉。

两个月后，梅兰芳在上海美琪大戏院重新登台，与俞振飞合作演出了昆曲《断桥》《游园惊梦》《刺虎》等剧目。铿锵锣鼓又欢天喜地敲起来了。

经历长久的忍耐，走过情感的纠结，福芝芳终于一笑而过，守得云开见月明。国难当头，团结一心。思南路 87 号，这是她的家啊！

上海再见

梅兰芳夫妇将一生最重要的一段岁月留在了上海，这也是他们生命里最灿烂的一章。这风风雨雨的27年里，梅派表演体系逐渐完善，并且与斯坦尼斯拉夫斯基、布莱希特的表演体系并称为世界三大表演体系。

梅兰芳夫妇都喜欢看电影，他们经常带儿女们一起去看奥斯卡获奖电影。1948年底，应导演费穆之邀，梅兰芳主演了中国第一部彩色电影《生死恨》。

1958年，梅兰芳夫妇将思南路的房屋交给卢湾区房管局，举家迁往北京。梅兰芳历任中国京剧院院长、中国戏曲研究院院长、中国文学艺术界联合会副主席、中国戏剧家协会副主席，并以65岁高龄，排演了最后一出新戏《穆桂英挂帅》。

梅兰芳曾于1919年、1924年和1956年三次访问日本，1930年访问美国，1935年和1952年两次访问苏联进行演出，获得盛誉，使我国京剧艺术跻入了世界戏剧之林。由于在促进中外文化交流方面作出了卓越的贡献，他也被称作中国向海外传播京剧艺术的先驱。

梅兰芳每年要在全国巡演4个月，也许对于他这样的年纪，太过劳累埋下了隐患。1961年夏天，他准备到新疆参加铁路通车典礼，繁忙中突感胸痛，住进了北京阜外医院。经过医治，他感觉很好，医院也撤了氧气瓶。谁知8月8日凌晨，他吃了几块饼干，再躺到床上时，心脏骤停。

梅兰芳这一生，将辉煌留在了观众的心中。国家给予了他国师的荣耀，葬礼为国葬，天安门广场降半旗，国家领导人亲临灵堂拜祭，哀荣备至。梅兰芳是个重感情的人，他生前说到身后事，说不想去八宝山，因为怕福芝芳会孤单。

时光跌宕，那是在 1929 年，梅夫人王明华病危。梅兰芳四处寻谋万年吉地，最后选定风景秀美的万花山。梅兰芳在和“畹华”同音的这座山上购置了 7 亩地，遍种松柏，生同眠，死同穴，早已经约定。王明华死时才 30 多岁，她没有儿子，福芝芳就让管家抱着 3 岁的次子打幡，从天津迎回她的灵柩，用金丝楠木棺材装殓，葬入万花山墓地。

周总理特批，从国库取出存放多年的一副阴沉木棺给梅兰芳用。阴沉木又称乌木，质地坚硬，不腐不蛀，十分名贵。在万花山修建墓地时，因为墓地底下是岩石，所以还动用了炸药，修了 40 天，修出 3 个穴位。梅兰芳在中间，王明华的金丝楠木棺被移到了东边，西边那个是留给福芝芳的。能有这样的善终，他们共同收获了完满，是三人的福分。

思南路诞生百年，拥有百幢花园式洋房，集中了老上海近乎全部的民居样式，午后，婆娑的树影温柔地唤醒了老洋房的记忆，街灯、古树、红砖道、鹅卵石墙面，打开了老上海的视角。

梅兰芳当年居住的小楼如今已经成为顶级精品酒店思南公馆的一部分，49 栋经过修缮的历史建筑以及 9 栋新建筑组成了上海顶级的商业休闲区。

此情可待成追忆

蓝妮弄堂

豪门于我如云烟

因为我就是豪门

舍与得

我懂

蓝妮弄堂：上海市徐汇区复兴西路44弄1—9号

蓝妮弄堂，老上海八大弄堂之一，最浪漫的弄堂。弄堂里的玫瑰别墅带着神秘的色彩，花园里的小路上，嵌入的碎石拼出许多“Rose”字样，这是别墅主人的英文名字。她是民国的苗王公主——蓝妮，她亦是孙中山儿子孙科的秘书及二夫人。出生于没落贵族世家的伊人，其沉鱼落雁的美貌被媲美古代美女貂蝉。经历了两次失败的婚姻，遭遇了女儿被绑架，受尽世人的嘲笑，但这一切没有击垮这位奇女子的坚强内心，她几番卷土重来，投资房产及商业，杀伐决断，颇有男儿气概。生活中她大舍大得，爱得炽烈，别也决绝。垂暮之年，她仍能回到当年的家，已经万幸，凭栏远眺，云中谁寄锦书来，雁字回时，月满西楼。

蓝妮的祖先曾是苗族的首领，蓝妮和李鸿章之后张爱玲、孔祥熙之后孔二小姐、南洋巨富之后陈璧君并列民国四大名门之女。但其中只有蓝妮是一位阳光的氧气美人儿，既身材曼妙，又妩媚动人，既才华出众，又善于交际。这个女人的魅力究竟有多大?

身为南京国民政府立法院院长的孙科本来理应在推行一夫一妻制度上身体力行，何况家父孙中山娶宋庆龄之前也是离婚恢复自由身的，而他竟然知法犯法，甘心背负天下人之骂名，只为将这个3个孩子的妈妈娶为二太太，之后还日夜担心她会抛弃自己。只是最终，他还是选择了更爱江山。

玫瑰别墅

徐汇区的复兴西路，旧称白赛仲路，隶属法租界。幽静的道路两旁植满了法国梧桐，在复兴西路44弄里，坐落着7幢不同风格的3层楼洋房，7座建筑物有7种颜色，散发着法兰西浪漫情调。

而这玫瑰别墅曾经的主人，是苗王公主蓝妮女士，一个拥有沧桑传奇的神秘女人。她曾是孙中山儿子孙科的秘书及二夫人，风风雨雨之后，1986年，她和女儿孙穗芬回国参加孙中山先生诞辰120

周年纪念活动，决定在国内定居。最终，政府将玫瑰别墅中的 2 号给了蓝妮。蓝妮自居的这幢别墅是奚福泉精心设计的。奚福泉是中国第一代建筑师，上海虹桥疗养院与武康路 4 号私人博物馆均为其名作。

玫瑰别墅建造于 1940 年，占地面积 4 393 平方米，建筑总面积 3 171 平方米，每幢建筑面积为 453 平方米，建筑细部比较注重装饰，采用欧洲建筑外观装饰，既有斜屋面，又有现代派的平屋面，外墙立面采用螺旋式，体现出华贵气派和浪漫情趣。室内各个房间均按西方人的生活方式布置，功能齐备。每幢别墅前，都有面积不小的独立花园，花木繁茂，还有绿油油的草坪。因弄堂口的地面上嵌出“玫瑰”字样，故被称为玫瑰别墅。

1990 年 3 月 18 日，蓝妮终于搬进了属于她自己的家。这幢别墅，墙上终年挂着翠绿的常春藤，微风吹过，轻轻摆动，向主人和来访客人频频致意。蓝妮搬进来前，将房子装修一新。客厅向南朝阳，有三四十平方米，不用打开窗户，一眼就能看到花木葱郁的花园美景，厅内布置简单，有一张麻将桌，北墙上挂着一幅蓝妮女儿孙穗芬和她自己的肖像，而东墙正中挂着一幅蓝妮与孙科的结婚照，这幅照片是 1935 年蓝妮和孙科结婚时在上海拍的。

像一片浮萍四处漂浮，终于落到了上海的家，蓝妮就在这里安度了她的晚年。她平日深居简出，除了打几圈麻将，偶尔到花园里散散步。邻居见到的她头发梳得很光，皮肤细嫩白皙，唇上涂着淡淡的口红。她会主动和别人打招呼，偶尔还会冒出几句英语。很少有人知道，蓝妮还和美国首位华裔州长骆家辉有着千丝万缕的关系。骆家辉的前妻李蒙是蓝妮的孙女，是蓝妮和前夫所生的儿子的女儿。

不屈服于命运的女神

这一天傍晚，女儿孙穗芬陪妈妈在复兴西路上散步，洋房、梧桐，扑面而来的法式气息，恍惚时光倒流。

晚风习习，这风像故人，穿越百年黄浦江的历史而来，捋了一下被风吹乱的头发，女儿问道："妈咪，你恨爸爸吗？"蓝妮看了一眼横看酷似孙科、竖看又酷似自己的女儿，"人的想法是会变的，你不要记恨他对你的照顾多与少，他也是身不由己。""可是，妈咪你现在多孤单啊。""我这一辈子就是太要强了，从来不会低头的，因为学不会迁就，所以结果只能自己品尝。"蓝妮的嘴角浮起一丝浅笑，都说莲心苦，哪有自己的心里苦啊。

第一次不迁就命运是和李定国离婚。她和他从来不在一个频道上，只不过被当作生育工具，多少个痛苦的夜晚，她左思右想，宁可抛下 3 个年幼的孩子，也要离开这个地方。在那个年代，一个有了 3 个孩子的母亲，要离开家，需要多大的勇气和决心！她本是贵族，只因家道中落，沦落至此。

1912 年 7 月 2 日，澳门蓝府传出了婴儿的哭声，蓝剑俊的夫人为蓝家添了一个千金，取名蓝业珍。祖父蓝和光是清末举人，曾任广东番山知县，北洋军阀时代弃官在湖南、广东及澳门等地经商。

父亲蓝世勋曾是同盟会会员，从剑桥大学毕业回国后，同直系军阀头子孙传芳结为拜把兄弟，升任江苏税务局局长。

蓝业珍从小就美丽俊俏、聪明伶俐，她高鼻深目，眼睛瞳孔的颜色还有些湛蓝。七八岁时，父亲请来一位著名的塾师，教她读四书五经，母亲则教她中国古典文学。上学后，因亲和力强，她被同学善意地叫作“烂泥”，又因“蓝”与“烂”同音，她干脆将“烂泥”念成其谐音“蓝妮”，并作为她的名字。蓝妮在南京读完初中，15岁回上海升入智仁勇女子中学读高中。渊博的家学和良好的教育，培养了蓝妮典雅高贵的气质，让她在人群中愈发惹眼。

可惜天有不测风云，1926年，蓝妮的父亲蓝世勋外出时遭歹徒袭击，因此吓成了精神病。3年下来，蓝父病情未见好转，蓝家财力却已捉襟见肘。1929年，父母为生活所迫，将18岁的蓝妮嫁给了上海名门李调生的二公子李定国。丈夫李定国毕业于上海法政大学，文才不错且长相英俊，李家则每月给蓝家津贴100元。李家对蓝妮毫不尊重。蓝妮在生下3个子女之后，毅然决然与李定国离婚。

第二次不迁就命运是避走故乡，不愿意二女共事一夫。如果那年不负气出走，也不会有后来那么多故事那么多遗憾吧。可是，不在关键时刻试一试他，怎知他的心到底是不是属于你的?

1940年春，孙科夫人陈淑英来到重庆，蓝妮为避免尴尬选择回避，独自赴上海，回到了女儿孙穗芬的身边。凭着地位与人脉，她周旋于上层社会，开始涉足地产。蓝妮以沉鱼落雁的美貌、优雅的舞姿和过人的交际才能，很快成为令人瞩目的交际明星。在这样的圈子里，蓝妮得到了很多商业机密，拥有了多处房地产，仅在上海虹桥路就有 50 亩地。其时，她的房地产已价值几百万美元。

第三次不迁就是和孙科分手。明明相爱，说好了不分手的，可是他再也不是当年那个敢与天下人决裂而选择她的情郎了，权力和爱情，终究，男人的选择和女人不一样。

1948 年，副总统竞选活动红红火火展开，人选就在李宗仁和孙科中定夺。但就在竞选的节骨眼儿上，《救国日报》头版头条刊登了一篇报道，称抗战胜利后，孙科以职务之便替蓝妮徇私，拿回了原本被中央信托局没收的进口颜料。这就是当时沸沸扬扬的“蓝妮事件”。

此事发生后，孙科在民众中声誉直降，李宗仁最终成功当选为国民政府副总统。孙科不仅未替蓝妮辩解，反而还为洗清自己做了一些小动作。这让生性倔强的蓝妮异常愤怒，主动结束了两人近 13 年的夫妻生活。

虽然后来孙科想和她复合，她也不愿意。是不爱他了吗？不是，那么多年的点点滴滴，春去春来的相思苦守，早已经浸润心头，她是爱他的，他是她此生唯一的爱人，只是因为爱情太美，所以眼里不能揉沙。

玫瑰玫瑰情意重

一个星期天，电话铃突然响起。孙穗芬拎起一听，寒暄了几句，挂下了电话筒。“妈咪你准备好了吗，记者说，还有半小时就要到了。”“你去把水果茶水都准备好，我也快弄好了。”坐在梳妆台前的蓝妮头也不回地说道，她拔开口红套，在唇上抹了几下，对着镜子看了几眼，起身来到客厅。一身丝绒旗袍的她身材还是那么婀娜多姿，像一枝拂柳让人觉得舒适。

“叮咚”，来人按响了门铃。孙穗芬笑着把记者迎进了门。“欢迎你来做客，记者小姐，”虽然上了年纪，梳妆好的蓝妮看上去依旧精致可人，待人接物热情大方。进入门厅，一股焚香味道萦绕而来，拖鞋是大红中式花纹的，门口摆放着红木雕花的台几、牡丹花朵的白瓷瓶、铜质佛像，一切都非常中国。每一处都精心布置。“您亲手设计的玫瑰别墅真是名不虚传啊，太浪漫了。现在完璧归赵，也是美事一件啊。您真是一个成功的女人，儿孙也都那么有出息！”记者赞美道。“我在旧金山过得蛮好的，儿孙满堂。孩子们对我都很孝顺。邓大姐对穗芬说：‘请你妈妈回来嘛！’我就回来咯。”蓝妮笑盈盈地说。

“蓝妮女士，其实今天的采访都是轻松的话题，主要是想知道像您这样的上海滩名媛，容貌才能兼而有之，多少人拜倒在您石榴裙下，为何您只选择了穗芬的爸爸呢？”“呵呵呵，您真会说话。我与孙科就是有缘，不少人硬拆，也拆不开。他确实对我真心得很。我们一起生活十多年，他从来不违拗我。我性格倔强，谁也不买账，很有苗家习性。有时候发起脾气来，很厉害，他总是笑笑：‘看，苗脾气又来了！’从来不同我争吵。碰到这样诚心的男人，我也就变得温柔了。”蓝妮的脸上浮现起了少女才有的羞涩。

“有个报刊上披露了孙科在法国公干时写给您的情书，真是让人感动啊，”记者说道。“都是过去的事情了，”蓝妮的蓝色眼睛好像高山上的湖水，此时泛起了涟漪。

蓝妮当然记得，那段恩爱的时光，那些情书上的字字句句：“我的最爱的蓝夫人，如今离了您三个月，心里没一天不想念您！越是离得远，离得久，越是觉得您的可爱！越觉得您真是我的爱人呢！蓝妮，我说您是世间最好的女人，最可爱的女人，巴黎的法国美人虽多，都没有一个比得上您的！我真想马上飞回去，和您永远在一块儿呢！所以我现在已决定回国的船期了。”

1935 年暮春，时任南京国民政府立法院院长的孙中山之子孙科坐在南京开往上海的列车上，看着窗外田园的景色，他的心情有难得的轻松，他是应邀参加朋友陆英家宴去的。

暮春时节，正是紫藤吐艳之时。主人家的花园里，藤架上垂挂下清新的紫藤花串，蝶形的紫藤花瓣随风飘落，让人的心情怡然。淡妆的蓝妮一进客厅，立刻吸引了所有人的视线，蓝妮的美貌，在当时是出了名的，不少记者说，谁想知道西汉赵飞燕和东汉貂蝉的美丽形象，只消去看看蓝妮就行了。

见到这个上海滩有名的交际花，孙科被蓝妮的美貌倾倒了，更因蓝妮知书达礼，熟谙英文，使得孙科心驰神往。席间，他们两人热烈攀谈，彼此相见恨晚。身居高位的孙科虽已年过不惑，但风度、学识不同凡俗，再加上孙中山先生的背景，所以蓝妮对他也很崇拜。

认识了不久，蓝妮以孙科私人秘书的身份出现在南京，形影不离。

同年秋天，国民党在南京召开第五次全国代表大会，蓝妮从上海来宁为和孙科秘密相聚。舞会上邂逅张学良，这是少帅第一次见到蓝妮，一时间惊艳不已。也许是感受到别的男人的虎视眈眈，也许是体会到蓝妮的真情，深爱蓝妮的孙科花了 2 万元在上海淮海中路 1857 弄买了幢花园洋房送给她。此洋房的二楼有间大浴室，落地窗上镶嵌彩色玻璃，中间有一个大浴池。

不久，孙科决定娶她为二夫人，孙科为了不事声张，只请了立法院的同事，一共摆了 4 桌酒席。席间，在同事的祝贺声中，孙科笑道："哈哈，我是知法犯法，罪加一等啊！"婚后，孙科、蓝妮出双入对，非常恩爱。为了表示自己对她的忠贞感情，他亲笔给蓝妮写了一张字据：我只有元配夫人陈氏与二夫人蓝氏二位太太，此外决无第三人，特此立证，交蓝巽宜[1]二太太收执。

① 蓝巽宜是蓝妮的乳名。

1945年日本投降后，当局以“汉奸嫌疑”的罪名将蓝妮关进监狱。孙科为营救蓝妮不遗余力，他以辞职相要挟为她求情，甚至不惜与蒋介石闹翻，擅离重庆到南京，准备转往上海解救蓝妮，最后被上海市市长吴铁城劫机带回了重庆才罢休。最终，蒋介石答应释放蓝妮，但是是有条件的，就是不许孙科再与蓝妮来往，但孙科根本没把蒋介石的话当回事。关押三个多月的蓝妮回到家，大放鞭炮以示庆贺。而孙科到上海就住进了玫瑰别墅2号，后来两人又双双前往南京。1946年夏天，她与孙科在上海哥伦比亚路孙公馆补行了婚礼。

如果天气不错，穿着旗袍的蓝妮会在别墅周围的小花园里喝喝茶、看看书，花园里的藤椅和遮阳伞令人舒适惬意。蓝妮的衣服都是她自己设计的，包括女儿孙穗芬的。对穿衣有品味的上海女人太多，但是，在上世纪40年代，有大手笔的投资魄力的有多少？玫瑰别墅所处的复兴西路东起淮海中路（原名霞飞路），西至华山路（原名海格路），是上海前法租界西段的重要街道。全路段均为花园洋房和公寓，其中建筑风格又以装饰派艺术为主。当年，蓝妮相中了法租界边的这块地皮，但地价实在太高了。蓝妮出售了淮海中路的那套洋房，作为建造玫瑰别墅的启动资金，可还是不够。她忽然想起祖父保存的陈年普洱。后来，茶叶卖了一个好价钱。蓝妮又向上海当时的地产大王之一杨润身求助才凑够建房费用。她请来沪上4位著名的建筑师奚福泉、黄大猷、赵涤和陈植为别墅设计，设计师们灵活运用了装饰派艺术的线条风格，设计建造了7幢房屋。

对玫瑰别墅群组，蓝妮付出了很多心血，她亲自督工，依图建造。

蓝妮自己开一辆浅绿色的司蒂培克轻型汽车代步，为了美观，她把车库全部安排在弄底。此弄堂口原有两幢 3 层洋房，是复兴西路 42 号一个牙医的诊所。为便于汽车进出弄堂，她将此 3 层洋房也买了下来。这样，整条弄堂都是她的了。按当时的地产行情，玫瑰别墅市值达 35 万元，堪称一流。

1946 年夏天，女儿孙穗芬遭到绑架。绑匪开口 30 万美元，经过一番讨价，最后讲定 10 万美元的赎金。蓝妮打电话给上海地政局局长祝平，要他把复兴西路玫瑰别墅 7 幢房子的单据立即改成正式的房契，然后抵押给银行，才凑得 10 万美元，终于将女儿救了回来。

1962 年，蓝妮又随女儿一家移居美国。1973 年，孙科病逝于台北，蓝妮没去台湾和孙科见上最后一面，但她嘱咐女儿孙穗芬赴台为孙科奔丧。

1996 年 9 月 28 日，蓝妮在玫瑰别墅为自己画上了人生的句点，享年 85 岁。一代佳人，悄然离去。这一生，她都是在奋斗，她一次次不甘于命运的安排，即使为此付出巨大的代价也在所不惜。

如今，人去楼空，走到玫瑰别墅的门前，清风吹过楼边的绿树，树叶轻轻摆动，仿佛在喃喃细语，如果留不住爱她的盛夏，记不住热烈的情话，等不到执手白发，只要她的长发被温暖的手掌穿行过，人生还是没有那么残忍可怕吧。

一蔬一饭醉炊烟

石库门博物馆

爱是火石雷电

也是平淡度日

石库门博物馆：上海市黄浦区太仓路 181 弄 25 号

曾经，石库门是上海独具特色的里弄住宅，是大部分居民的栖身之地。中产阶级总是独住的，家道中落的就会收拾出一间两间出租给房客贴补家用。斜襟上插着一束麻纱绢头，手执檀香扇的旗袍女子，从石库门里施施然走出，叫一辆黄包车出去“白相相”，车带起的一阵风里，有淡淡的香水味，像是清香淡雅的茉莉花。闺房里的梳妆台前，“百雀灵”胭脂旁那枚样式古老的翡翠发簪显得有些落寞，陪伴着趾高气扬的留声机。你是谁不展眉里朝思暮想的少年，又在谁的炊烟里辗转成夜叔。民国的别样风华沉淀成灰与红的调子，温暖了我们的眼睛。

石库门兴于20世纪20年代，占当时上海民居的四分之三，砖木结构两层楼，坡型屋顶带有老虎窗，大门采用两扇实心黑漆木门，以木轴开转，配有门环，门楣做成弧形花饰，门头上刻有吉祥文字，二楼有出挑的阳台，外墙细部采用西洋建筑的雕花。

石库门文化

这个叫作“石库门·屋里厢”的家庭博物馆，位于上海新天地内。把石库门“整旧如旧”的新天地，已成为上海最时尚的渊薮。它东

至黄陂南路，西到马当路，北沿太仓路，南接自忠路，占地3万平方米，集历史、文化、旅游、购物、餐饮、娱乐等于一体。有人迷恋上海，就是从新天地开始的。新天地的街道两边是一个个露天咖啡座，青灰素颜的石库门旧里与高鼻子、蓝眼睛相映成趣，成了一道靓丽的风景。

该博物馆是由一幢建于20世纪20年代的石库门老房子改造而成的。它展示了上海独特的石库门建筑文化，重现了当年上海人的生活空间和生活方式，还原了老上海人的“屋里厢”。“屋里厢”是地道的上海话，是家的意思。“到屋里厢来坐一坐呀”，听来是多么温暖的好客之词。

整个博物馆占地面积367.2平方米，按照20世纪20年代里弄单元一户住户为模式建成，有7间展示房，分别是客堂间、书房、老人房、主人房、女儿房、儿子房、灶披间，房内所有陈列实物，无论是炉灶、小孩的课本，还是口红、烟缸，全是上世纪二三十年代石库门弄堂里所存留的旧时实物，还有留声机、华生电风扇、铜汤婆子等，以一个石库门家庭的故事，贯穿参观始终。

一进大门，是一个狭小的天井，无花果树的绿叶子里藏着青色的无花果。天井一侧的厢房原先是隔壁34号，曾经是影星王丹凤步入影坛前的旧居，除了摆放有八仙桌、长条凳、马桶、木盆、煤球炉、笼屉、水缸等物品，墙上还挂了王丹凤早年的剧照。石库门里空间狭小，经常是一幢楼里几代同堂，甚至还有一家人吃喝拉撒睡都在一个房间里。

穿过天井，推开红色木门，客堂是典型的海派风格，迎面是一个玻璃镜框，里面有裸露的墙体。泥土粘垒起来的青砖、被白蚂蚁啮啃过的木梁清晰可见，诉说着老宅沧桑的过往。

20 世纪 20 年代后，随着上海住房困难的加剧，上海人就利用石库门住宅的二楼层高较高及有斜屋顶的特点，在二层与屋顶之间加建阁楼，这种阁楼被称为三层阁。三层阁中间部分尚有约一人高，人在其中勉强能直立，而随着屋顶的坡度逐渐变低，则只能供人躺卧。为了增加三层阁的采光和通风，就在屋顶上开窗，英文屋顶为“Roof”，其音近沪语“老虎”，于是这种屋顶窗就被上海人称为“老虎窗”。当时，著名音乐家聂耳就住在这样的三层阁里，他每天练习小提琴时，不得不将上半身从天窗里探出来，悠扬的琴声飘荡在空中。

石库门的前世今生

第一次鸦片战争后，在西方列强的炮火中，近代中国被迫打开了大门，上海被辟为“通商口岸”，外国人被允许在此居住、经商。上海华洋杂处、五方杂居的城市形态由此开始。

在太平天国运动的战乱中，大量江浙富豪逃到了上海滩，产生了新的居住需求，而精明的英国商人给中国的富人们提供了一种门楣上有着石雕装饰的石库门房子，两扇黑色的木门中间有一个铜环，进门时用这个铜环敲门。

U 形的院落一楼还分出来正厅和厢房，符合中式的传统住宅审美和需求。中国人习惯中的柴扉院落，变成了天井。这种院子一般只有两层楼，女眷通常会住在二楼。

1864 年，天京陷落，战争结束了。江浙富绅们渐渐重返家园，他们留下了花园宅院、里弄。远在北京的李鸿章对上海作出的判断和盛宣怀、贝润生等如出一辙，他们敏锐地嗅到了商机，也把握了这次上海机遇，纷纷在租界内置业开发，成片开发旧式的石库门里弄。

这种弄堂一般狭窄拥塞，没有卫生设备，通常为 2~3 层的砖木结构，弄口有中国传统式牌楼。整座楼共用一个灶披间烧小菜，一家点煤球做饭，楼里的人都会被呛得咳嗽流眼泪。而后，连年不断的战争使上海的租界再次成了避难地，石库门里弄再次供不应求，让有眼光的房地产开放商大赚了一笔。代表建筑有南昌路的老渔阳里、小东门附近的郭仁里、河南中路的吉祥里、淮海东路的宝康里、浙江中路厦门路转角处的洪德里，以及祥康里、衍庆里、明月里、春平坊、同益里，等等，都是早期石库门的代表，现绝大多数已被拆除。

占地 1.33 公顷的兴仁里在宁波路、河南中路东北角，建于 1872 年，为英租界较早的石库门里弄之一。当年的宁波路是上海钱庄的大本营，集聚了各类金融行庄与商号。从沿街面到弄内，有安康、安裕、赓裕、春元等 11 家钱庄，大公、大康等 6 家银行，还有信托与保险公司、其他金融业机构达 19 家。

1910 年之后，老式石库门逐渐被新式石库门取代。外墙由原来的纸筋石灰墙面，改为用机制红砖或青砖砌筑、石灰勾缝的清水墙面，还引进了西方国家抽水马桶、洗浴间和大玻璃窗、大阳台等居住概念。弄堂和支弄马路加宽，以符合消防要求。1920 年出现的亚尔培坊是上海第一条新式里弄，30 年代前后，在银行资本推动下，新式里弄进入全盛期，分布在陕南村、上方花园、新康花园、威海别墅、江宁别墅等。愚园路 1376 弄的亨昌里，是先施、永安两大百货公司合资兴建的假 3 层住宅 25 幢，列 5 排，南通愚园路，北通长宁路，其过道上各建过街楼 1 间。煤卫齐全，为公司高级职员居所。

山阴路，与上海最浪漫的马路甜爱路相邻。这条马路宽不过 10 米，却集上海弄堂房子之大全——20 年代的石库门里弄、30 年代初的新式石库门、新式里弄、花园式里弄、公寓式里弄、花园洋房，都可以在这条短短的马路上看到。山阴路附近大大小小的里弄里，分布着许多名人故居，大陆新村 9 号就是鲁迅最终的居住地。

亭子间无疑是最具海派石库门风情的。亭子间通常设在底楼与二楼或二楼与三楼之间，把守着楼梯的拐弯处。一般为七八平方米的空间，朝北的室内低矮局促，狭小阴暗，冬寒夏热，下烤上晒。有的人家做了储藏室；有的是佣人住的；为了增加收益，还常被主人出租，因为租金最便宜，很受欢迎。

亭子间里出了不少有名气的作家。20 世纪二三十年代，不少进步的文艺界人士为了躲避内地的白色恐怖，纷纷到上海来寻找新的生活，许多著名文学家如鲁迅、蔡元培、郭沫若、茅盾、巴金、丁玲、丰子恺等都在亭子间里居住过，因其作品中涉及亭子间和石库门的生活，还派生出一种亭子间文学。1935 年，鲁迅居住在上海北四川路越界筑路区域，即“半租界”，他收集了 1934 年所作杂文，命名为《且介亭杂文》，“且介亭”意即“半租界的亭子间”，“且”为“租”的右半，“介”为“界” 的下半。郁达夫和王映霞租了赫德路嘉禾里前弄 1476 号的亭子间，以每月 8 元的租金，在这所新式里弄生活了 5 年多。而此前，他们也是相识于石库门。

如今门牌号为淮海中路 358 弄的尚贤坊是上海著名的石库门里弄代表，建造于 1921 年，有过街骑楼和黑漆大门，内有天井，弄内楼高两层，是典型的老式石库门，立面是西班牙巴洛克风格，西洋浮雕装饰。1927 年的一天，郁达夫拜访家住尚贤坊 40 号的老友孙百刚，在这里遇到了借住在孙家的王映霞。

王映霞从小接受了良好的教育，对新文学颇有见解，犀利的言谈，加上靓丽的容貌，让郁达夫一见钟情。当天，郁达夫不仅邀请孙百刚夫妇和王映霞一同在新雅饭店吃饭，还一起去卡尔登电影院看电影，然后又逛了南京路。当晚，郁达夫在日记里写道：“可爱的映霞，我在这里想她，不知她可能也在那里忆我？”

此后，郁达夫几乎每天都去尚贤坊，有时一天去几次。当时，从他居住的闸北宝山路三德里到尚贤坊路途遥远，相当于从市北到市中心。而且那个时候的郁达夫已经娶妻了，王映霞也已经有了婚约。但是郁达夫并没有放弃，那次分别之后，郁达夫近乎痴迷地不断给王映霞写情书，诉说自己的思念之情，在郁达夫猛烈而凌厉的攻势之下，王映霞推掉了婚约。

1928 年 4 月的西子湖畔，郁达夫和王映霞结为伉俪，柳亚子赠诗相贺，其中一句云“富春江上神仙侣”，传诵一时。在迷恋王映霞及后来婚后的一段时间内，郁达夫的文学创作进入了高峰。在《达夫全集》第一卷《寒灰集》的扉页上，郁达夫写道：“假使这样无聊的一本小集，也可以传之久远，那么让我的朋友映霞之名，也和它一道的传下吧。”

坐落在延安中路913弄的四明村，闹中取静，交通便利，百年来在上海人的眼中是雅静与高贵的。原来的福熙路613弄现已改为延安中路913弄。1927年1月，陆小曼和徐志摩回到上海，先是住在环龙路花园别墅11号，然后就搬进了四明村。边厢房为小曼父亲卧室。二楼亭子间是陆老太太房间。徐志摩和陆小曼住二楼厢房前间，垂着深红色的厚重窗帘。后小间作小曼吸烟室。志摩和小曼两人各以《爱眉小札》《媚轩琐记》和《小曼日记》等篇闻世。二楼是会客室，备烟榻，中间一张八仙桌是晚餐桌。三楼是徐志摩的书房，厚厚的地毯，考究的椅垫，墙上订着斑斓的蝴蝶标本，还有一幅俞珊主演的《沙乐美》剧照。1929年3月29日，泰戈尔第二次拜访徐志摩，不要住他们夫妻为他精心安排的小印度房，偏偏要住小两口垂着红帘古色古香的卧室，说那样才有异乡的风味。回国前，泰戈尔拿出一件自己穿的紫红色丝织印度长袍送给徐志摩作为留念。

从小娇生惯养的大小姐生活，让陆小曼养成了花钱大手大脚的习惯。每天的生活就是打牌、跳舞、开派对、包场看戏、赌博，以及抽大烟，完全不懂得家里的柴米油盐。她特别喜欢买衣服和包包，家里有10个镶金大衣箱，光裘皮大衣就挂满了一壁橱，有一件陆小曼非常喜欢的旗袍，上面镶满了红宝石和金丝线。郁达夫的妻子曾羡慕不已地说："陆小曼一次就买了5双名牌鞋子。"

而郁达夫则以"烧成一片"来评价徐志摩与陆小曼的结合："忠厚柔艳如小曼，热情诚挚若志摩，遇合到一道，自然要发放火花，烧成一片，哪里顾得到纲常伦教，哪里顾得到宗法家风。"当时徐家不看好他们的婚姻，与他们断绝了来往，也不给他们经济支持。徐志摩的收入一个月有500块多大洋，而当时普通人家一个月的开销是5块大洋，但这些钱仍然不够陆小曼挥霍。徐志摩不得不同时兼职5份工作，在光华大学、大厦大学等学校同时代课，还要当自由撰稿人。

1931年10月底，当小曼扔过来的烟枪砸中志摩的金丝眼镜时，诗人愤然从这里离开，搭邮政飞机去北平听林徽因演讲，从此再也没有回到上海的家。飞机失事，那年，他36岁。

彼时，穿街走巷的小贩很多，那时候除了可以订牛奶外，还有马奶现挤。一阵马铃声传来，一匹背上披着白布毯的母马，温顺地跟随着牵马人走进弄堂。有阿婆走出石库门一招呼，人和马就停下来为她挤奶。下午有焐酥豆、烤鱿鱼，晚上有小馄饨、糖粥挑子，四通八达的弄堂里深藏了流动的美食摊点。小食摊主、修鞋匠、理发师傅、算命先生也都来此营生。石库门弄堂口有"烟纸店"，售卖香烟、草纸、老酒和其他各种小百货。在漫长的岁月里，上海的老百姓在这里生息繁衍，小巷深处发生过多少悲欢离合的人间故事。

石库门生活是家的味道

一碗清粥的简单，却让人品尝到生活真正的味道，曾经为那个在水一方的女子的辗转反侧已成了回忆里的影片，时光静好，心静如莲，上海人连说话都是轻轻柔柔的，淑女笑起来露几颗牙齿都是在镜子前反复练习过的，怡然安静的石库门一转身就是一生一世。

而今，随着石库门的消逝，在古老梳妆台前抹着胭脂花粉的女子，娉婷着婀娜的身姿走进石库门的旗袍小姐已是春梦了无痕，私人博物馆更像是一本立体的人物传记，那些古旧的摆件，无声地讲述着年代的故事。

当游客们流连在这小小的空间里，听旧式唱机里传来的爵士音乐，观看在吞吐西方文明的过程中所形成的中西合璧的建筑风格，会感受到一种缠绵的氤氲气息，那是上海的独有气味。

住在石库门的上海人喜欢这样称呼，如“前楼阿姨”“亭子间嫂嫂”“东厢房爷叔”“二楼阿婆”等，透露出上海人对石库门生活的特殊情感。

石库门的邻里之情也让人难忘，平时哪家有事，大家会主动地互相关照，亲密无间。邻里大多客客气气，即使吵架斗嘴也是不记仇，今天吵过，如果明天下雨，还是不忘把邻居家晒的衣裳收进来，再叠好了送过去。

一到夏天，大家喜欢把烧好的饭菜端出来，在自家的石库门大门口放一张小桌子和几把小椅子，把弄堂当成天然的凉爽餐厅，在这里吃夜饭比闷热的屋子里要舒服得多。这也是弄堂里最热闹的时刻，每家的伙食互相比较着，每家的厨艺互相探讨着，也可以听到新闻或小道消息。小孩子最开心了，走东家跑西家，端着饭碗边吃边走进别人家，生活在这样的弄堂里始终会被一种浓浓的温情包围着。

狭长的弄堂里，很多人家种植着花草藤蔓，在砖瓦的各个角落里装扮着庭院的春夏秋冬。这里也是小孩子们的天堂。弄堂里的游戏比如跳皮筋、跳格子、捉迷藏、滚轮子、套圈子、抽陀螺等，带给孩子们难忘的欢乐时光。

石库门伴随上海步过漫长的光阴，守护着城市的灵魂。不紧不慢，素净淡然的石库门生活，在阳光里那只镶金边的印着玫瑰花的大咖啡杯上，在酒酿圆子里的一把金黄桂花上，在周璇的歌声漫溢的木地板的房间里。

石库门、黄包车、旗袍，形成了上海的符号，展现了海派文化的璀璨浮华。现代与传统在此冲突、碰撞，生发出一种无穷的活力。一座上海老房子，用它的真实记录向人们诉说着上海人的精神密码，镌刻下这座城市精致优雅的文化底蕴。

梧桐深处，双城之恋

枝叶繁茂的法国梧桐向上张开手掌，像要托举起一个梦。如果你喜欢梧桐深处的故事，来！

梧桐树下，酒吧门前多是摆放的桌椅，在浓荫下浅酌美酒，相当惬意。这里是上海。

梧桐树旁，是青砖的民国建筑，这些掩映在梧桐树下的老房子历久弥新，有穿透岁月的力量。这里是南京。

柔媚的上海像是时髦的现代女子，她有时候热情调皮，不灭的霓虹灯、喧嚣的人声、摩肩接踵的人流熙熙攘攘。她亦有深水静流的安宁，思南路，衡山路，静谧幽深的石库门、老洋房，沉静内敛的贵族气质流泻而出。

南京的气质始终是阳刚的，无论是钟灵毓秀的玄武湖还是大气磅礴的巍峨钟山，耿直、简单，谦谦君子，温润如玉。

他一袭青布长衫，立在烟雨里的长巷，撑一把油纸伞，向她走来，可是却不曾停留，与她擦肩而过。他的微笑定格在她的心。

山动，水动，还是她的心在动？

谁动了她的心呢？是那个江南的俊美少年。

于是，上海和南京，站成了两棵梧桐树。

相望于江湖，江南的水光潋滟，他已是她一生的水源，润她干涸的视线，柔她冷硬的心痂。

她温柔的外表下的倔强，她一意孤行的特立，她挥毫行草的快意，不需要旁人的认同理解，却只企盼他轻叹一声：卿卿，我叫你如此伤神。

梅子雨冷，落絮残莺，几度春花秋月，明知无望，却固守着仅存的坚持，将他守候成最美的风景。

以沧桑为饮，年华果腹，岁月做衣锦华服。山无言，水无语。

盼望着——

和他在一起，秉烛夜游，赏月下海棠；和他在一起，雪后携手，访香雪之梅；和他在一起，凭古思今，走青山绿水；和他在一起，笑谈文章，听杏花春雨。和他在一起，做什么都快乐。

娉婷鲜妍的四月天，落花深处，是谁的箫声？日月流转，一生虚度。何时才是他们永远的相守？

春风拂过，好似他的声音，于是，整个江南都醉了。喝了桃花酒，他的眼神温柔似水。月夜凉，那夜烛火和她一同相思成狂。

枕在他的肩头，听他轻声诉说。指尖滑过，他的眉眼，他的轮廓。那金陵的粉白的墙，黛色的瓦，宽敞的林荫大道，而烟雨朦朦中，那一树艳丽桃花就是偷偷来看他的她。

梧桐深处，这永远的双城之恋！

梧桐秋梦醉金陵

一城山色为君倾

中山陵

回忆曼妙

落花纷飞

有你，每个季节都是春天

爱与国

是你生命的终极意义

中山陵：南京市玄武区石像路 7 号

当岁月将血迹风干，沸腾的理想渐渐冷却，那些尸骨成山早已变成了一张张阵亡通知书。曾记得檀香山上的一纸盟约，意气风发，豪情壮志，振臂一呼，应者云集，终于有了震惊中外的广州起义、武昌起义，开启了民国时代的帷幕。山色是如此葱葱郁郁，绵长无边欲倾尽一生的风华，那些他曾爱过和曾爱过他的女子里，与庆龄十年的精诚同忧乐、笃爱共死生是他爱的归宿。十年很短，短到引人叹息。十年很长，长到恒久温馨。那些传奇和绝代风华，都已定格在历史里。春天，空气里弥漫着林木的清香。坡上青树翠蔓，山间鸟语花香，如果你来这里，整个山林都是你的。

1925 年 3 月 12 日，由宋庆龄陪同，应邀北上商议国事的孙中山在北京病逝。他在病染沉疴之时不忍年轻的妻子此后孤身一人，对围绕在病床前的同志交代国事、家事遗嘱。北风呼啸、雪花纷飞的那一天，在铁狮子胡同，她含泪扶着他颤抖的手在遗嘱上签上了他的名字。

备极哀荣的旷世大典

中山陵是中西建筑艺术完美融合的典范，被誉为“中国近代建筑史上的第一陵”。那纯白和湛蓝的对比，历久弥新，叫人过目不忘。它西邻明孝陵，东毗灵谷寺，位于南京城东紫金山东峰茅山的南麓，是伟大的民主革命先行者孙中山先生的陵墓。它坐北朝南，依山而筑，气势磅礴，雄伟壮观，从空中俯瞰，如同一座自由钟平卧在绿绒毯上。

整个墓区的平面形如大钟，由南往北沿中轴线逐渐升高，依次为广场、石坊、墓道、陵门、碑亭、祭堂、墓室。钟顶圆弧为山下半月形广场，而陵墓顶端墓室的穹隆顶，就像一颗溜圆的钟摆锤。

孙中山逝世后，其灵柩移往北京香山碧云寺暂厝。葬事筹备处共收到应征的陵墓图纸 40 余份，获首奖的是吕彦直设计的警钟形图案。按照最初的设想，中山陵应在奠基后一年内完工，于孙中山逝世两周年之际安葬遗体。但由于工程的艰难程度远远超出当初所料，再加受战乱影响，中山陵工程进展缓慢。从 1926 年 1 月开工，到 1932 年全部竣工，前后用了 6 年时间。为举行奉安大典，又特地修筑了一条“迎榇大道”，这条大道自长江南岸的下关码头直达中山陵，全长 15 公里，道路两旁栽种了上海法租界工部局赠送的 1 500 株法国梧桐。

流亡海外的宋庆龄取道苏联，经满洲里归国，于 1929 年 5 月 18 日晚抵达北平。下车后，宋庆龄不接见任何人，由孙科夫人陈淑英陪同，从站台直接乘车至西山碧云寺。

到达孙中山灵前时，宋庆龄哽咽着用手指着棺椁，卫士明白她的意思，连忙轻轻揭开覆盖在棺椁上的国旗，透过玻璃棺盖，宋庆龄再一次看到了丈夫的面容，禁不住放声痛哭，抚棺连呼：“总理，我在此地，你到哪里去了？”在场的人无不落泪。

5 月 26 日上午，停放在碧云寺的孙中山先生遗体由专列运来南京。孙中山灵榇南下一共动用了 9 组专列，其中的第六列为灵榇专用的列车，直至 28 日上午 10 时，方才抵达浦口。

码头上搭着一座巨大的素彩牌楼，灵榇被抬上覆以党旗、国旗及鲜花的汽车。迎榇人员一律上着蓝袍、黑褂、白帽，下登黑履、黑袜，灵车司机也穿着白边蓝色制服，臂戴黑徽。灵榇随后被转上威胜号军舰渡江，停灵于国民党中央党部礼堂。5 月 29 日、5 月 30 日、5 月 31 日进行了 3 天的公祭活动。

6月1日清晨，送灵队伍出城向中山陵进发。玉簪螺髻肤光如雪的宋庆龄该是怀着怎样的哀愁，从北京一路扶灵南下，将孙中山的灵柩送往那青青的山脉之巅。栀子花的香味阵阵袭来，中山门就在前方，出了城，就离国父安息的地点越来越近了。

新寡的国母穿着玄色的素服，神情坚毅，洗尽凡尘也美到极致。她从国外赶回来，来赴他和她最后的约会。载着灵柩的灵车车轮碾过这条刚刚修好的柏油马路，仿佛碾碎了她的心。君生我未生，我生君已老。她多想可以早生几年，与他同战斗共进退，共赏人间春色。

她望着车窗外的梧桐苗，似乎看到了若干年后的欣欣向荣。梧桐树又化成了东方岛国的那片樱海，灵柩中躺着的男子，曾轻轻执起她的手，故友之女，却是他心头的最爱。他亦是她的光明和温暖。他们彼此许诺，精诚同忧乐，笃爱共死生，为拯救四万万同胞的梦想奋斗一生。

孙中山在宋家第一次见到庆龄，她只是个一岁多的女婴，他抱起她，亲吻她的可爱面颊，谁会预料到21年后，这个已经亭亭玉立的少女不顾父母亲的强烈反对，奔赴日本嫁给长她27岁的革命之父呢。

宋庆龄的父亲宋嘉树是孙中山革命事业的坚定支持者，自从认识孙博士的那天起，他就散尽家财支持他闹革命。儿时的庆龄常听父亲讲起孙中山的英雄事迹，十分钦佩他为国为民的理想与革命精神。二次革命失败后，孙中山流亡日本，宋嘉树也在日本筹集革命经费，并安排大女儿宋霭龄担任孙中山的秘书。

1913年8月，宋庆龄从美国威斯理女子学院毕业后，抵达日本与父母会合，并于9月16日随同宋霭龄第一次拜访孙中山，庆龄就像荷塘里一朵盛开的荷花，纯净美丽，又像一道雨后彩虹，绚烂灵妙。他们彼此深深地被对方吸引了。

之后，两人的见面愈加频繁，开始是姐妹俩一起去，后来，二人单独会面的次数越来越多，10个月里多达52次。

1914年9月，宋霭龄因在横滨与孔祥熙结婚，宋庆龄正式接替她担任孙中山的英文秘书。在工作中，孙中山对她非常信赖，让她保管通讯密电码，还让她承担对外联络工作。孙中山忘我为革命工作的精神，深深感染了宋庆龄。

得悉庆龄在学习中文，孙中山赠她一些中国文学方面的书籍和有关当代政治方面的英文书。他还非常关心庆龄的学习和活动，赞扬她的工作表现，庆龄不知不觉渐渐地坠入了情网。庆龄当时给正在美国读书的妹妹宋美龄写信道："我从没有这样快活过。我想，这类事就是我从小姑娘的时候起就想做的。我真的接近了革命运动的中心。"

在革命处于低潮之际，在孙中山身临逆境的时候，宋庆龄带着蓬勃的朝气来到他的身旁，给他以莫大的慰藉和支持。她对革命的赤诚热烈之心，如同闪烁的星星照亮了孙中山先生灰暗的心情。

闲暇时间，两人相处得十分融洽，孙中山喜欢静静地听庆龄弹琴唱歌。他也经常痴痴地看着庆龄读书时的侧影，当她全神贯注看书时，她安静恬淡的面容就像一朵空谷的幽兰，美得不可方物，既高贵脱俗又幽香柔软。

随着交往的加深，两人的爱慕之心愈来愈强烈，可是，他也忧心两人之间巨大的年龄差距。"先生，你看上去闷闷不乐呢？怎么了，谁欺负你了？"庆龄问道。"庆龄，我怕失去你。你这么年轻，这么美好，而我已经垂垂老矣，配不上你了。"孙中山诚恳地说道。望着他忧郁的眼神，庆龄的心中有些不忍，她安慰他道，"我的婚姻我要自己做主，我选的男人是最好的。"

孙中山一边接过庆龄递过来的一杯咖啡，一边微笑着说道，"你这个小精灵呀，还真会哄人呢，这是你的终生大事，你爸爸又是我的好朋友，你回国去征求一下他们的意见，我估计你父母是不会肯的。""先生，革命是不问年龄的，爱情也一样。"庆龄的话语中透露出坚定的语气。这个推翻了几千年帝制的英雄就是自己要嫁的男人，这是多么让人激动的事情啊，她想起1911年在美国读书的时候，姐妹俩看到美国的报纸刊登了辛亥革命成功的消息后，欢呼雀跃，把清朝的龙旗一把扯了下来，狠狠地踩在了脚下。

1915 年 6 月，宋庆龄回国探亲，临行前两人难舍难分。宋庆龄走后，孙中山对其愈加思念，他对梅屋庄吉的夫人说，“我忘不了庆龄，遇到她以后，我感到有生以来第一次遇到爱，知道了恋爱的苦乐……如果能与庆龄结婚，即使第二天死去也不后悔。”

宋庆龄向父母坦白，表示非孙中山不嫁。母亲倪桂珍含泪劝说宋庆龄放弃，毕竟两人年龄相差太大，孙中山的儿子孙科比宋庆龄还大两岁。看到自己最心爱的二女儿竟然如此糊涂，宋嘉树气得饭都吃不下，虽然他一直视孙中山作领袖，但绝不会让他抢走自己的女儿，这事没有商量的余地。面对家人的反对，宋庆龄不为所动，坚定要嫁，父母无奈之下只能把她软禁在家严加看管。庆龄在女佣的帮助下，从窗户爬出来，还划伤了左腿，找到了孙中山派来接应她的人，奔赴日本。1915 年 10 月 25 日，两人在日本举行了婚礼，当时孙中山 49 岁，而宋庆龄才 22 岁。

灵车缓缓开过，庆龄泪眼朦胧，沿途送殡的民众不计其数，纷纷在道路两旁脱帽肃立敬礼。中山大道沿途，到处是各单位及民众自己搭起来的松柏牌楼、青白布牌楼，共计 51 座，十字路口大转盘处，则扎起了挽联塔和花山。

奉安大典带走了一个时代

紫金山风景秀丽，是历代许多名人的墓地。1912 年 3 月 31 日，孙中山辞去了中华民国临时大总统职务，翌日一早，便约了胡汉民等人骑马去紫金山打猎。当攀登至紫金山的中部南坡时，他向远处眺望，山川壮丽，林海苍茫，流绿滴翠。他看中了这块风水宝地，就对同行人说，待我他日辞世，愿向国民乞求一抔土，以安躯壳尔。

庆幸的是，中山先生如愿以偿。1929 年 6 月 1 日上午 9 时 15 分，

灵榇抵达紫金山麓中山陵入口的半月形广场。从中山先生手书的“博爱”二字牌坊进去，墓道两侧青松苍翠葱郁，龙柏莽莽苍苍，墓道尽头才是陵园的正门，进入“天下为公”的拱形大门，再进去是碑亭，碑的正面刻有 “中国国民党葬总理孙先生于此，中华民国十八年六月一日”。

绕过碑亭，恢弘壮观的中山陵石阶展现在眼前，从下面往上看，石级连续不断，就好像一条长长的云梯伸向蓝天，9 时 45 分起杠，步石级而上。40 名乐师奏哀乐前导，宋庆龄率领众亲属等女眷在布幔内步行送殡，执绋人员在两侧恭扶前进。庆龄紧抿着嘴角，悲戚的神情让人怜惜。

石阶共有 392 级，8 个平台，代表着中国的三亿九千两百万同胞，也刚好等于孙中山建国大纲整篇的标点符号，喻示着每一步台阶都是一个革命进程的鼓点。每隔49级设立一个大平台，全部用苏州金山花岗岩砌成。平台共8个，八是三加五之和，三是三民主义，五是立法、行政、司法、考试、监察五权宪法。

一级一级地攀登上去，登到最高处，回首向下望，反而看不见石级，全是平台。眺望远方，白鸽纷飞，清风徐来，林间碧浪奔腾，怡人心魄，天地浩气油然荡于心胸。

那一年，你风华正茂，挥斥方遒，我正年幼，把你当作我的英雄。那一年，我双十年华，你成熟稳重，我遇到了你，爱上了你，嫁给了你。这里是先生的归宿，但他们的爱不会终结，而且他们还拥有十年满满的回忆，这又何尝不是一种欣慰？这样想着，庆龄用手帕擦干了眼角的泪痕。

婚后，宋庆龄日夜在孙中山身边协助工作，无微不至地照顾他。1915年11月，宋庆龄在给美国同窗的信中写道："我的丈夫在各方面都很渊博，我们更像老师和学生，我对他的感情就像一个忠实的学生。"1918年，孙中山在写给远在英国的恩师康德黎的书信中，高兴地称："我现在过着一种前所未有的新的生活：一种真正的家庭生活，一位伴侣兼助手。"

在与孙中山并肩走过的十年中，失败多于胜利，但不论在任何艰危的情况下，庆龄都追随在丈夫的左右，抚慰他的伤痛，分担他的压力。她淡定自若，掩护他从广州叛乱的炮火中安然脱险。

在陈炯明叛军企图炮轰大元帅府及住所的危急关头，孙中山请妻子先行撤离，而她却对孙中山说，“中国可以没有我，不可以没有你”，坚持让孙中山先安全撤离。后来，他们几经危难，死里逃生，次日于永丰舰会合。那一次，在逃亡的路上，庆龄失去了腹中的孩子，并且失去了做母亲的机会。

山顶平台的身后就是中山祭堂，祭堂正面有三个拱门，中门大，两侧略小，都为镂空花格紫铜门。门楣上方从东到西分别刻有“民族”“民权”“民生”六个字，中门的上下檐之间是孙中山手书的“天地正气”。

祭堂是仿木结构的石造宫殿式建筑，屋面为重檐歇山顶覆蓝色琉璃瓦。堂内有 12 根石柱。祭堂顶部用马赛克磁片镶嵌成国民党青天白日的党徽图案，四壁下半部嵌黑色大理石，东西两侧镌刻孙中山手书《建国大纲》全文。

祭堂后壁正中是墓门，与墓室相通。黑色大理石门框上有中山先生手书“浩气长存”横额，门上镌有“孙中山先生之墓”字刻，进去就是圆形墓室。墓室的中央，是一个圆形的大理石石圹，直径 4.3 米，深 1.6 米，底部用白色瓷片铺地。四周围着一圈精致的白色大理石栏杆，墓圹正中是一具用汉白玉雕刻的孙中山卧像，是捷克雕刻家高崎的作品。卧像下面，孙中山先生长眠于五米深处密封的灵柩里。

在公祭典礼完毕后，孔祥熙率领杠夫将灵榇移入墓室，将灵榇奉安于圹内。12 时整，狮子山炮台响起 101 响礼炮，全国民众停止工作，默哀 3 分钟。在祭堂内的人员依次进墓门瞻仰。然后回到祭堂，再行鞠躬礼，奏哀乐。最后，由宋庆龄率领孙科夫妇等将墓门关闭，备极隆重的奉安大典告成。

从北平到南京的奉安过程中，曾有 6 次大规模的鸣炮。第一次是 5 月 26 日零点整，从孙中山灵榇自碧云寺起灵时开始鸣炮 101 响。之后，在 26 日下午灵榇抵达前门东车站、28 日上午灵车抵达浦口车站、威胜舰载灵榇过江，以及 6 月 1 日正式奉安日凌晨灵榇自中央党部移上汽车的时候，均鸣炮 101 响。最重要也是最后一次鸣炮，就是孙中山灵榇入墓安放，即奉安的时刻。

永久与你相陪伴

自奉安大典之后，收到各界人士的巨额捐款，用于建造中山陵区各建筑群，陆续建造了音乐台、光华亭、流徽榭、仰止亭、藏经楼、行健亭、永丰社、永慕庐、中山书院等，这些建筑众星捧月般环绕在陵墓周围，构成中山陵景区的主要景观。

中山陵山脚下南面的音乐台，巧妙利用草坪的自然起伏，设计成由高到低的半圆形草坪，放射形直道与半圆形圈道使之分割成 12 块小扇形草坪，可容纳 3 000 余名观众。紧靠乐坛正前方有一汪月牙形莲花池，池底有伏泉，可以增强乐坛的音响效果。草坪外缘是回廊，紫藤缠绕，花香怡人。草坪上满是雪白的和平鸽，它们时而扑棱着翅膀，在空中飞翔着，时而在地上优闲地来回踱步。

孙中山特别喜欢和平鸽，爱屋及乌的宋庆龄，因此也喜欢上了和平鸽。他们夫妻在上海香山路寓所养了很多和平鸽，庆龄空闲时间经常端着一个小笸箩，用面包屑和绿豆掺和自做的鸽食，亲自给鸽子喂食。她还会学着鸽子的叫声去呼唤它们，听见主人的呼唤，鸽子们就飞回巢来了。

孙中山对和平鸽情有独钟，是因为此鸽寄托了他对和平的追求，而他临终前留下的那句“和平，奋斗，救中国”，更深深激荡在国人的内心。1924年底，宋庆龄随孙中山应冯玉祥之邀，正是为了和平统一全国而冒险北上的。鸽群从音乐台腾空而起，排列着在空中划过美丽的弧线，从它们的眼睛俯首看下去，中山陵入口的半月形和音乐台的半月形好似热恋中男女靠近的额头，那不正是孙中山和宋庆龄不朽的绝世爱恋吗？孙中山永远留在了巍巍紫金山，可是他不孤独，有她无言的守护，还有青鸟殷勤为探看的白鸽传递着爱人深情的相思，鸽哨嘹亮，仿佛在说，永远与你相依偎，就像曾经那样，有你在，我什么都不怕。

辛亥革命结束了两千多年的封建统治，开创了亚洲第一个共和体制，写下了人类社会民主主义的新篇章。时光飞逝，历经百年，孙中山所期待的欣欣向荣的强盛中国正在一片春风里迈步向前。如今，当初中山大道两旁栽种的法国梧桐树苗早已长成了参天大树，每到夏天，浓荫蔽日，连成著名的绿色长廊。

在溢满清香的早晨，庄严肃穆的中山陵隐藏于林海薄雾之中，那个清香婉约的女子，在花雪中慢慢隐去，音乐台上鸽子的身影，却在心头浮现。

金陵制造局

百年一觉强国梦

金陵机器制造局旧址

半生鲜衣怒马

半生苦心孤诣

金陵机器制造局旧址：南京市秦淮区正学路 1 号

有一个梦想，长剑如虹，诱惑着无数英雄豪杰竞折腰，那是中国的军事强国梦。1865 年，时任两江总督的李鸿章选中了中华门外的这片土地，支起奋斗的锅炉，试图锻造中华民族的利器。它开创了我国从冷兵器到热兵器发展的先河，是中国近代手工业向机器制造业过渡的转折点。从此，洋务运动的号角声、辛亥革命的枪声、抗日战争的烽火，都与这里——金陵机器制造局息息相关。多少热血洒过华夏大地的秀丽山川？多少风起云涌的往事被这里生产的兵器见证过？如今，萧瑟站立着的空旷骨架还散发着热气，眼眶里分明还充满了诡谲的云波和咆哮的山河。遥远的清香轻盈地盘桓在1865园区里，那么远，又那么近。

金陵机器制造局与同年创办的上海江南机器制造总局、1866年创办的福州船政局以及1867年创办的天津机器制造局齐名，是我国19世纪60年代洋务运动期间创办的四大兵工企业之一，成为中国民族工业的开端。

秦淮河从北侧轻轻地流过，中华门城堡静卧北岸。

炮火纷飞中的教训

历经岁月磨砺，今天我们踏入金陵机器制造局旧址，晨光1865创意产业园，处处都是历史的印记，那些地面上机器被搬走的痕迹，墙面上尚未拆除的电线……顺着墙面斑驳的老厂房看过去，一个多世纪前那个军事强国梦似乎离我们越来越近。就是在这里，在洋务运动的号角声中，在各种机器的轰鸣声中，中国最先进的军工设备和满怀报国热情的军事人才聚集一堂，从这里输送出去的枪炮，在中法战争、中日甲午战争等近代重大战争中发挥了重要作用，并被寄予了中国自立自强的希望。

1861年，清末太平天国定都南京后，忠王李秀成将矛头指向上海。在沪上士绅惊恐万分之际，坐镇安庆的曾国藩派得意门生李鸿章率

淮军驰援上海。6 500 名淮军，坐乘当时世界上最为先进的水上交通工具——七艘洋轮，兵分三次从安庆而下，不费一枪一弹，竟然穿越太平天国严密的防区，顺利抵达上海。这些临时招募来的淮军穿着芒鞋破衣，手拿大刀长矛，让见惯了西式武器的上海各界心里一凉，特别是洋人，更是公开嘲笑说李鸿章的淮军是花子兵。

身高一米八的李鸿章这时也得到一个“云中鹤”的绰号。这不仅仅指他的身材高大挺拔，还在于他有异于常人的思想。他凛凛之威的面容下，有一颗杀伐决断的心，能够从细微之中审时度势，一跃而起，给对手致命一击。他的老师曾国藩教会他，要想成为人上人，前瞻性加魄力加执行力加苦干都是缺一不可的。他隐约感觉到，这是他人生不可多得的崭露头角的机会，只能成功，不能失败。他也清楚地知道，自己临时拼装的军队劣势明显，但战局上形势瞬息万变，没有什么是不可能的。他不信，自己没有好运。

1862 年 6 月 17 日，李秀成率太平军五六万人逼近上海，猛攻虹桥淮军兵营。到上海两个月了，淮军还没像模像样地打过一仗，针对太平军远来奔袭、劳军疲乏的弱点，李鸿章亲率各营淮军分成六队，在排炮的掩护下主动迎敌，迅速出击。太平军人数超过淮军近十倍，时间一长，淮军力渐难支。数千洋兵只在旁观战，迟迟不肯加入战阵。

成败胜负，在此一搏，李鸿章玩命似地跃马冲出战阵，向敌人冲去，让士气大振。两军相逢勇者胜，虹桥首战取得了大捷。在一年多的时间里，淮军大举西进，所向披靡，连克青浦、嘉定、常熟、太仓、昆山、江阴等城。

李鸿章在淮军中首先更新武器装备，换成欧洲洋枪，使得淮军的战斗力迅速上升。然后，他又在亲兵营中增设两百名炮兵，组建了中国近代第一支炮兵部队，至苏常战事结束之时，淮军炮队已有六个营之多。1862 年，他被委任江苏巡抚，三年后又署两江总督，镇压捻军。淮军逐渐成为清政府倚重的雄师劲旅，独领风骚 40 年。

年轻时曾写下“丈夫只手把吴钩，意气高于百尺楼”的李鸿章，深知在洋人的坚船利炮前，吴钩式的冷兵器是多么不堪一击，而淮军的崛起倚仗的是现代化的兵器。因此，他决定，一定要大干一场。

筚路蓝缕开创中国军工基地

时光飞逝，100 多年后，晨光 1865 创意产业园出现在中华门旁，就建立在金陵机器制造局的旧址上。园区分为时尚生活休闲、科技创意研发、工艺美术创作、酒店商务、科技创意博览 5 个功能区，成为时尚企业新的创业基地。绿林掩映的马家山静卧在园区的中央，有 9 幢清代建筑、19 幢民国建筑，如同一座近代中国工业博物馆，彰显着丰厚的历史沧桑感。

清代建筑大约分为三组。第一组为机器正厂、右厂、左厂，分别建于同治五年（1866 年）、十二年（1873 年）和光绪四年（1878 年）。第二组为光绪七年（1881 年）所建炎铜厂和卷铜厂。第三组为光绪十二年（1886 年）所建木厂和十三年（1887 年）所建机器大厂。这些厂房具有西洋风格，人字形屋顶，三角析架，门窗上部为拱形青砖清水墙。历经岁月的风霜，这些老建筑坚固宽敞，亲眼见证了中国民族工业发展的历史轨迹。

1865 年，这是波谲云诡的一年，众多有志之士寻求着救国良方。5 月，李鸿章踏上了南京的土地，在中华门外扫帚巷东首西天寺的废墟上兴建厂房，开办金陵机器制造局，简称宁局，制造开花炮弹、抬枪和铜帽等产品。投产时，有员工兵夫约 400 人。

不久，李鸿章将苏州西洋炮局迁到这里，一个全新的金陵机器制造局拔地而起。刘佐禹为总办，英国人马格里为督办。马格里是作为军医随英国侵略军来华的，后来他加入了淮军。他曾怂恿李鸿章花四千九百四十四两白银买下阿思本舰队上一套制造维修军火的机器设备，这是中国企业第一次引进西方技术和设备并具备了机械化生产能力，成本大为降低。

1869 年，金陵机器制造局已能制造多种口径前膛炮、炮弹以及炮车和枪弹。被称为“东方的俾斯麦”的李鸿章，自 1870 年接替曾国藩就任直隶总督兼北洋大臣，开始逐步掌管清廷政治、军事、经济、外交大权，兴办洋务是他的重中之重，当然，他个人也从中得到了相应的股份，回报相当丰厚。

1881 年，金陵机器制造局首先成功仿制出加特林机关炮，又称十门连珠格林炮。这原本是美国著名机械师加特林于 1861 年设计的，是第一支实用化机枪，一个熟练射手可在一分钟里打出 400 发子弹，这在当时简直是个奇迹。1884 年，该局又仿制成美国诺登飞多管排列机枪，也称四门神机连珠炮。被成功仿制的还有马克沁机关枪。作为世界上第一种现代意义上的机枪，它真正达到了“一扣扳机，子弹喷涌”的战术效果。

1884 年，中法战争爆发，购买国内外军火十分困难，金陵机器制造局日夜赶造枪炮弹药，除了供应南洋、北洋各防营使用外，还接受各省防营订货。工匠们加工趱造，炉火通红，昼夜不息，连锅炉都烧坏了几个，各式武器从秦淮河运出，直接送往西南前线。

手握金陵机器制造局生产的先进兵器，清军拼下一场胜仗。虽然海上战役失利，但是在陆上的战役中，镇南关守将冯子材和前线淮军将领王孝祺面对打到广西境内的法军，毫不气馁，率领三万清军将法军两千余人的先锋部队在镇南关包围，歼敌 300 人，一举收复广西全境。“镇南关大捷”震惊中外，导致法国总理被迫辞职。

这是中国近代唯一一次与列强打胜的战斗，然而，依然避免不了签订不平等条约的命运。为了遏制法国不想善罢甘休的气焰，李鸿章又一次代表软弱无能的清政府签订了丧权辱国的《中法新约》。

作为朝廷的代理人，他不得不去，他心如明镜，一个腐朽的王朝无法因为他一点改革的力量就焕然一新，可是，没有人比他更心痛，他左手拿着自己亲手制造的武器，右手却拿着签订卖国条约的笔。

中法战争后，新任两江总督曾国荃奏准扩充金陵机器制造局，增添了价值约十万两银子的新设备。也是这一年，金陵机器制造局建立东子弹厂，采用无烟药装弹，这是制造技术上的一大进步。此时，员工发展到 1 200 多人，比初创时增加近两倍。

1888 年，金陵机器制造局成功仿制出马克沁单管机枪，这也是中国制成的第一代重机枪。此后中国军队只用 10 年时间就普及了这款大规模杀伤性武器。不过，这些辉煌在外国人眼中显得不值一提。英国下议院议员贝思福 1899 年对金陵机器制造局考察后表示看着这些无用的器械，令人心碎。

作为一种步兵支援火力，后膛抬枪被北洋陆军大批装备，在中日甲午战争中发挥了关键作用。后膛抬枪是一种重型鸟枪，发射时须两人操纵。1894 年 12 月 30 日，时任四品京堂的盛宣怀致电两江总督张之洞："此次打仗，惟抬枪制胜。乞速饬局多多赶造。每日夜能造几杆？每杆需合价若干？"局中工匠唐坤明设计制造出一种威力较大的新式快炮，送大沽炮台和沿海地区使用，杀伤力很强，在甲午战争中发挥了作用，被称作"金陵巧匠"。

甲午战争结束后，李鸿章得到统计数据：以清军大败告终的平壤战役，清军丢弃大炮 48 尊、步枪 10 000 余支；鸭绿江防之战，丢失大炮 78 尊、枪 4 400 支；大连湾、旅顺口失陷，日军缴获大炮

270 多尊、枪 600 支。以上数处清军遗弃的炮弹达数百万发，子弹达 4 000 万发以上。这些都是金陵机器制造局的心血啊！而在甲午战争全过程中，日军仅仅消耗子弹 124.18 万发、炮弹 34 090 发。两相比较，这数字实在令人心生怒火。

李鸿章一直教育金陵机器制造局的员工，一定要有强烈的使命感，那就是为岌岌可危的清国撑起一片天空。赴汤蹈火，在所不辞。自从当上两江总督之后，他基本放弃了自己吟诗作画的爱好，他要把所有的精力用来干实事，实业救国，如果，他还能挽大厦于将倾。中国并不富有，一年一年割地赔款早就掏空了国库，好不容易挤出来的钱制造军火，却给这些败家子随意丢弃，怎不令人伤心欲绝？

编织强国梦的地方

中华门外这 20 多万平方米的地块始终是民族军工重地，是一代又一代实业家编织强国梦的地方。李鸿章怀着强国梦，引进国外先进技术和设备，开始了近代工业发展的先河。金陵机器制造局经历了从金陵兵工厂到华东军械总厂，到南京晨光机械厂，到晨光集团的演变，成为中国军事工业和兵器工业的摇篮。

民国以来，金陵机器制造局名义上属中央陆军军械司管辖，实则为江苏各届都督所控制，1928 年改为上海兵工厂金陵分厂，一年后南京国民政府又将金陵分厂独立建制，直属军政部，称金陵兵工厂。抗战时期，金陵兵工厂迁往重庆，改称军政部兵工署第 21 兵工厂，是中国战时规模最大的兵工厂。原址被日军占领。抗战胜利后，金陵兵工厂回迁南京，1946 年 9 月改称六〇兵工厂。

亲身触摸 1865 园区的一草一木，仿佛触及时代曾经的脉搏跳动，那么让人血脉偾张，誓血前耻！这里是战场的大后方，是弹药的供给线，男儿唯愿报国恩，何必马革裹尸还，拿什么报国？如果没有武器、弹药！

在工厂内，还有一种带“气楼”的厂房颇具特色，这种被称为戴帽式的厂房共有两排，是原来生产机关枪的机枪装配线。两排平房之间的通道，建有数个用于防雨水的连廊，即使是大雨倾盆，零件转运也能安然无恙。1914 年金陵机器制造局成功仿制德国的马克沁重机枪，并取名“华宁”。在抗日战争期间，装备马克沁机枪的中国军队成为日军最头疼的对手。今天，马克沁机枪依然是中国军事博物馆里的镇馆之宝。

值得一看的是建于 1935 年的七座二层西式厂房楼群，这组楼群平均高约 16 米，向南呈凹形分布，架空的过街楼，把整个楼群串联在一起。它还与依山丘而筑的马路相连，这样，机动车辆可直接进入二楼，有的厂房内还开有用于垂直运输的方口，装有吊斗的简单机械。

还有建于 1936 年的多跨连续厂房，洋瓦屋面，房顶上设有锯齿形天窗，天窗面北而开，房顶锯齿外低点处有东西走向的白铁明沟，用于雨水和雪水的排放，避免了阳光直接照射，使厂房内光线柔和，利于工人从事机械加工劳动。锯齿形厂房的内部总高度为 8.68 米，水泥地墙，内部采用工字钢支柱的钢架结构，支柱内槽置有涡杆，与开启天窗的涡轮相连。开天窗时，只要转动涡杆下端的旋转手柄，就可带动涡轮涡杆系统工作，离地五米多高的天窗就这样打开了。

1865园中的一个角落里有李鸿章的铜像，他身着朝服，带着朝珠，一如既往忧郁坚定的眼神，踌躇满志的神情。那时，每天，他都忙碌在厂里，就像那些不曾歇息的机器一样高速运转，这一生，唯有在这里，他是喜悦的，发自内心的使命感牵引着他，向上，向前。看着一车一车的弹药从厂房里运出来，他的心那么地踏实。值得欣慰的是，在这里生产的武器弹药，总可以稍稍抵挡列强对于苦难中国的欺凌。

他喜欢在这个厂里奔忙，他觉得那汗水是甜的，一滴一滴滋润着他在外交舞台上被蹂躏得空洞枯槁的心田。

灵台无计逃神矢，风雨如磐暗故园。在那样一个风雨飘摇的年代，他代表庞大虚弱的大清王朝签订了30多个条约，绝大多数是不平等条约。签订丧权辱国的《马关条约》时，李鸿章被日本人打了一枪，脸颊中弹，讨价还价中，他用自己的鲜血为大清省下白银一亿两。李鸿章的晚年，不怒自威，慈祥沉稳之际，有着难以遮掩的无奈和凄楚。纵然他务实圆滑，手段高明，也不过只能做一个晚清破屋的“裱糊匠”。惟“求仁得仁”四个字，可以让人释然，明知已是，沧海横绝。

八国联军攻入北京后，李鸿章拖着病体，指挥着下属和洋人们谈判，终于把赔款从十亿两降低到了四亿五千万两白银，也就是所有中国人人均一两，他何尝不明白这是一种侮辱。1901年9月7日，李鸿章出面签署《辛丑条约》，这次他写下了一个“肃”字，他是想以自己在朝廷受封的身份肃毅伯来签署这个条款。在生命的烛光即将熄灭的时刻，他终于明白，在列强环伺、弱肉强食的情势下，他虽然一生倾力创办洋务运动，但由于清王朝并未像日本那样变革国家制度，因此，这个老大帝国并不能走上富国强兵的道路。他留下最后一个折子，苦劝慈禧和光绪能“举行新政，力图自强”，带着两行清泪，他遗憾地离开了人世。

作为历经道、咸、同、光四代的元老重臣，李鸿章在政治舞台上纵横捭阖整整 40 年，马上封侯，马下晋升，在清朝统治下达到了汉人官员能够达到的巅峰。他和曾国藩、左宗棠、张之洞被合称为“晚清中兴四大名臣”，除了金陵机器制造局，他还先后创办了江南机器制造总局、轮船招商局、开平煤矿、漠河金矿、天津电报局、津榆铁路、上海机器织布局，他建立了中国第一支西式海军北洋水师，还建立同文馆，选派留学生出洋。其一生的活动可以看作晚清历史的一个缩影。权倾一时，谤满天下。这是天下人对他的评价。功过是非，已如烟云，飘荡消散。

他留给南京的，不仅仅是百年富国强军的历史，还有最早的工业基础以及整个中国都不多见的完整军工业的遗址。更有意义的是，金陵机器制造局所承载的中国人自强不息的精神一直薪火相传，绵延不绝。

江宁织造博物馆

盛世荣华云锦灿

江宁织造博物馆

不仅不离不弃

恩宠更远还深

江宁织造博物馆：南京市玄武区长江路 123 号

江南好，机杼夺天工。孔雀妆花云锦烂，冰蚕吐凤雾绡空，新样小团龙。这是清代诗人吴梅村描述南京云锦的一首诗。康乾盛世，不仅是清朝的顶峰，也是云锦的盛世，江宁织造府造就了云锦工艺的巅峰。曹家四代担任江宁织造一职长达 60 余年，江宁织造府更因南巡接驾成为行宫而声名显赫。康熙 6 次南巡 5 次驻跸于此，乾隆南巡在这里住了 6 次。1711 年，文学巨匠曹雪芹就诞生在这个如今叫作大行宫的地方，一部传世《红楼梦》，美艳如烟雨江南中的杏花摇曳，徐徐展开一幅清王朝的兴盛画卷，读它千遍回味无穷。而这座豪门府邸，恰如一块染了颜色的绢纱，曾经轻舞飞扬，在狂风暴雨中坠落在地，又深埋地下，终于在某天重见天日。

江宁织造博物馆坐落在南京市文化一条街长江路上，地铁二号线大行宫站出口处。苏式园林的亭台楼阁，假山瀑布错落有致，满眼清幽，假山上矗立着一座八角亭，金色的大圆顶上一只凤凰仰天眺望，这个仿造的楝亭不仅比当年的奢华许多，而且升置于博物馆的最高处。为了把织府中的真实景点楝亭、宣瑞堂、西堂、西池、西轩、鹊玉亭、鹊玉轩等尽收其中，亭台楼阁都比苏州园林中的小了约 1/2， 宛若一座座盆景。从南到北，渐渐高起，颇合中国山水画中深远、高远、平远之意境。

1984 年，南京大行宫小学的东南角地下发现了完整的假山和太湖石，还出土了一些色织染料以及有“大清雍正年制”字样的残瓷碗底。专家论证，这里就是江宁织造府遗址。现在的博物馆面积仅为过去的 1/4 大小。

其遗址即今南京大行宫，东起利济巷，南监吉祥街，西至碑亭巷，北对长江路两江总督署旧址。它分为衙署和织局两部分，前为织造官员办公场所和住所，后为官办的织造工场。康熙帝 6 次南巡江南，有 5 次驻跸江宁织造府，其中 4 次都是由曹寅接驾的。乾隆十六年

（1751 年），江宁织造府改为皇帝的行宫，因此，留下了一个地名叫作“大行宫”。

室外是园林，室内是馆藏，江宁织造馆，云锦博物馆，红楼梦馆，旗袍馆，分别分布在一楼、二楼和地下一层的三层展馆里，参观者可以了解江宁织造府的历史精髓，重温红楼梦的经典场景，并且现场观摩手工织锦。云锦因其色泽光丽灿烂，美如天上瑰丽的云霞而得名，其用料考究、织造精细、图案精美，被誉为“锦中之冠”，有“寸锦寸金”之称，代表了中国丝织工艺的最高成就。南京云锦与成都蜀锦、苏州宋锦、广西壮锦并称“中国四大名锦”，列中国四大名锦之首。2009 年，南京云锦被联合国教科文组织收入“人类非物质文化遗产代表作名录”。

站在繁复的庞大木制织机前，历史的烟云滚滚而来。“四张机，咿哑声里暗颦眉。回梭织朵垂莲子，盘花易绾，愁心难整，脉脉乱如丝。”

云锦专供皇家

爱新觉罗·玄烨，8 岁登极，威加海内，励精图治，无数次力挽狂澜，又能量才任用，不拘满汉，终奠定大清盛业。但人们更熟知的是康熙这个名字。

1663 年 2 月，本该沉浸在新年喜悦之中的北京紫禁城却笼罩在一片哀痛之中，康熙帝生母慈和皇太后佟佳氏病逝。10 岁的康熙帝在其母患病时期朝夕侍奉，及至母逝，寝食俱废，痛哭不已。

清朝的皇子出生以后是交给4个乳母和4个保母抚养的，康熙的头等保母就是孙氏。康熙出生的时候，孙氏年仅23岁，她和丈夫曹玺既是满洲的汉人，又是加入旗籍的皇室家奴。那时，京城天花肆虐，孝庄皇太后让孙氏等保母带着玄烨暂居于紫禁城外的福佑寺。孙氏悉心照料皇子，让玄烨成功躲过了天花，给孝庄皇太后留下了深刻的印象。同年，2月，孙氏的丈夫曹玺以内务府郎中职，首任江宁织造。

江宁织造又称为江宁织造部院，其地位仅次于两江总督，是专门制造御用和官用绸匹的官办织局，云锦就是元明清三代皇家的御用贡品。清时官营织造，除北京外，还在江宁、苏州、杭州三处设局。江宁织造负责御用彩织锦缎，苏州织造负责绫、绸、锦缎、纱、罗、缂丝、刺绣，杭州织造负责御用袍服、丝绫、杭绸等，分工明确。

江宁是古时候南京的别称。南京丝织业发展最早可追溯到三国东吴时期，刘裕北伐后，长安的百工全部迁到建康（南京），其中织锦工匠占很大比例。东晋义熙十三年（417年），在国都建康设立专门管理织锦的官署——锦署。到了元代，国力扩张，黄金开采量增大，以织金夹银为主要特征的云锦脱颖而出。元代在南京设立“以官领之、以授匠作”的官办织造机构：东织染局、西织染局。到了清朝，仅南京市区就拥有织机3万多台，男女工人5万左右，年产值达白银一千二百万两。它们以桃花结本、通经断纬、挖花盘织、逐花异色等织造工艺和艺术风格所代表的流派在我国独树一帜。

彼时，制作一件朝袍须依礼部定式，由内务府画师绘制重彩工笔小样，交总管太监呈皇帝御览，或经内务府大臣直接审阅后连同批准件送发江宁、苏州、杭州三处织造司分织。三织造织成匹料后再送交裁作、绣作、衣作，刺绣由如意馆画工设计彩色小样，经审后，按成品尺寸放大着色发交内务府和江南织造衙门所属的绣作进行生产。

完成后陆路进京，如后宫所用则经水运进京。其间用绣工近 500 人，绣金工 40 余人，画样过粉 10 余人，合计近千人。如由一人刺绣则要用 2 年零 5 个月才能完工。内务府广储司拟定式样颜色及应用数目奏准，要求经纬均匀，阔长合适，花样精巧，色泽鲜明，如质量不合格，需补赔罚俸或受鞭责。

清代各级官员补服纹样都有详细规定，例如，亲王、亲王世子是五爪金龙四团，前后都是正龙，两肩也是行龙。文一品是仙鹤方补，前后各一，武一品是麒麟方补，前后各一。清朝皇帝参加祭祀等大典时，要穿十二章龙袍，十二章，指的是龙袍上的十二种纹样：日、月、星辰、山、龙、华虫、宗彝、藻、火、粉米、黼、黻。

云锦图案严谨庄重，龙的矫健翻腾，凤的飘逸潇洒，云彩的流动自如，海水的澎湃汹涌，缠枝花卉的优美流畅，飘带的转折灵活，都能撷取入画。除皇家专用的黄色外，底色多用大红、深蓝、宝蓝、墨绿等深色，也有用黑色的。

目前，“库缎”“织金”“织锦”三类云锦已可用现代机器织造。惟有“妆花”这种提花丝织云锦仍需用传统的手工织造。“妆花”是南京云锦中最杰出的代表，它达到了中国丝织工艺的最高境界，选用绕有不同颜色彩绒的纬管，对织料上的花纹作局部的挖花妆彩。

在管理织造事务上，曹玺政绩卓著，并在岁荒时节开仓赈济。在康熙十六年、十七年三次进京述职时，曹玺受到康熙的极大赞许，被授一品职衔，康熙手书“敬慎”匾额相赠。在曹玺这代，曹家完成了从崇尚军功之“包衣家奴”到“诗礼簪缨之族”的过渡。

康熙开创了清朝的“密折”制度，专奏专闻，不经过通政司，直接递到皇帝手里。折面上不写奏者姓名，只写“南书房谨封”字样。康熙年间，自然灾害频繁发生，历史上就有很多官员因为谎报灾情，而使百姓处于水深火热之中。曹家权势显赫，不仅管理织务，还监管盐务、税关，将地方官员的所作所为都密奏给皇上，成为康熙治理江南的一双耳目。

康熙步上雕龙盘凤的石阶，在丹陛上远眺，巍巍紫禁，宫阙恢弘。他深知，要做大事者，就要默默地做好每一件小事。江山社稷，一点不能大意。

玄烨和曹寅谱写繁华似锦

御花园的老树，每到夏天，就苍绿葱翠，蝉声响亮。那树下，是玄烨和曹寅的乐园。作为玄烨的玩伴和伴读，曹寅行走自如于这皇宫后院。他俩玩泥巴，斗蛐蛐，一众小太监们怕被责罚，急得催也不是，不催也不是。越怕什么就来什么，此时，孝惠章太皇后带着一众侍女，急急从远处走了过来，她低下身子，拿帕子小心为玄烨擦去脸上的泥土，又点了一下小寅子的额头，“不劝着皇帝做些正经事情，都多大的人了，还玩这个。”没有子女，对玄烨视如己出的孝惠章皇后，她给这年幼丧母的孩子，温情眷顾，爱护有加，康熙自幼并没受到多少父母的关爱，待她也如同生母。

自古英雄出少年。玄烨和曹寅，这对帅气的少年一起扳倒了鳌拜，曹寅懂得玄烨的雄心壮志，也愿意为了少年天子赴汤蹈火。玄烨则绝对信任这个亲如兄弟的发小。

渐渐长大的曹寅文武双全，风姿英绝，精通诗词、戏曲和书法，并擅长骑马射箭，被提拔为御前二等侍卫兼正白旗佐领。1690 年，曹寅出任苏州织造，两年后调任江宁织造。那一年，正是康熙第一次御驾亲征准噶尔。他俩一北一南，策马而去，要用实际行动履行当初携手治理国家的铮铮誓言。

江宁织造府内的楝亭是曹玺建造的，他从南京的燕子矶移来楝树栽在亭旁，让两个儿子曹寅、曹宣在亭子里背书。曹寅为缅怀父亲的启蒙教育之恩，把文集叫作《楝亭集》，诗集为《楝亭诗钞》。

曹寅接任江宁织造后，奉康熙之命，与明朝遗老、江淮名士于此诗酒往还，《长生殿》作者洪昇、纳兰性德等名流都是楝亭常客。1695 年秋，曹寅和庐江郡守张纯修、江宁知府施世纶三人在楝亭秉烛夜话。张纯修即兴作了《楝亭夜话图》。江南地区是汉族精英的聚集地，他们掌握着巨大的财富，也有着本地的话语控制权，有了这些人的支持，朝廷的统治才能稳固，而曹家的汉人血统、满人身份使得他们在对外交往时，十分讨喜。康熙通过自己的亲信与江南的社会贤达建立亲密关系，可以第一时间了解这些社会精英的动向。

曹寅对南京云锦的继承和发展，可谓是不遗余力。因此，他深受机户们的爱戴。云锦是用金线、银线、铜线及蚕丝、绢丝、各种鸟兽羽毛等来织造的，使得丝织物的效果更加美轮美奂，比如皇家云锦绣品上的绿色是用孔雀羽毛织就的，在光线的照射下，折射出变化多端的色彩，异常华丽。

织制云锦需由拽花工和织手两人相互配合。拽花工坐在织机上层，负责提升经线。织手坐在机下，负责织纬、妆金敷彩。两个人一天只能生产 5~6 厘米。如果要织一幅 78 厘米宽的锦缎，在它的织面上就有 14 000 根丝线，所有花朵图案的组成就要在这 14 000 根线上穿梭。

南京得以成为云锦的发祥地，是因为这里临近太湖流域的桑蚕生产中心，太湖流域生产的蚕丝耐磨性好，强度高，匀度好，是云锦织料的重要来源。南京盛产各色纺织染料，如茜草（即红花），可将丝绸染出漂亮的红色，此外，南京水路和陆路的便捷也促使其成为全国丝织业中心。

曹寅一生两任织造，四巡淮盐，任内 20 余年，连续五次承办康熙南巡接驾大典，四次南京接驾，一次扬州协助接驾。康熙在康熙三十八年南巡至南京，入驻江宁织造府，此时的孙氏已经非常年迈了，但还是出来迎接圣驾，并准备行跪拜之礼。康熙见到她后，面露喜色，赶紧上前搀扶，并说道：“此吾家老人也。”

康熙见庭中象征母爱的萱草茂盛，亲书“萱瑞堂”三字以赐，母亲居住的地方为萱堂，而“瑞”字又饱含了康熙对保母孙氏的祝福，可见这份情之深切。幼时丧父丧母的康熙，对于亲情尤为依恋珍惜，对孝庄、孝惠章皇太后、孙氏都视为自己的母亲。

曹寅办事，几乎从来没有让圣上失望过，甚至于每个细节都能讨得圣上欢心。曹寅为风尘仆仆远道而来的康熙献上了时令的樱桃，康熙说，先送给宫里的太后吧，等两日后太后吃上了我再吃。此时，孝惠章皇太后居住在宁寿宫中颐养天年，平日里皇帝时时探望，晨昏定省不怠，天寒时，她惦念外出的康熙，命人快马专送御寒衣裘。而皇上也是在外每次得到水果猎物，都要第一时间送往紫禁城给孝惠章皇太后。

康熙大帝深具满族人的那种豪迈气概，平定三藩，收复台湾，噶尔丹鏖战数年，栉风沐雨入黄沙无人之境，终令蒙古土尔扈特部归附。可是康熙的内心是那么柔软细腻，他顾念以往的亲情、友情，曹寅患了风寒，康熙亲自写了药方过来，切切叮嘱，犹如对待家人一般。可惜，曹寅病来如山倒，无力回天，很快就病逝了。

织府荣耀衰败

和曹家往来的批阅奏章上，工工整整的康熙的御笔红字，在江宁织造博物馆内的橱窗里陈列着，康熙为这个庞大帝国的付出可见一斑。

红楼梦馆有一个 3D 环幕动画，室内的石头和树枝上都挂满了积雪，屏幕上是贾宝玉雪中拜别俗尘出家的那个场景，但见山川河流凝固，白茫茫一片大地真干净。所谓荣华富贵，任他广厦豪宅，都不过是瞬间的辉煌，一切都逃不过化为灰烬的宿命。如梦如幻、如露如电、如泡如影，这是佛家的六如之说，这种思想点点滴滴渗透在曹雪芹的字里行间。素心如雪，轻薄如烟，读《红楼梦》，一份哀伤的心绪，让人怆然泪下。

从曹雪芹的家谱看，其远祖、高祖、曾祖、祖父、父亲、叔父和清朝历代皇帝都有着千丝万缕的关系，堪称“钟鸣鼎盛之家，诗书翰墨之族”，但是到雍正上台后却成为政治牺牲品被满门抄家，正如《红楼梦》中所言，鲜花着锦，烈火烹油，也会有树倒猢狲散的那一天。曹雪芹 13 岁离开这个温柔乡，随着家族到北京西山，开始发愤写作《红楼梦》。

这个“锦衣纨绔之时，饫甘餍肥之日”的富贵公子就是贾宝玉的原型，书中许多故事基本可以与曹家“对号入座”。而曹家命运的跌宕起伏和金陵社会的人情风俗都是他创作时的积淀。

大观园里金陵十二钗的服装争奇斗艳，我们可以看到苏州的刺绣、杭州的丝绸，以及南京云锦：林黛玉在王熙凤住处见贾母时，穿的“缕金百蝶穿花大红洋缎窄袄”是云锦；薛宝钗在梨香院会宝玉的时候，穿的“玫瑰紫二色金银鼠比肩褂”是云锦；贾宝玉见北静王，穿的“江牙海水五爪坐龙白蟒袍”是云锦……《勇晴雯病补孔雀裘》一回，贾母给宝玉一件孔雀裘，被宝玉不小心烧了个洞。孔雀裘乃矜贵之物，大观园内无人会此织补工艺，只能由病中的晴雯熬夜补就。这孔雀裘实乃云锦天衣。

书中写到的“上用内造”的卐字锦，正是康熙年间江宁织造曹家为皇室织造的。而书中所写荣禧堂的对联“座上珠玑昭日月，堂前黼黻焕烟霞”，不言而喻地说明了这是一个织造世家。

清初由曹雪芹祖辈三代四人主政的江宁织造，伴随着康熙 60 年盛世，这一时期的云锦品种繁多，图案庄重，色彩绚丽，可以说书写了我国织锦史上最为辉煌的一页。由于长年接待，江宁织造的账本上出现了亏空，这也就导致朝廷迁怒于曹家。曹家被抄后，江宁织造府虽迎来了新的主人隋赫德，但其荣华也随曹家的败落一去不返。江宁织造府的官员就像走马灯一样轮换，云锦也逐渐衰败。

乾隆六年，江宁织造安宁因前一年元旦送的龙袍“袖不甚紧密，至于尺寸亦觉宽长”而大为紧张，专门写了两个请罪折，苏州织造隆载送去的红绿月白片金三正被皇帝批评为“金水不好，所报银两不准报销”。从 1645 年起，至 1904 年被裁撤，江宁织造府风光地存在了 259 年。再也没有一个江宁织造获得过如曹寅这样的恩宠，有着这样一段君臣佳话。

绚丽的丝线从织机上流淌而过成为华美的云锦，算起来南京云锦已有 1 580 多年的历史。从历代设立的官办织局到清朝的江宁织造府，这些行政衙署在历史的长河中一一向后退去，它们对于云锦发展的功绩留在了江宁织造博物馆的叙说中。而作为东方瑰宝的南京云锦织就了中国丝绸文化的灿烂篇章，云锦织机的机杼之声一直伴随着秦淮河的流水声，响彻不息。

欽陵

江南烟雨梦醒时

南唐二陵

风雨急

胭脂乱

可怜生在帝王家

南唐二陵：南京市江宁区祖堂山正南坡

月夜如水，清冷寒凉，在南京郊区祖堂山的南唐二陵，千年的爱恨情仇化作一缕清风，飞跃那一段幽幽的过往。李家小王朝三代而亡，历前主李昪、中主李璟、后主李煜三世，享国仅仅39年。承载家国恨的李后主亲手葬下他的父亲和祖父，而自己也客死他乡。一首金陵帝都的插曲，就如历史长河中的一朵浪花，本来人们应该很容易就把它遗忘掉了。但因为李家的诗歌造诣登峰造极，更以孙子李煜的“春花秋月何时了？往事知多少”独步天下，南唐从此不朽。独舞指尖，挥墨成泪的眷恋里，写不完两两相望的惆怅与无奈，南唐小朝廷在金陵宫苑中纵情声色，苟且偷安换得一抔黄土掩风流。

建于937年，亡于976年，辖土不过江淮，最盛时也仅有35州，大约地跨今江西全省及安徽、江苏、福建和湖北等省的一部分。可是这个五代十国里短命的王朝竟是那样地牵动着后人的心，它的名字永远屹立在中国文学宝库里，熠熠生辉，并且成为亿万华夏子孙口中的传世珠玑。

它就是南唐。

“国家不幸诗家幸，赋到沧桑句便工。”王国维在《人间词话》中说道：“词至李后主而眼界大开，感慨遂深，遂变伶工之词而为士大夫之词。”没有亡国之痛，就不会有那些流传千古的佳作。

李煜的“无奈朝来寒雨晚来风，胭脂泪，离人醉，几时重？自是人生长恨水长东”，“春花秋月何时了？往事知多少，小楼昨夜又东风，故国不堪回首月明中。雕栏玉砌应犹在，只是朱颜改。问君能有几多愁？恰似一江春水向东流”，可谓字字有千斤之重。而他的父亲李璟也是写词风流倜傥，但留下来的仅4首。最著名的是《摊破浣溪纱》，其中之一阕为：

“菡萏香销翠叶残，西风愁起绿波间，还与韶光共憔悴，不堪看！细雨梦回鸡塞远，小楼吹彻玉笙寒。多少泪珠无限恨！倚阑干。”

在南京南郊的祖堂山南麓，有两座形若馒头的大土墩子，这里就是南唐二陵的所在。800 多米长的一堵石砌围墙，环抱着一东一西两座陵墓。围墙南端接合处，矗立着庄严古朴的双阙门。沿着嵌石小径走过架在“皇龙渠”上的青石拱桥，行人可以到四方亭内小憩。亭内竖着一方大石碑，碑面镌刻“南京市人民政府建南唐二陵碑记”，眼前便是钦陵与顺陵这两座江南最大的地下宫殿了。

桃花谢了春红，太匆匆！

今晚的月光真美，安然如雪，温婉如蝶，每一次来到这山岗，都勾起我伤痛的记忆。赏月要有佳人陪伴，此刻的我身边没有美人，也没有穿着黄袍，只有肮脏的囚服，看上去应该与任何潦倒街头的人无甚区别，不，比他们还要凄惨。

我是南唐的君王，我本来也应该葬在这里，这里有我的祖父和父亲，可是我永远地缺席了，如果能回到这里安息，我宁愿再死一次。是我，是我，亲手葬送了大好的江山，治国，我是这样地无用，南唐亡于我之手，是不是宿命？！我的魂魄年年岁岁都会来这里祭奠祖陵。

我不愿意回忆，可是千年来，快乐的悲哀的事，重重叠叠，绵延不绝地冲上我的心头。

那时的祖堂山林木蓊郁，景色清幽，佛事鼎盛，是皇族踏青、避暑的胜地。前面遥对海拔 300 多米的云台山主峰，东有吉山，西有牛首山，真是一块“前有照，后有靠，两边有抱”的风水宝地。祖父生前亲自来此选定陵址，并命重臣江文蔚、韩熙载和萧俨三人设计和督造。

鼎盛的唐朝经“安史之乱”打击后，一蹶不振，百病丛生。其内有宦官专政、朋党争权、藩镇割据，外有吐蕃、南诏、回纥侵扰。尤其是那些藩镇，拥兵自重，不受中央节制，实际上就是一个个独立的小王国。

先祖父李昪是南唐王朝的缔造者，他本是吴国的宰相徐温的养子，原名徐知诰，也是唐玄宗的后代。徐温死后，升元三年，皇祖改国号为唐，自己也改姓李。他即帝位后，实行“与民休息”的政策，减免赋税，均定田租，发展生产，发展经济作物和工商业，使江淮独在乱世中能比年丰稔，兵食有余，使南唐成为当时十国中经济和军事力量都比较强大的富盛之邦。

他生活朴素，常穿蒲编的草鞋，盥洗用具是粗劣的铁器，左右服侍的只是几个老丑的宫人。他着意延揽各种人才，注意搜集战乱中流散的典籍文物，重视学术文化的发展，使之成为“六经臻备，诸史条集，古书名画，辐辏绛帷，俊杰通儒，不远千里而家至户到”的文物之邦。

皇祖一心希望自己活得长，便误信道士的邪说，服用丹药。此药伤身，55 岁的他驾崩前对先皇说：璟儿，我吃金石，本想益寿，反而伤身，追悔莫及，你切勿学我。

我跟随着父皇，将祖父葬于钦陵，墓室是拱券结构，因袭唐代格制，有前、中、后三室，两侧侧室各5间，供置放各种殉葬品之用，包括数以百计的男女宫中侍从俑和舞俑，以及各种动物俑。墓室平面皆呈长方形，为砖石仿木结构。

中室北壁门楣之上，有一长方形青石横额。横额上的浮雕是立体感很强的双龙戏珠图。那两条遍体鳞甲的五爪金龙，张牙舞爪，昂首嘘气，正扑向悬于祥云之上、带有火焰的宝珠，大有凌空欲飞之势。门左右是两大块青石立壁，壁上浮雕是两个对称的武士象，分立于门的两旁。武士戴盔披甲，持剑踏云，面貌威严，体格强壮，俨然是后室的两个门卫。

后室规模最大，入口处，有两扇沉重坚固的石门，中央是由六块大青石合拼而成的青石棺床，上面平雕着牡丹，飞龙腾空而起。室顶由青石条砌成了叠涩顶，朱红的旭日，浅蓝的月亮，四周罗列星宿，组成一幅美丽的天象图。地上雕刻江河迂回状，象征地脉。

钦陵除地下部分以外，原先还有陵前高大的享殿。享殿格局仿照南唐宫中的升元殿式样，有正殿、有偏殿，以及回廊和戏台。可惜在历代的兵燹中，早已夷为平地。

胭脂泪，惹人醉

从钦陵西行50米左右，便到了顺陵。顺陵是先皇李中主李璟和母后钟氏的合葬。

顺陵的墓室也分前、中、后三室。前室和中室，都东西各附一侧室，后室东西各附两侧室，共计三进十一间。顺陵格局与钦陵大致相仿，只是比钦陵简陋得多。后室的室顶有天象图，但地面上无石刻地理图，棺座上亦无龙形浮雕，室内既无“双龙戏珠”，更无“门卫”守陵。

公元954年，18岁的我娶了比我年长一岁的妻子娥皇，娥皇是南唐开国功臣周宗的女儿，容貌娇媚，善解人意，更是名震一时的才女，琴棋书画，无一不精通，她还擅长音律、歌舞，弹得一首好琵琶。至于下棋、掷骰赌采等技能更是精妙绝伦，她还设计出“高髻纤裳”和“首翘鬟朵”等搭配风格，格外纤丽袅娜，使得京城的女性们争相效仿。

我们兴趣相投，鹣鲽情深。记得，一次冬日饮宴，酒到半酣的娥皇举杯邀我起舞，我要她先给自己新谱一曲才可以，她顷刻而成《邀醉舞破》《恨来迟曲》。

《霓裳羽衣曲》原是从西凉传入的曲，经过唐玄宗李隆基的润色，成为规模盛大、气势宏伟的大型舞曲。安史之乱之后，《霓裳羽衣曲》失传，到五代十国时只保存了残破不全的曲谱。我得到残谱后，和娥皇一起变易讹谬，去繁定缺，旧曲终于得到了新生，繁手新音，清越可听。我们夫妇还将它改编成琵琶曲。娥皇曾在先皇生辰那日为他弹奏琵琶祝寿，先皇为之惊叹，将自己使用的烧槽琵琶赏赐给她。

先皇是长子，理所当然的皇位继承者，可他秉性疏懒，不求功名，他被立为太子的时候，居然再三上疏推辞，恳请父亲不要立他为太子。但他多才多艺，是颇有名气的写词大家。

承祖父的余威，先皇945年灭闽国，951年灭楚国，南唐成为南方的一个大国。只可惜，先皇遇上了后周世宗柴荣，在两人的较量中先皇一败涂地，丢失了大片土地，军队精锐丧失殆尽，从此一蹶不振。

958年，因受北方周的威胁，先皇被迫奉表称臣，从此国势日衰。在北方周、宋的咄咄威逼之下，他一筹莫展，不得不于961年迁都南昌。同年6月，45岁的先皇就在抑郁忧愤之中，客死南昌。我将父皇匆匆归葬于顺陵。

961年，我25岁那年接手了这千疮百孔的飘摇江山，当我一步一步地走向皇座，我的步伐似乎有千斤之重，我一生只想做闲云野鹤，赋情山水，这本是大哥和几个哥哥们乐见其成的事情啊，为了表明自己无心争皇位，我特地为自己取号名为“钟峰隐者”和“莲峰居士”等，表示自己真正有兴趣的是山水文学。

谁知道，太子弘冀，杀死了自己的叔父李景遂，然后暴卒，从二哥到五哥相继夭折，命运竟将王冠砸向了我，我仓皇接住，我不接谁来接，这李唐的王朝，撑一日也是要撑。

先皇，你是说，这就是上天注定？因为我生下来就是重瞳，为此被太子哥哥防备多年，原来一切早有伏笔！

我继位后，便不能再做原先的那个我了，我是万千子民的皇上，我要护他们周全，我要披星戴月批改奏章，操劳国事，可是这完全不是我的追求！我只想和我心爱的女人卿卿我我，你侬我侬。我将娥皇册封为皇后，宠幸专房，我的心里只有她一个人，对其他妃嫔没有兴趣，我终日和她沉迷于歌舞，监察御史张宪上疏劝诫，我知道他说的有道理，但我不听。爱情的力量和惯性都太大了，它让我着迷，本该如履薄冰，苦心经营这飘摇的江山，将最初的惴惴不安化为力量，励精图治，可我，真的错了！

然后，娥皇生病了，她将亲自抚养的4岁幼子仲宣迁于别院，让宫人们善加看护，但是不久后仲宣在佛像前玩耍，正好有大琉璃灯被猫触动掉在地上发出巨大的声响，仲宣受到惊吓而夭折。听闻爱子夭折，娥皇悲痛哀号，病情不断加重，为了安抚爱妻，我衣不解带朝夕在她身旁伺候着，亲自为她端茶倒水喂她喝药。只可惜回天无力，才29岁的她不久便弃我而去。

临终前，娥皇将烧槽琵琶和随身佩戴的玉环留给了我作为留念，爱子的夭折固然给了她致命一击，但是我写的关于和嘉敏幽会的诗词传到了她那里，在她心上又捅了一刀，加速了她的死亡。

“花明月暗笼轻雾，今宵好向郎边去。刬袜步香阶，手提金缕鞋。画堂南畔见，一向偎人颤。奴为出来难，教君恣意怜。”

我对不起娥皇，她恨我，是因为太爱我，爱情里容不得三人行。世人以为我嫌弃娥皇病中憔悴，爱上了青春活泼的嘉敏，我无法申辩，可是我是爱姐姐的啊，夫妻情深，我悲痛欲绝地写下《昭惠周后诔》，之后还欲数次跳井，想要为她殉情，都被侍从拦下。可是妹妹又是那么可爱，我情不自禁。

也许是为了补偿我对娥皇的爱，也许是我真的爱嘉敏，我不顾大臣的反对，将她立为皇后。我是那么地宠爱她，我命人用嵌有金线的红丝罗帐装饰墙壁，又用红绿宝石镶嵌窗格，还用红罗朱纱糊在窗上，将她的屋里屋外都装饰得奢华无比。我还造了一个“锦洞天”，只能容身两个人，每逢晴朗的夜晚，我和嘉敏便在里面对饮望月，花前月下，享受这眼前的快乐。

在“钦陵”建成31年、“顺陵”建成13年，宋兵与吴越兵攻下了金陵，因此，陵墓地面建筑全毁。我们祖孙三人何其不幸，生逢乱世。我一生惆怅，不得欢乐，只因阴差阳错生于帝王之家，我向往的是隐士生活，却一生沉沦于政治的硝烟之中。

呜呼，先皇！我何其有幸，得到了世上绝世美女姐妹花的爱情，不知有多少男人羡慕我，也许，我用光了我所有的福气，国运不再昌盛。

作为皇帝，应该有一统天下的野心和手段，不该只想着偏安一隅。每年北宋派来使臣，我都要脱下龙袍，拆掉宫殿中象征尊贵地位的装饰，以示对宋廷的尊敬，还要派人送去金银珠宝、绫罗绸缎，天真的我以为这样就可以保全我的国家。

我依旧沉浸在酒色之中及时行乐，赖以自保的长江天险，还不致一触即溃吧？每有得意之作，我便招文武大臣进宫喝酒。周后玉指漫弹、朱唇轻启，引来一片喝彩声。

我像一只鸵鸟，埋在金沙里，我何尝不知，羽翼丰满的赵匡胤早就开始磨刀了。965年，孟昶丢了成都，后蜀政权被连根拔起。他要一统天下，可我们真的不是他的对手。我多次召集大臣们商议对策，可是他们唉声叹气，没有一点主意，朝廷养这帮蠢猪何用！

自古燕赵多壮士，江南多才子。974年9月，宋太祖发兵10万讨伐江南。我几次派使者去请求来军退兵。赵匡胤对使者说：“天下一家，卧榻之侧，岂容他人鼾睡！”看来，南唐偏安一隅、苟延残喘的日子不可能太久了。

从小浸淫在诗词中的我，哪是老谋深算的赵匡胤的对手，我中了他的离间计，将朕的爱卿林仁肇错杀了。林爱卿是赵匡胤唯一忌惮的猛将，从此，南唐再无可以独当一面的猛将，在战场上陷入了更加被动的局面，而宋军则是去掉了心头大患。

我这个昏招直接导致我的复兴梦破灭了。一觉醒来，宋朝的十万大军，已攻打至金陵城下。

“四十年来家国，三千里地山河。凤阁龙楼连霄汉，玉树琼枝作烟萝，几曾识干戈？一旦归为臣虏，沈腰潘鬓消磨。最是仓皇辞庙日，教坊犹奏别离歌，垂泪对宫娥。”

976年，元宵节刚过，我含着凄凉的泪水，率领臣子、眷属，身着素服，跪在了汴梁城明德楼下。

我被囚禁在汴京的一处院落中，四面高耸的宫墙，一锁就是三年之久。在无数失眠的夜里，我心如刀绞，犹如行尸走肉一般地活着。

“无言独上西楼，月如钩，寂寞梧桐深院锁清秋。剪不断，理还乱，是离愁，别有一般滋味在心头。”

赵光义在哥哥赵匡胤在位时，便已经垂涎于嘉敏的美色。976年深冬，赵匡胤在“烛光斧影”中蹊跷地死去。江山易主，朝廷改元为太平兴国。我们夫妇也沾了点儿喜气，一个晋封为陇西郡公，一个做了郑国夫人。

978 年的正月十五，雪打灯。每逢庆典，朝廷命妇按例要进宫朝贺，嘉敏也必须去。可想不到的是，唯独她被莫名其妙地滞留后宫，夜不归宿。从这以后，这样的事情便成了常事，她常常到宫中一住，便是数日，直到赵光义觉得厌倦了，才放她回来。曾经的皇后，现在遭歹人凌辱，我却不能哭，不能喊，不能做什么。我唯一能做的，就是在她哭诉捶打我的时候，默默无语。而我的苦去向谁倾诉？！

皇祖，先祖，从小我连备胎都不是，从未被当作接班人培养历练，而是装傻充楞，以保全自己，这样的太子继承人制度合理吗？我不是没有努力过，可是一招错，满盘输，以宋的实力，人为刀俎，我为鱼肉，就算去拼死，也不过是鸡蛋碰石头，我只有委曲求全，巴结赔笑，这一生过得太窝囊！治国大计你们教教我啊！如何才能让南唐社稷立于不败之地？呜呼！现在说这些真的太迟了，一切都结束了。

这一年的农历七月初七，既是牛郎织女的相会日，也是我 42 岁的生日。曾经是九五之尊的我，此时已经在汴京度过了三年屈辱的囚禁时光。人生的最后一个七夕，充满着伤感的气息。我挥毫写下：

“春花秋月何时了，往事知多少？小楼昨夜又东风，故国不堪回首月明中。雕栏玉砌应犹在，只是朱颜改。问君能有几多愁？恰似一江春水向东流。”

我像中了邪一样，不顾嘉敏的阻拦，非要她弹唱我的新作，这无限哀愁的词，传入了宋太宗耳中。他看出了我怀念故国的心情，怕我卷土重来，于是，杀机顿起，干脆斩草除根。宋太宗命秦王赵廷美送来一杯毒酒，结束了我长达40年的故国旧梦。我生于此日，也死于此日。

不久，嘉敏也随我而去。南唐的风流，随风而逝。

我葬于北国，每到秋冬，白雪皑皑，将天与地都掩埋。我常常想起这时的秋日月夜，空照着秦淮河的繁荣，灯红酒绿，丝竹声声，赞不尽的江南旖旎。是我，是我，将这一切都葬送，所以，我不得归入祖陵，是我的报应啊，不求有人怜惜。

我倦了。

常言道，男儿有泪不轻弹，可我这短暂的生命里，多少个黑夜里泪洒前襟，我不能选择出身，也不能选择逃避，我不能保护祖先的皇陵，也不能保护我的女人，我愧对你们，也愧对嘉敏。多少次梦回金陵，梦里不知身是客，一晌贪欢。泪光里，这空荡荡的皇陵苍莽依旧，请将我的魂魄留下吧！

巷衣烏

旧时王谢堂前燕　乌衣巷

命运似刀

浓情如酒

抽刀断水

斩不断对你的爱意

乌衣巷：南京市秦淮区秦淮河上文德桥旁的南岸

中国历史上清雅风流的东晋王朝，只是漫长岁月中的一瞬，留下的光芒却灿烂了整个文明。在时代的更替中，乌衣巷亲眼目睹了“王家书法”“谢家诗”的艺术成就和两大家族的盛与衰，与此同时，中国文学史也铭刻了乌衣巷这三个字。是你，踏着桃红等归人，是你，寂寞巷口独徘徊。回眸处，你倾城的笑靥，是我寻了一世的风景。当才华横溢的驸马手握重权，万众仰慕，谁又知道他的内心枯槁，视这荣华如烟云，情字一笔，重千斤。

乌衣巷位于南京秦淮河边，是一条幽静的小巷子，巷内现建有“王谢旧居纪念馆”。入口处现在有一口“乌衣古井”。

“朱雀桥边野草花，乌衣巷口夕阳斜。旧时王谢堂前燕，飞入寻常百姓家。”随着刘禹锡怀古组诗《金陵五题》中的第二首成了千古绝唱，这条巷子也成了金陵的符号之一。一条乌衣巷，半部六朝史。

旧时堂前燕

当年东吴孙权在南京建都，军营就驻扎在这一带。东吴士兵穿黑色军服，此地被称为乌衣巷。东晋时，乌衣巷是晋代王谢两家豪门大族的宅第，这里门庭若市，冠盖云集，走出了王羲之、王献之及山水诗派鼻祖谢灵运等文化巨匠。

偏安建康的东晋王朝自公元 317 年到公元 420 年存续仅百年，江左人士集团形成了王、谢、庾、桓四大家族。以王导为主的王家和以谢安为主的谢家是其中的两大显赫家族，人才辈出，绵延百年。

西晋末年，手握重兵的王导依靠北方士族的力量，团结江南士族，帮司马睿巩固了在江南的地位。司马睿登上帝位后，王导出任丞相，加上其堂兄王敦拥重兵坐镇武昌，使得王氏家族达到了政治权力的顶峰。司马睿登极那天居然要把王导拉到他身旁同受百官朝贺，一时风光无限。民间更是有“王与马，共天下”的说法，可见其权势薰天。他历任晋元、明、成三帝的宰辅，保持了东晋的安定局面。

少年隐居东山、以孔明自喻的谢安，40多岁才出任丞相，成语“东山再起”说的就是他。谢安官至太保，都督十五州军备，哥哥谢弈，弟弟谢万、谢石，侄儿谢玄等都是朝廷重臣。谢安以八万精兵击败前秦的苻坚百万大军，奠定了南朝三百年的安定局面，进而改变了中国的历史进程。这场他幕后统筹指挥的、关乎东晋生死存亡的淝水之战，算起来只用了两盘棋的工夫。

公元383年，苻坚大兵压境，整个东晋京城慌乱惊恐，于是朝廷任命谢安为征讨大都督，总管御敌大任。两军对垒，侄子谢玄来讨教退敌策略，谢安却喊谢玄一道下围棋，以别墅为赌注。平时总能赢谢安的谢玄，心思难以集中到棋盘上来，输掉了别墅。之后谢安才不慌不忙向谢玄等人面授机宜。

当捷报送到谢安手中时，棋盘另一边的棋手追问战况，谢安不动声色淡淡说道：“孩子们已经破敌。”等客人走后，谢安才从庭院奔跑到内屋，木屐的屐齿都断裂了，自己也没发现。

除了是定国安邦之臣，王谢两家还辈出诗歌书法巨匠，文武兼修是家族教育对他们的严苛要求。谢家自东晋至南朝的200多年间，不但是一个权势显赫的钟鸣鼎食之家，也是一个文风极盛的诗书簪缨之族，文学史上有名的谢灵运、谢朓就出自谢氏世家。谢家后人里，谢惠连是谢灵运的族弟，南朝宋的著名诗人。谢朓，又称小谢，是南朝齐的诗人，高祖为谢安之兄。他是山水诗的发展者，极富诗名，与谢灵运、谢惠连并称“三谢”。

王羲之的父亲王旷则是王导的弟弟。太傅郗鉴有一个女儿，生得十分貌美，诗词歌画样样精通，且到了待嫁年纪。郗鉴知道王家子弟都是青年才俊，就遣人到丞相王导府中为女儿选婿。只见王氏子弟有的神情严肃，有的涂脂抹粉，唯有王羲之竟敞胸露怀地躺在床上。王羲之刚刚得到东汉著名书法家蔡邕的古碑，十分喜欢，早把相亲的事给忘了。因为天气太热，他躺在床上想着蔡邕书法的妙处，想得入神。不料郗鉴选中的就是这个特立独行的少年郎，从而留下“东床快婿”的佳话。

王羲之文才出众，性格平和，单纯直率。他娶了郗鉴的女儿后，一辈子没有再娶其他妻妾。两人共生了7个儿子、1个女儿，恩爱一生。

王羲之素无廊庙之志，性喜山水。在会稽任御史时，他放情丘壑，兴寄烟霞。永和九年的春天，王羲之邀请了在会稽（今浙江绍兴）的地方官员和名士，到兰亭举行集会。远处崇山峻岭，近处几簇竹林，溪水在青草间缓缓流淌，蝴蝶翩翩起舞。在曲折的细流上，放下一杯斟满的酒，然后任其顺水漂流，停在谁面前，谁就要喝了酒并赋诗一首，或讲故事一则。不知不觉中，已是夕阳西下。同行的41人，共作诗37首，王羲之乘兴而书，写下了名满天下的《兰亭集序》，这篇短文仅有300多字，文风清秀，字迹遒媚劲健，总共324字，却有20个“之”字，形态相异，各有其妙。大家争相传看，赞叹不已。

王谢世家是东晋王朝的中流砥柱，也是最大的两大士族，势力通及东晋统治的江南各地。王谢间虽明争暗斗，但毕竟盘根错结，也彼此通婚。作为安西将军谢奕的女儿，谢道韫嫁给了王羲之的儿子王凝之。

朱雀桥边花

王献之是王羲之的第七个儿子，也是才华横溢的大书法家，他的书法博采众家之长，兼具诸体之美。他在草书中独创了一笔书，一笔连贯数字，笔法干净利落，气势豪迈宏伟。

王献之的字飘如游云，矫若惊龙，令人爱不释手。王献之在著名的奉对贴里，言辞极尽哀痛。他写给前妻郗道茂，诉说自己的疚悔，“虽奉对积年，可以为尽日之欢。常苦不尽触额之畅。方欲与姊极当年之匹，以之偕老，岂谓乖别至此！诸怀怅塞实深，当复何由日夕见姊耶？俯仰悲咽，实无已已，惟当绝气耳！”别后经年，你的一颦一笑依然占据了我心。在落花如雪的月夜里，朦朦胧胧中，我又看到了你的身影，想忘也不能忘，我不能自拔。

这个帖子映射的是一个才子的情伤！王献之权至驸马，光芒万丈的背后竟然有这样锥心的痛苦，而自己则始终仕途多舛，从权力的巅峰狠狠摔下，成为流放的八司马之一，受尽世人的嘲笑。刘禹锡的眼中有泪光闪烁，原来，人生各有各的难！外人眼中的我高高在上，凛然不可侵犯，唯有故人才知我内心的破败凋残。

大和五年十月，公元831年，朝廷派60岁的刘禹锡赴苏州当刺史。这年的冬天，路过金陵，徜徉在秦淮河，那一种“六朝如梦鸟空啼”的忧叹汹涌在心。他再次来到乌衣巷，伴随着踏在青石板上的足音，他仿佛能听见王羲之和儿子王献之的对话。

“父亲，如果我休了郗氏，攀龙附凤，后世的人会怎么说我？！”

王献之的情绪有些激动。他的头发乱糟糟的，没有了往日的整洁。

王羲之看了一眼儿子现在的样子，幽幽叹了一口气，从小就生得俊逸华美的献之，向来在发型服装上一丝不苟，追求品味生活，如今憔悴至此，也让他这个做父亲的心痛不已。

献之和前妻郗道茂是青梅竹马的表姐弟，他俩性情相投，行到水深处，坐看云起时，举案齐眉，读书泼茶，婚后生活幸福美满。有父亲和姑姑的美满婚姻作为榜样，本以为只是流连山水、潜心书法、不慕名利的两人就可以做一对神仙眷侣，谁知道玉树临风的献之被公主惦记上了！

这朵猝不及防出现的桃花是简文帝的女儿司马道福，封号新安，公主的第一位丈夫是桓济。东晋大司马桓温病重临死前，将兵权交与三弟桓冲。桓温还有个二弟桓秘，很不服气，联合大哥桓温的长子桓熙和次子桓济欲夺取兵权。此事引起桓冲高度警觉，待桓温死后，他暂保密未发布，一举拘捕秘、熙、济三人。

为谋篡兵权刺杀自己的叔父桓冲而被判流放，公主和他划清界限离婚了。在太皇、太后支持下，公主准备再次嫁夫。她仰慕王献之的风流蕴藉，非王献之不嫁。皇上下旨让王献之休掉郗道茂，再娶新安公主。

当然这也是皇室与权臣为平衡各方势力做出的决定，郗道茂的堂兄郗超是郗氏最有权威的人物，他恰巧就是大司马桓温的主要谋士。桓温病死后，郗家也就失去了靠山。从此郗氏被排挤出权力中心，而郗道茂成了这场政治变动的牺牲品。

作为一个过来人，怎能不知道伉俪情深的快乐。作为一个父亲，怎能不了解儿子内心的痛楚。可是，皇命大于天，整个家族的荣辱兴衰系于王献之一身，在于他的一个决定。就算他以死抗争，也不能，因为他不代表他自己，他代表的是王家。

这些道理，难道这个孩子会不懂？不，他只是一时间不能割舍夫妻情爱，愿时间慢慢给他疗伤吧。想到这里，王羲之便不再说话，他默默地亲自倒了两杯酒，递给儿子一杯，自己举了一杯。

王献之愣了一下，这是父亲的理解和抱歉之意吗，他迟疑了许久，才接过杯子，一饮而尽。冰雪聪明的王献之怎能不知道父亲的苦心，他吞下这杯苦酒，他明白，自己的爱情已经成为家族荣辱祭台上的祭品，只有两个字：牺牲。

逍遥如谢安都要担负起家族责任，为重振谢氏家族出山。被家族寄予厚望的王献之注定不能置家族利益于不顾，必须屈从于命运的安排。失去一个真心真爱的人，然后整个人像被凿空了一样无法修补。最悲哀莫过于还要若无其事活下去，活给别人看。择一城终老，遇一人白首，他羡慕父亲拥有了这样的美满。

可是，他还是想放手一搏，为了自己的幸福。他忍痛用艾草烧伤自己的双脚，把自己变成一个行动不便之人，只为拒绝公主的求婚。可即便如此，公主仍不放手，说就算他残废也要嫁，不得已之下，他只有忍痛休了自己的妻子郗道茂。

郗道茂被休之时，其父亲郗昙已死，她只好投奔伯父郗愔篱下，之后再未他嫁，郁郁而终。恩爱凉薄，到不了我们约定的彼岸。献之，你是傲世杰出的男子，注定要在那万人中央，享受万丈荣光。我不敢想象你们的浩大婚礼，想必公主的嫁衣绯红亮丽，可我从此再也不能见这颜色，因为它会触痛我的心。

献之，你信吗，你不是你，我也不是我，我们只是家族的一面旗，在规定的时间里，倒下或者扬起。你记得我们小时候玩过的连线木偶吗？我还藏着，在后厢房，我们就是那木偶，身不由己。

从日升到日落，每天每天，郗道茂将思念丈夫的诗句宣泄于笔端，写完又一片片撕碎，随风而逝。

王献之跟公主结婚之后，仕途飞黄腾达，先是建威将军、吴兴太守，最后官拜中书令。41 岁的时候，因他与公主只有一个女儿，为了延续香火，王献之娶了小妾桃叶。桃叶的母家住在秦淮河以南，她时常回家，献之则常去江边迎送，他迎送的地点就在古桃叶渡，位于秦淮河与古青溪水道合流处附近。

桃叶渡，春风骀荡，情意满满。他写下了《桃叶歌》：“桃叶复桃叶，渡江不用楫。但渡无所苦，我自迎接汝。桃叶复桃叶，桃叶连桃根。相怜两乐事，独使我殷勤。桃叶映红花，无风自婀娜。春风映何限，感郎独采我。”

然而，品度词意，如此高调秀恩爱的文字不像是王献之的做派，更像是文字中隐藏了一个心中多年的秘密。桃叶这可爱的少女，莫非是一个中年男人往昔故事里的替身？他在桃叶渡，一次次迎接的是再不能回来的郗道茂。一定是这样的。

否则，对郗道茂的思念和亏欠就不会拖垮他。公元 386 年，年仅43岁的王献之病重，按照道家规矩，他要陈述生前的过失。王献之说：其他没有什么事，只是和郗家离婚这件事，心里一直很愧疚。不久，一代才子就病逝了。

我舍弃了你，我耿耿于怀，没有一刻忘怀。全世界的仰望，不及你一个回眸。穿过冰冷的荣华富贵，回到你身边，寻回那柔软时光，是我唯一的念想。

夕阳巷口斜

唐敬宗宝历二年，公元826年，55岁的刘禹锡由和州刺史任上返回洛阳，途经金陵，他去了乌衣巷。一直豪情万丈的诗豪刘禹锡历经磨难终于重返政治权力中心，他熬过了时间，那些往日的对手早已经凋零。

朱雀桥横跨秦淮河上，又名朱雀航，因面对正南门朱雀门而得名，是当时的交通要道，也是由市中心通往乌衣巷的必经之路。桥上装饰着两只铜雀的重楼，就是谢安所建。

也曾画檐若云，也曾灯花如雨。当年的朱雀桥宝马雕车香满路，而眼前，野草丛生，荒凉残照。人生多变，就算烈火烹油一般的鼎盛，也会一夕之间走向破灭。就像自己，曾经春风得意马蹄疾，但由于参与了永贞革新，失败之后，先后被贬到不同的地方。这一次终于蒙上恩宠，有幸返回京城。贬谪生涯合计23年，人生有几个二十三呢？刘禹锡站在桥上，远望苍穹，他的目光拨开历史的烟云，六朝宫阙尽被焚毁的那一刻如在眼前。

东晋之后，宋、齐、梁、陈相继在金陵建立都城。因为在南中国的版图中，虎踞龙盘的金陵水陆交通便捷，是连接华东、华中、华北的枢纽，政权可以鹿指中原。

声裂云霄的厮杀和战歌声中，外有北朝进攻，内有朝臣作乱，公元 589 年，陈后主陈叔宝一边唱着《玉树后庭花》，一边断送了陈朝江山。

为防政权割裂，隋文帝下令将陈王朝的首都金陵夷为平地。金陵大火连绵，数日不息。一夕之间，山河动摇，玉帛俱裂，金陵王气黯然收，如梦繁华灰飞烟灭，只有秦淮河流淌着一片凄凉。

追溯而上，东晋国运多舛。不死于外敌之手而丧于内乱，乌衣巷的兴废折射出东晋王朝的悲哀。淝水之战击垮前秦百万大军后，谢安挥军北上收复了徐、兖、青、司、豫、梁六州，取得了东晋北伐史上首次重大胜利。一次次的拂晓行动，一次次的佳音频传，乌衣巷炊烟袅袅中，使臣进进出出，紧张的气氛之后，是人声鼎沸的欢庆锣鼓声。

然攘外未已而内患又起，“九品中正制”令官吏制度僵化，门阀士族垄断政权，地方官僚大兴贪贿之风，朝纲渐腐。孙恩、卢循、桓玄等大族、重臣趁机起兵造反，经过 30 多年混战，北府兵将领刘裕最终建立刘宋政权，取代了东晋。而此时的王谢氏族在乌衣巷的高府华第早已颓荒败落。

刘禹锡提笔铺纸，笔走龙蛇，雪白的宣纸上落下了乌衣巷的字迹，曾经筑巢在王导、谢安两家的堂前紫燕，如今飞入的已经是寻常老百姓之家。这首七言绝句廖廖数笔就道尽了朝代兴废的无奈，将怀古诗写到了极致。景物寻常，寻味无穷。

建康城仅在东晋朝，就数次陷于战火。南宋时期，建康城一度得到恢复发展，人们又在倾圮的王谢故居上重建“来燕堂”，成为抒发思古幽情的胜地。虽然处在历史的夹层，战乱不断，充满血腥，但魏晋风流穿越唐宋风尘，依然令千年之后的我们神往。

“山阴道上桂花初，王谢风流荡晋书”，魏晋风度，所谓真名士自风流，他们崇尚自然、狂放不羁、率真洒脱，从三国时期曹魏的何晏、王弼到竹林七贤的名士嵇康、阮籍，从西晋的王衍、乐广到江左领袖王导、谢安，那一派烟云水气的气度，才能造就《兰亭集序》等名篇。而以魏晋风度为开端的士大夫精神，奠定了中国知识分子的人格基础，影响极其深远。

乌衣巷，这条十里秦淮的古陌小巷，千百年来吸引了无数人前来凭吊，到此一游的名单里有李白、崔颢、刘禹锡、杜牧、李商隐、韦庄等唐诗作者，也有王安石、周邦彦、朱敦儒、萨都刺等宋词作者。唐诗宋词皆唱乌衣巷，成为中国文学史上的文化奇观。

无论苦难的中国经历怎样的流离战乱，诗与远方，一直是慰藉我们心灵的力量。

李香君故居陳列館
10元 RMB/人
09:00-22:00

相思落寞空一寂

媚香楼

若是三观尽毁

就算往日缱绻如棉

我亦可决绝

媚香楼：南京市秦淮区钞库街 38 号

一朵桃花灼灼其华，二朵桃花媚似人眼，三朵桃花泪痕点点，舞尽桃花扇底风的苏州美人李香君，色倾城，爱倾国，为了所爱血溅折扇，这份刚烈忠贞岂是一个青楼女子的担当？若是生死相许的情郎识时务成俊杰，她宁可古佛青灯孤独终老，永做大明的子民，这种民族主义的情怀又有几个男人可以做到？梳妆镜前，看着里面那张苍老的脸，拿起木梳轻轻滑过满头暮雪，仿佛正在为我梳妆的人依旧是玉树临风的你。我不曾忘却你许下的诺言，你说，要用十里红妆，换我一世倾心。可你不是那个仗剑天下的侠客，于是，我将青春交给了山林，将爱你的心化作了空灵。

珠帘半卷，暗香盈袖，媚香楼里是你唱不完的哀愁。你拼却一生，陪他仗剑天涯路，为真爱，你铮铮傲骨，从此，天下人为你歌尽桃花！

朦胧桃花扇底风

明天启四年甲子，我出生在苏州阊门，我本姓吴，家中有两个哥哥，父亲因是东林党，被魏忠贤治罪后家道败落，我像一只蝴蝶漂泊在异乡。

秦淮名妓李贞丽是我的养母，8 岁时我跟了她的姓。从那时我就开始跟着师傅苏生昆学昆曲，《牡丹亭》《琵琶记》都唱得好，琴棋书画都是每日必习功课。

江南佳丽地，金陵帝王州。金陵城的秦淮河边有闻名遐迩的秦淮青楼，也有南方最大的考场江南贡院，无数的读书人来这里搏杀功名，考场和欢场之间，荡着小船就可以往返。船可以直接停靠在佳人花楼下的小码头，通过一个暗道，踏入温柔乡，夜色中悄悄地来去。这样的风雅风流怎不让考生心向往之？

《左传》中有“兰有国香，人服媚之”，我住的小楼就叫作媚香楼，凭窗而立，河水潺潺，带走几多春愁。我轻易不见人，人们盛传我的容貌是冷香摇落桂花存。

梨花似雪草如烟，春在秦淮两岸边。崇祯十二年，复社成员陆续来到贡院赶考，青年才俊云集，书生意气，挥斥方遒。他们都是东林党子弟，又多与侯家是世交，彼此意气相投，出则忠义，入则孝悌，过从密切。他们常常聚在一起说诗论词，文采风流，冠绝一时。他们也常来媚香楼听我弹琵琶，他们喜欢喊我的绰号，香扇坠儿。

那一年我16岁，初遇侯公子，他英俊潇洒，和方以智、陈贞慧、冒辟疆合称为复社四公子。我们一见倾心，两情相悦。在这个爱巢里，你侬我侬，情深绻绻。

他的声名是如此显赫。其令尊侯恂和叔父侯恪都是东林党人，政坛上举足轻重。他少时被称为神童，后来又受到许多名儒指点，文章卓而不群，十多岁就名满天下，海内名士争相与之结交，已然成为文坛领袖。

媚香楼里摆放着书画古玩，墙上挂着我画的寒江晓泛图，寒雪弥漫的清江之上，一叶孤舟荡于江心，天苍苍，水茫茫，人寥寥，侯公子说他很喜欢。那时，他的父亲侯恂因朝中党争下狱，人情冷暖，想必他早已经尝尽。

以他的家世，将我梳拢应该不费吹灰之力。我等待的这一天终于到了。很多名流来喝我们的喜酒，侯公子将一柄镂花象牙骨白绢扇送给了我，扇上系着侯家祖传的琥珀扇坠。题诗曰：春溪尽是辛夷树，不及东风桃李花。

那天晚上他喝多了，酒后吐真言，原来，侯公子家道早已经中落，是他的好朋友杨龙友给了资助，却不想其中有诈。后来他才知道，原来是阮大铖在暗中帮助。在知道真相后，我立即下妆卸下首饰，这个新婚之夜如芒在背，花烛燃尽到天明。

阮大铖奸诈阴险，先依附东林党，后归附阉党，为世人所不齿。我把自己心爱的首饰都变卖掉，又问姐妹们借了钱，凑够了数退还给阮大铖。这让阮氏难堪不已，从此埋下祸根。

侯公子竟然乡试落第，我相信是有人作祟。明崇祯十六年癸未，他以一篇《代司徒公与南宁侯书》止左良玉大军于江州，免却陪都之难，却又被阮大铖诬陷为金陵城中的内应。侯公子百口莫辩，离开我，流落江南。

我在桃叶渡为他摆酒送行。蒹葭苍苍，斜阳古渡，虽然我多么希望他能渡我一生，到繁花千树的彼岸，却怕公子不识归来路啊。他说不久即返金陵，可我不能全信，我想我终于枯萎，不复歌矣。

扁舟载月明，深入红云去。日日耳鬓厮磨的侯公子真的走了，我洗尽铅华，闭门谢客。从早到晚懒梳妆，倚栏期待云中可有锦书送达，慰藉我寂寞的心。

很快，时局就发生变化，李自成攻破北京，崇祯皇帝自缢。但南方各地还在明朝控制之下，国不可一日无君，崇祯的堂弟朱由崧被拥立于南京，改元弘光。阮大铖重新被重用，手握重权的他一心报复，铲除异己，复社成员纷纷被捕。

在阮大铖的怂恿之下，弘光皇朝的红人田仰迎亲的队伍忽然来到媚香楼楼下，我撞向桌角以死明志。桌上的那把扇子是侯公子与我定情的信物，血溅诗扇，就好像朵朵桃花娇艳凄美。杨龙友就着血迹，勾勒了几笔，几枝桃花跃然纸上。阮大铖一计不成又生一计，将我献给新朝的皇上为歌姬。

侯公子去投奔了父亲的门生史可法。后来，侯公子和高杰的大军去商丘驻守黄河，防止清军南下。彼时，黄河的对岸已依稀传来清兵的号角。纵然梦想挽狂澜于既倒，侯公子四顾萧然徒奈何。

弘光元年三月，清军南下打过长江，弘光帝闻风而逃，最终被部将劫持献给了清军。南京城不攻自破，我逃出皇宫，远看媚香楼燃起熊熊大火，无助中师傅苏昆生路过，将我带到栖霞山下的尼姑庵中。有昔日的姐妹卞玉京相伴为尼，我想在这里青灯黄卷度残生。

后来我才知道，这天夜里侯公子也正在媚香楼附近，他是在扬州兵败后脱身返回金陵的。到达时正逢清兵肆虐屠城，他焦急地找了我整整一夜，也没能见到我。

那年的暮春，桃花落，人间四月芳菲尽。侯公子上山寻到了我。侯公子说："大明真的可以复辟吗？"他叫我失望，可是，爱是豪赌，愿赌服输。我尘缘未断，而他在我的劝说下，答应隐退，于是我们二人双双回到了他的故乡商丘。

那段时光温馨宁静，然而当青楼女子的身份被父亲得知后，他一怒之下将我赶往离家 15 里以外的打鸡园。此时的我发现已经有孕在身，在母亲的苦苦哀求下，父亲才派了一个丫环前来照顾我。此时正好夫君去了南方为我求子嗣。

他回来后，向父亲长跪不起，替我分辩，我虽身居青楼，但却卖艺不卖身，然而父亲依然不为所动，不能接纳我。我产下一子后，父亲不准他姓侯，只能随我的姓，我的心情郁闷至极。可是，我终究不悔这份情，因为，他是我唯一爱过的人，相信，他也一样。几回梦魂与君同，独留声泪谁可怜？

孔尚任：历时数载　琢玉而成

李香君之魂魄：舞低杨柳楼心月，歌尽桃花扇底风。桨声灯影里的秦淮河丝竹声声，酽酽的波光里有纸醉金迷的放纵，今朝的容颜老于昨晚。媚香楼一直在，我的魂魄也一直在这里。那年我30岁，产子后不久便含恨离开人世，侯公子在我死后一年多，也郁郁而终，年方37岁。孔大人是孔子的后人，因为被桃花扇的故事所感动，写成戏曲名篇，从此大江南北，遍唱我们的爱情悲剧。

清军的铁骑从关外呼啸而来，八旗士兵，骁勇善战，中原之上，谁能与之抗衡？

晨曦初上之时，康熙在金陵的明故宫遗址下马，对着南明的宫殿三拜九叩行了大礼。随后，他又风尘仆仆赶到曲阜的孔庙，依旧是三拜九叩，并且放下九尊之身，和孔家后人促膝长谈，这一切，不仅让孔家子孙感激涕零，也俘获了许多文人的心。

满族本身是游牧民族，在如此短暂的时间就发展壮大，进关覆灭了大明王朝，满族的首领们绝不是酒囊饭袋的等闲之辈。要想真正地统一汉族地区，就要融入汉族文化，而汉文化的核心是孔儒文化。因此，孔尚任正是他需要的代言人。

作为孔子六十四代孙的孔尚任，早年隐居石门山，这次康熙南巡至曲阜时，他为康熙讲说经义，导游孔府、孔庙、孔林。事后，他受到赏识，被破格授国子监博士，累迁户部主事、员外郎等职。

孔尚任奉命随工部侍郎孙在丰到淮扬，协助疏浚下河海口，借着在淮扬一带办差之机，遍访明末遗民，踏遍了几乎所有的南明故地。他结识了“四公子”之一的冒辟疆，细细记录当年旧事。他还专程来南京住了两个月，多次来到媚香楼。

踏进这座清代河厅河房建筑，攀上窄小的木楼梯，在他的眼前，狭小的卧室里有一张红木的大床，就是当年的婚床，不免令人遐想。一个是风流倜傥的翩翩公子，一个是娇柔多情的青楼玉女，就在这里缱绻依恋。风还在吹，却再也吹不到当年的一对璧人。

李香君之魂魄：若把柔媚的桃花比作粉红面颊的少女，最是恰当。每当我想起爱人，无论我多么苍老，都会情似少女，爱意不绝。孔大人懂我，是除了侯公子之外最明白我的知己，他倾其一生，饱蘸同情，一笔一笔描摹我的心。同是散文大家，他也和侯公子惺惺相惜。

二十年磨一剑，经三易其稿，52岁的孔尚任终于在1699年完成了名垂千古的不朽剧作《桃花扇》。王公缙绅传抄不已，一时洛阳纸贵，各种剧种开始在全国各地频繁演出。

内廷宴集，非此曲不奏。康熙最爱此剧，总是边看边叹道，弘光朝如何能不灭亡呢！康熙是想以之作为历史鉴戒，告诫臣属毋蹈南明覆辙。然而，随着《桃花扇》的影响越来越大，在国人一片唏嘘长叹中，康熙终于下定决心，将刚上任15天的户部员外郎孔尚任罢免了。

《桃花扇》中，侯方域一出场就吟诗，吟的是《恋芳春》：孙楚楼边，莫愁湖上，又添几处垂杨。偏是江山胜处，酒卖斜阳，勾引游人醉赏。学金粉南朝模样，暗思想，那些莺颠燕狂，关甚兴亡。

一段风雨飘摇的时代里的爱情就此展开。

世人将孔尚任与《长生殿》作者洪昇并论，称为“南洪北孔”。这两部作品代表了中国古代历史剧作的最高成就，也是中国昆曲鼎盛期最后的两座巅峰。

吴梅：昆曲戏痴　冯喆：人生如剧

李香君之魂魄：此后经年，据孔大人《桃花扇》改编的各种剧作一直盛演不衰，尤其以昆曲为最美。吴梅教授发扬了昆曲的华美，传承了姑苏水乡水磨调的婉转悠扬。我和侯公子所处的时代，是乱世，血雨腥风，城头变换大王旗。在兵荒马乱中挈妇将雏辛苦奔走，在国破家亡后苟且偷生。人生如戏，怎能不好看？

1935年的金秋，一个阳光的下午，中央大学教授吴梅带着学生们沿着秦淮河信步而走，不知不觉就来到紧挨着河边的媚香楼。这座小楼坐南朝北，三进两院，背依秦淮河，是典型的“青砖小瓦马头墙，回廊挂落花格窗”江南民居风格。

这位集著曲、度曲、藏曲、唱曲、教曲于一身的大师，先后在北京大学、东南大学、中央大学、中山大学、光华大学、金陵大学任教授，弟子中既有名教授、大作家，又有梨园界的大师，可谓桃李满天下。朱自清、田汉、郑振铎、齐燕铭都是他的学生。就连名角梅兰芳和俞振飞，见了吴梅也要称先生。

吴梅爱昆曲如痴，一生为昆曲事业呕心沥血。1932 年 11 月，吴梅和票友成立了“紫霞曲社”，常在南京东郊的紫霞湖游赏唱曲。1935 年 10 月，由苏州“昆剧传习所”毕业班组成的“仙霓社”首次来宁，在南京大戏院连续公演 20 多天，演出戏码 200 多折。吴梅促成中央大学中国文学系停了半个月的下午课程，由他亲自带领全系师生去观摩了“传”字辈的演出。

吴梅成为第一个把昆曲带入大学课堂的教授。他开讲《曲选》和《曲律》课时，随身携带笛子，边吹边唱。他讲昆曲《桃花扇》，直接带学生们来到李香君的媚香楼。寓教于乐，理论与实践相结合，就是吴梅的教学风格。

吴梅对学生们说道：“国破家亡时，最缺的就是有气节的人，有自己风骨的人李香君有着强烈的正义感、爱国心和高尚的情操，秦淮八艳让男人也汗颜啊。”

有学生问道：“吴老师，有两句诗‘两朝应举侯公子，忍对桃花说李香’写得太辛辣了！李香是李香君的别名，是吗？”

“是的。参加清朝的科举考试，意味着对明朝失节，这是侯方域这样的名人一生无法抹去的污点，所以，他带着深深的悔恨，把自己的家叫做壮悔堂，著有《壮悔堂文集》。”吴梅答道。

吴梅和李香君的本姓一样，这似乎是冥冥之中的安排。1936 年

12月，北京的昆弋班“祥庆社”到南京公演，因班中昆旦名角韩世昌早年已拜吴梅为师，另一位小生演员白云生便乘这次到南京的机会，也向吴梅拜师，学习了《桃花扇·题画》等戏目。

李香君之魂魄：《桃花扇》有多种版本，有我和侯公子双双出家的，也有我不接纳侯公子愤而自杀的，也有我独自在庵里孤独终老的，不同的版本，一样的爱国心。几百年来，我亲眼目睹了沧海桑田，时代巨变，那么多的人喜欢这部戏，是因为寄托了他们的民族情怀。

出身知识分子家庭，自幼多才多艺，大学骄子，年少从影，早年成名，远赴香港，著名演员冯喆有着骄傲的过去，面对香港的富贵生活，他选择了回到当时尚且贫困的内地。

他是那个时代的偶像和性格演员，在英俊之外又多了一种文雅、风流和倜傥。这种倜傥的味道在一举手、一投足之间散发，是别的演员所没有的。

《桃花扇》是西安电影制片厂1963年唯一投产的一部影片，全厂投入了大量的人力、财力。冯喆被西影厂盛情特邀主演侯朝宗（侯方域字朝宗），上影厂的王丹凤饰演李香君。

烟笼寒水月笼纱，夜泊秦淮近酒家。杜牧的名句，冯喆从小就能脱口而出。他想起以前多次在秦淮河边徜徉，也去媚香楼探寻过，其大门的楹联“花容兼玉质，侠骨共冰心”概括出了主人的品质。楼下小小的院落里，芭蕉树叶青翠欲滴，四处透着淡淡的雅致。

李香君之魂魄：冯喆的外表和侯公子简直一模一样，清瘦，俊逸，深情。暮暮与朝朝，他都是那样清晰的存在。谢谢你来，又和我重逢。

此时，冯喆一边看着剧本，仿佛觉得自己已经化身侯方域，入戏了，于是出现了电影中那催人泪下的那一幕：两人再次相见，山河已经易色，李香君绝没想到的是，她心爱的人脑后已经拖上了长辫，归降了清人。惊谔，痛心，绝望，李香君愤然撕碎了那把桃花扇！落魄的侯公子满眼愧疚，默默转身离去，步伐沉重，心如死灰。

在影片里，冯喆演绎的侯朝宗腹有诗书气自华，始终是君子谦谦，谈吐风雅，成功再现了一代名公子的坎坷经历。电影《桃花扇》至今留存在无数观众的记忆中，两位主角出色的表演令人难忘。

然而不幸的是，《桃花扇》还未公映，冯喆则等来了铺天盖地的大字报，遭到厂里造反派的围攻和批斗。

他百思不得其解，极力申诉，得到的是一次比一次更厉害的批斗。他被迫穿着戏服拿着一把绘有桃花的扇子在卡车上游街示众。

1969 年 6 月 1 日，冯喆被发现悬梁。一代名伶，风流云散，此事成了千古疑案。

冯喆活了 48 年，银幕上留下了他英俊的面容、优雅的气度。直到 1979 年 1 月，电影《桃花扇》才得以公映。2005 年，在中国电影诞生 100 年之际，冯喆被评为中国电影百位优秀演员。

当年鳞次栉比的绣楼如今所剩无几，唯有这座保留完好，是因为人们对李香君的敬重。秦淮河里的画舫依旧，媚香楼里似有一佳人，依旧宛在水中央。李香君为了捍卫忠贞爱情和家国大义，宁为玉碎不为瓦全的故事还将一直传唱下去，纵然那把扇子上的血色桃花已经黯淡了颜色。

售票处
保持一米距离

随园和芥子园

诗与美食不可负

放任对生活的热爱

晚风里飘来炊烟里的菜香

而你，在我身旁

随园：南京市鼓楼区广州路西侧

芥子园：南京市秦淮区夫子庙老门东三条营

诗酒人生，是古代士大夫的终极梦想。读袁枚的《随园食单》，能看见火苗舔着盛放新鲜食材的铁锅锅底的样子，能闻到盘中那盘梨炒鸡飘过来的香味儿，能感受到夏日晚风里友人来访的热情。李渔的芥子园，在金陵红极一时，他倡导的江南精致生活韵味的人文理念，影响了大半个中国的文化生活。曲笛绕落花，三弦抚芳草，鼓板敲夕阳，筚篌听细雨，他的李家班书写了梨园神话。他们生活的时代是康乾盛世的一头一尾，相隔百年，默契的是，他俩都是天才般的存在，都是诗文俱佳又引领生活潮流，都是官场商场游刃有余的人精，都是从人家天堂的杭州迁居到金陵，六朝古都的烟水气氤氲弥漫，令他们不可自拔地爱上了这曾作为魏晋都城的风流之地。

中国历史上，有8位著名的美食家，孔子、曹操、杜甫、苏轼、张岱、李渔、金圣叹和袁枚。李渔特别爱吃鱼也会吃鱼。袁枚则以美食家的身份，写下了一本美食圣经——《随园食单》。甫一出版，就被人疯狂购买，被看作中国饮食烹饪文化史上的里程碑。

中国古代最浪漫的一群人，大概要属魏晋的名士。名士风度从秦淮河流淌荡漾，穿越岁月的浮云，到了明清时期，金陵这座繁华的商业城市，依然有侈靡的生活消费风气。而在那个严酷的文字狱时代，纵情于声色犬马也算是一种生存方式，李渔和袁枚这两个才艺双绝、儒商大咖的横空出世，在一定程度上促进了烹饪艺术的发展。由于他们的记录总结和理论创造，晚明盛清成了中国古代饮食烹饪文化史上大放异彩的历史时段。

一砖一瓦亲手搭建时尚舞台

在南京，每一次经过上海路和广州路的交叉口，都会看到含有“随园”两个字的一些店家招牌，总以为这个古老的地方是有迹可循的，只是一直没有机会去寻觅。等到有了时间可以去寻踪的时候，才发现这块诞生过《随园诗话》《随园食单》等文化佳篇的建筑早已荡然无存，历史概念的随园虽然已经不存在了，但是随园的主人袁枚数百年来依旧热度不减。

随园的遗址大约在广州路的西侧，另包括南京师范大学随园校区。

1739年，乾隆登基四年了，24岁的钱塘人袁枚考中进士入翰林院。钱塘也就是今天的杭州。不久，袁枚出仕江苏，历任溧水、江宁、江浦等地县令。他天生就不喜欢早起，但当个七品芝麻官也是十分忙碌的，白天出门办事到处跪拜，晚上回到衙门，又有百姓围着要申冤。终于下公堂了，桌上的文书又堆积如山。好不容易脱衣休息了，驿站又说某位官员已经到了某某地方，要去准备迎接。另外，官场上规矩太多。下级参见上级，要用小跪的姿势，远远地就跑着碎步上前；参见的名帖，写职务时字迹要小，不然就是不敬。袁枚哪受得了这种束缚，33岁那年，朝廷正打算给他升职，但他借口要奉养母亲，就辞官归乡了。袁枚放下了官场上的苟且，开始寻找属于他的诗和远方。

辞官前一年，袁枚用三百两银子买下金陵城郊的一座废旧庄园，修葺改造。这里原为曹雪芹祖父曹寅的园林，建于1706年前后，《红楼梦》里大观园的前身。曹家没落后，园林归于接任江宁织造的隋赫德，当时也叫“隋园”。后隋赫德又被抄家，1748年袁枚购得此园，“随高置楼、随溪建亭、随涧搭桥、随流作舟”，借来故乡杭州的苏堤、白堤、断桥景致，一草一木，一石一水，打造自己的爱巢。

袁枚还给这个园子起了一个新的名字："随园"。因为工程浩大，很快就因为囊中羞涩而无法继续进行下去了。于是，他将园中的一部分田地池塘租给农民养殖花卉，种植蔬菜。他还去掉院墙，放鹤去寻山鸟客，任人来看四时花。逐渐地，他的随园受到越来越多人的追捧和喜爱，一年的游客数量就超过十万。乾隆在二下江南的时候，也曾将游访随园列入行程之内，只是由于种种原因未能成行。

巧合的是，近一百年前，也有一位钱塘人士，爱上了金陵的山水。1662 年，清康熙元年，李渔 52 岁时举家从杭州迁居南京，先居住于金陵闸附近，后来在金陵最繁华的十里秦淮建造芥子园，一住就是近 20 年，度过了一生当中最为辉煌惬意的一段时间。

自从 1646 年大清军队攻占李渔家乡金华府之后，他无数次从噩梦中惊醒，那恐怖的一幕无法从脑海里散去，他自家的房子和无数藏书被烧了，城上人头落如雨，亲朋好友瞬间成鬼。经历了国破家亡的李渔才发现，能够活着已经很好，换一个环境，对他身心都有好处。

1668 年，他终于筹集到建园资金，开始打造芥子园。虽不及三亩，但在李渔的精雕细琢下始臻佳境，芥子园是园林史上小巧且经典的代表之一。芥子园有着中国园林的设计哲学，无论人站在哪里，每一个角度看出去，眼前的景物构图都像一幅画。园内既有浮白轩、栖云谷等，又有丹崖碧水，茂林修竹，鸣禽响瀑，茅屋板桥，凡山居所有之物，无一不备。赤子般回归自然和本性，就在都市打造一个世外桃源。

1677年春天，67岁的李渔叶落归根，举家迁回杭州。此园日渐荒废，但假山池塘犹在。清末蒋百万在此筑西园。民国时，芥子园原址还有些假山，后逐渐湮没。现在的芥子园系根据史料记载而复建。复建在三条营蒋百万故居西侧，与专家们考证的原址江宁路西侧老虎头5号相差约300米。

南京以中华门为界，左右称为门西和门东，因为是老城南民居聚集地，所以一般在门西、门东前面加一个“老”字。老门东向里走200米左右，左边有个三条营，巷里向前50米左右就是芥子园。在这个重建的私家花园里，亭台水榭，风景秀丽，远处大报恩寺与其遥相呼应。

佛教里有个词“芥子须弥”，指微小的芥子中能容纳巨大的须弥山，这也是芥子园的名字由来。李渔的这种园林美学应该影响到了袁枚，随园的设计也是小巧玲珑，内藏乾坤。而且移步换景，处处体现了中式美学的娴熟运用，以及山居的禅意风。日积月累，他的随园里有了小仓山房、云舍、书仓、金石藏、小眠斋、绿晓阁、柳谷、群玉山头、纪清客、双湖、柏亭、澧碧泉等24景，几乎浓缩了历代名园的精华。芥子园和随园里都有很多石笋，这样的设计，其他园林几乎是没有的。《红楼梦》里，薛宝钗居住的蘅芜院里，一进门就是密密的竹笋，这就是根据芥子园和随园来写的。

叩开随园的柴门，短篱笆前面是一片翠绿的竹林，然后进入大院，有三间屋子，从屋子西面下坡，可以入园子，从屋右边登上曲折的回廊，就可以通内室。还有个缠绕着紫藤的画廊，秋藤甚古，布阴满庭。

循廊登小仓山房，庭中花鸟树石，别有天地。

随园窗户的装饰，引进西洋欧式的五彩玻璃，其色彩有蓝、绿、白等多色。在水精域这个地方，满窗嵌白玻璃，湛然空明，如游玉宇冰壶也。在蔚蓝天这个地方，皆蓝玻璃。在绿净轩里，皆为绿玻璃，掩映四山，楼台竹树，秋水长天，一色晕绿。其小资情调漫溢。在这些有玻璃的房间里，两壁置宣炉，冬天烧炭，温暖如春。

王羲之有兰亭，王维有辋川别业，袁枚也有他的随园。朝阳初升，万绿齐晓。在一个完全由自己设计的大宅院里生活，过听从己心、无问西东的生活。这是多少人的梦想啊，他做到了。这样的快意人生，夫复何求！袁枚在修葺随园的同时，也是在营造自己的精神家园以及日后展示时尚生活的舞台。

金陵时尚教主的接替

而芥子园，不仅仅是康熙初年金陵时尚教主李渔的时尚舞台，更是他南征北战进行文化传播的起点。

遥想当年，芥子园不知让李渔萌生了多少写作灵感！李渔毕生从事文化创作与演出，被后世誉为“中国戏剧理论始祖”“世界喜剧大师”“东方莎士比亚”。只要是说起明清文学，他就是个绕不开的人物，各个门类都有着他的身影，他还是休闲文化的倡导者、文化产业的先行者。

李渔一生都不肯写悲剧。小说也好，十部戏也罢，无一不是喜剧结尾。人生如戏，人生太苦，李渔作为明朝遗民，处于明清变鼎之际，耳闻目睹了清人平定江南的“扬州十日”“嘉定三屠”诸多暴行，自号“湖上笠翁”的他，行走于江湖之中，必须如履薄冰，步步小心，那是需要人生智慧的。所以，他总爱在自己创作的故事中补一个完美的结局，聊以自慰。

李渔的商业触角相当敏锐，有了芥子园后，他组戏班演出、开出版局，芥子园因此声名鹊起。他经营的芥子园书铺，不仅刻印《水浒传》《三国志演义》《西游记》《金瓶梅》等热销名作，而且他的全部作品也都在自己的书铺印刻。李渔的小说和戏剧在当时很畅销。一部新作，数日之内，三千里外就能见到刻本。有时，他的剧本上半部刚脱稿即被抢去付诸演出，不能不急急撰写下半部以为后继，许多优伶以能搬演李渔作品而身价倍增。

当时金陵的书商盗版最为猖獗。李渔改造印刷技术，注重装帧设计，在与伪书、劣书的竞争中终于脱颖而出。

后来“芥子园”书铺屡经转手，但李渔奠定的良好传统一直保持，使芥子园成为清朝出版业的著名品牌，沿袭两百多年，直到，芥子园终因入不敷出而日渐颓败。

1671 年，年已六十的文学巨匠李渔打算写一部新奇、特别的书。李渔铺开了宣纸，红袖添香的美人研好了墨，他呷了一口故乡的龙井茶，开始笔走龙蛇。这次，他谈的都是些生活日常，比如，螃蟹要怎么吃才美味，酒用什么材质的杯子喝才有味道，家里要摆什么饰品才有情调，女人要怎么打扮才显风情，居家要怎么自在，旅游又如何舒坦，夏冬怎么颐养，等等。本来是随便聊聊他对生活的心得，一不小心又流芳千古了，高格调生活指南《闲情偶寄》内容包含戏曲理论、饮食、营造、园艺、养生等，被誉为古代生活艺术大全，名列“中国名士八大奇著”之首。

多年后，袁枚接过李渔金陵第一时尚教主的旗帜，成为跨界的斜杠中青年。自号“随园老人”的袁枚诗文冠江南，撰有《小仓山房文集》《随园诗话》《新齐谐》和《随园食单》等，与赵翼、蒋士铨并誉为乾嘉年间性灵派“江右三大家”，与大学士纪晓岚时称为文学上的“南袁北纪”。

袁枚诗主性灵，是清代文坛性灵派主将。他强调的是真实自然、自我适意却又追求超然之韵的文学思想与审美意识，主要表现在把自然山水性灵化，即拟人化、个性化，人与山水可以对话，同时以山水的精神来体现诗人的性灵。当然，袁枚也颇爱恐怖小说，他发挥想象力，写了一本《子不语》。

“白日不到处，青春恰自来。苔花如米小，亦学牡丹开。”随园虽然很小，名气却很大。袁枚凭借诗坛盟主、文论旗手、美食大家和文创富翁等多种名衔，也在随园以诗会友，以食会友，在宾客尽欢的筵席上，赢得了上流社会的尊重。座上客常满，樽中酒不空。诸多官员来拜访，都要在几里之外的红土桥下轿。

后人林则徐于1832年担任江苏巡抚高官，有一次林则徐与一群同僚去随园游玩，依然遵循袁枚在世时候的惯例，在几里之外的红土桥就下轿，步行走到随园。袁枚的声望与地位可见一斑。

当然他也成为各地门生故旧、社会名流宴请的对象。早年，袁枚一年中有一半时间出门远游，览胜访友吃美食。晚年他只在南京附近的州县走动。80岁那年，他去了扬州。镇江的弟子知道他爱吃鲥鱼，特邀老师去镇江住了一段时间。扬镇之游是他最后一次外出。

他太爱金陵的六朝烟水气了，他生要做金陵人，死要做金陵鬼，甚至，这个特立独行的才子，把自己和家人的墓地都建在了自己家里的小苍山上，而不是荒山野郊，他太怕寂寞，太贪恋他的随园了。嘉庆二年冬，82岁的袁枚在金陵仙逝后，被安葬于小仓山的百步坡。太平天国定都天京时，随园被平垦为田，历经数百年的私家名园从此不存于世。

李渔的一生并不安顺，乡试屡屡落第，又经兵乱，不得不奔走于达官显贵以求庇荫，同时他也勤于写作，身为戏曲理论家、戏剧作家，他一生著述丰富，著有《笠翁十种曲》《笠翁一家言》等500多万字。他还批阅《三国志》，改定《金瓶梅》，倡编《芥子园画谱》等，是不可多得的一位艺术天才。其中，传世名著《芥子园画谱》，介绍了中国画里的山水画、梅兰竹菊画以及花鸟虫草绘画的各种技法。在芥子园生活的那段日子，是李渔一生事业的鼎盛时期。

55岁时，李渔远游西北，在临汾和兰州获得地方官和贵人相赠的乔、王二姬，李渔慧眼识珠，悉心调教，让她俩分饰旦、生两角，成为家庭戏班的台柱。由李渔自任导演的李氏家班从此红遍了大江南北，影响波及大半个中国，推动了昆曲艺术的发展。

将食色性也发挥到极致

李渔是一个难得一见的美食家，其饮食原则可以概括为24字诀，即：重蔬食，崇俭约，尚真味，主清淡，忌油腻，讲洁美，慎杀生，求食益。这正表现了中国传统食文化的追求。他特意将西湖莼菜与香菇、蟹黄、鱼肚放在一起烩汤，做成“四美羹”，众人饮罢无不叫绝。《闲情偶寄》中的“饮馔部”，正是李渔毕生讲求饮食之法的专著，生动地再现了明末清初的乡风食俗以及江南食话。他主张于俭约中求饮食的精美，在平淡处得生活之乐趣。

李渔的生活哲学和处事理念都让袁枚心有戚戚焉，如果他早生一百年，他确定他俩一定是俞伯牙和钟子期那样的知己。当然，天才般的李渔自带的五彩光环依然是自己不敢望其项背的，所以，他一定要在某些领域做到登峰造极，比如说做一个真正的美食家。

李渔称赞笋是至鲜至美之物，肥羊嫩豕，何足比肩！在蔬菜里，他特别偏爱笋，难怪在他的园子里，连石头都是笋的模样。他说：“肉之肥者能甘，甘味入笋，则不见其甘而但觉其鲜之至也。”说的便是江南名菜腌笃鲜。微微的炭火烧着砂锅，咸肉、鲜肉、鲜笋在浓白的汤汁里沸腾，发出“笃笃笃”的声音……奶白色的汤头、嫩黄的春笋、嫩粉色的咸肉，还有一小撮儿翠绿的葱花，好似一幅江南春景图。喝上一口，鲜掉眉毛。袁枚爱笋也是如此，春笋如此美妙，脆嫩爽口的质感，无论炒、炖、焖、煨，或是其他食材搭配，都从容不迫。他在《随园食单》里记载：“笋切方块，火肉切方块，同煨。”吃上一碗腌笃鲜，便拉开了烟雨江南春天的帷幕。

李渔爱吃香菇，他说菇类集山川草木之气，是水中生的“莼”。袁枚同样对香菇赞不绝口，他的菜谱中，有一道“王太守八宝豆腐”也是要在香浓的鸡汤中加入香菇。香菇切丁，豆腐也要切碎。八宝代表了还有更多的佐料，比如蘑菇、松子仁、火腿之类。

为求得食谱，袁枚不惜一切代价。一日，袁枚应邀去蒋侍郎家做客，蒋侍郎请他吃了道色泽美观、味道不俗的豆腐。袁枚吃完赞不绝口，当即索要食谱，蒋侍郎不给他。袁枚表示愿重金买下，蒋侍郎还是不给他。袁枚急了，当场鞠了三个躬。蒋侍郎见状大笑：“子才不曾折腰事权贵，而今却折腰为豆腐！”说完，就把食谱送给了他。这道豆腐的做法因此被命名为“蒋侍郎豆腐”。袁枚记下的豆腐食谱，就有蒋侍郎豆腐、杨中丞豆腐、王太守豆腐、程立万豆腐、张恺豆腐、庆元豆腐等。

他对于美食的极致追求与享受，远远超出了常人。他在外面每吃佳品，必命家厨登门求教，回来后向他报告要领，他随手做笔记。如果对方不教，他想吃的时候，就命人抬着轿子去把别人家的厨师请来随园。

袁枚的家厨王小余乃一代名厨，使他得以遍尝各式美味。王小余死后，袁枚十几年都忘不了他，吃饭常常吃得泪流满面，还为他写下了中国史上第一篇厨师传记——《厨者王小余传》。

一次他在广州吃到鳝羹很美，就请来主人家的厨师讨教，厨师说：不过是现杀、现烹、现熟、现吃，不停顿而已。此后，“戒停顿”成了随园的要求。就这样边吃边记、涉笔成趣，袁枚积 40 年之功写出了《随园食单》。全书分为须知单、戒单、海鲜单、江鲜单、特牲单、杂牲单、羽族单、水族有鳞单、水族无鳞单、杂素菜单、小菜单、点心单、饭粥单、茶酒单 14 个部分，详细论述了当时流行的 326 种菜式，包括京菜、粤菜、徽菜、鲁菜等地方菜式，南北兼有。这本美食百科全书也成就了袁枚的“食圣”之誉。自问世以来，长期被公认为厨者经典，不仅在国内广泛流传，甚至还受到国外烹饪界的重视，早先有日文译本，后又有英文、法文译本出版，成为世界著名烹饪专著。

随园，不仅是赏景观光的园子，更是袁枚精心打造的美食文化中心。随园的东侧有一百多亩农田专门种植自用的稻米和蔬菜，随园的私房菜酒楼客满为患，要提前很多天预定，酒赋琴歌，风雅至极。每次有客到，他不仅会派人将餐桌摆到湖光山色中的亭榭，还会安排美女弹奏跳舞，为随园吸纳了一大批忠诚的食客。

袁枚被称作清代第一好色男人，除了小妾成群，还有数不清的女弟子。他还好男色。他的损友赵翼这样说他："园伦宛委，占来好山好水，乡觅温柔，不论是男是女。"他根本无所谓，刚好他的前任教主也是不在乎别人的眼光，李渔公开承认自己就是好色之徒，他和众多不同身份的女人有染，包括女艺人、女乐师、女艺伎等。色情界的殿堂级作品《肉蒲团》就是出自李渔的手笔。

李渔名满天下亦谤满天下，随着二位美姬先后离世，戏班没了台柱便散了去，李渔的生活也陷入了困顿。他享受过最美的美人，品尝过最醇的美酒，赚过雪花花的白银，可在他生命的最后十年中，竟然生活窘迫，入不敷出，举债度日，未及70岁便在穷困潦倒中离世。然而，他又比袁枚幸运，他的芥子园如今已经原样复建。

袁枚和李渔，这两个率真无羁、标新立异的江南才子在南京活出了惊世骇俗，活出了酣畅淋漓，活出了活色生香。他们可以算是传统文人中的另类，是理想十足的叛道者。琴棋书画诗酒花，柴米油盐酱醋茶，优游诗酒、风流倜傥，然而还不仅仅如此，他俩的性格如此相似，都对屋宇宅邸、觥筹交错、如花美眷有着特殊的迷恋，又都有出世入世的本事，动如脱兔好友遍天下，静如处子文坛不倒翁。好在，随园和芥子园成就了他们的理想人生，唯有美食与美景不可辜负！

天上人间苦思恋 徐悲鸿故居

君若慈悲

须怜我

憔悴至今

遇见你

我已用尽了千年的道行

再不能厮守多一分钟

徐悲鸿故居：南京市玄武区傅厚岗 4 号

流年若水，谁铭记了一剪凝眸里的柔情与凄婉？聚散如梦，谁读懂了一转侧里的徘徊与不舍？黑白的深浅，用情的技巧，为与不为的抉择，隐忍和爆发的界限，分分合合的心理底线。人生如梦，回忆如茶，如果可以简化成一幅短小的水墨画！我的忧伤不是衣衫，永远也不可能褪去了，它已经长成纹青，刺进我的肌肤里血液里，每一根线条都是对你的渴望。谁都不会知道，我的幸福需要你的摩画，细细地描，就像许多年前在学堂里你教我素描那样。傅厚岗的阳光依旧，物是人非，再回头已是百年身。问世间情为何物？教人辗转无眠？已知相思苦，不愿去相思。几番细思量，宁愿相思苦。

我和友人林先生相约去北极阁索菲特广场的咖啡厅喝一杯，那里是南京市中心一处幽静的所在，既有坐拥金陵高处的惬意，亦能触摸民国风云的气息。

喝过咖啡，我们就四处转转，林先生是民国历史研究者，说起金陵旧事，如数家珍。北极阁–傅厚岗片区里深藏着 21 处历史文化遗存，在民国时期，首都计划将这里划为“市政府行政区”，这里有原国民政府外交部旧址、八路军驻京办事处旧址、李宗仁公馆旧址等，这里也曾是文学艺术名流聚集地，是当年新兴的时尚居民小区，张伯苓、徐悲鸿、傅抱石、林散之等都曾居住此处。

在近现代，南京是中国艺术的大本营，有“艺术之都”之称。那时的中央大学艺术系集中了一批造诣高深的教授，除了徐悲鸿，还包括吕凤子、汪采白、张书旗、潘玉良、陈之佛，以及后来的吕斯百、傅抱石等。徐悲鸿、张书旗、柳子谷三人被称为画坛的“金陵三杰”。那一批画家，大多接受过西方绘画艺术洗礼，中国画的笔墨韵味里渗入了西方的素描和油画技法。南京的秋天静懿安详，暖暖的阳光褪去了夏日的炎热，最适合在这个城市里走走停停，看这古董铺子一样的城市。

位于傅厚岗4号的一座小楼，就是绘画大师徐悲鸿在南京的住所。傅厚岗位于南京市鼓楼区中央路两侧，东起百子亭，跨中央路，西至湖北路。原为一岗阜，明代府军后卫队驻在高岗上，人称府军后卫岗，后改称傅厚岗。在这里，徐悲鸿创作了《田横五百士》《徯我后》等大量代表作。

山雨欲来风满楼

以前，这里是徐悲鸿纪念馆南京馆，平时大门紧闭，并不对外开放，林先生说曾来这里调研过。古朴的木门一推开，满院的树木葳蕤，令人顿生远意。现在，这里已经成为百子亭历史文化街区的一部分，以徐悲鸿故居、傅抱山故居等11栋民国建筑为核心的建筑群是南京新的文化地标。徐悲鸿故居门外保留下来栽种大树的小院落，不再神秘了。

彼时，初到南京的徐悲鸿收入微薄，买不起公馆，与蒋碧薇的父母一起，蜗居于丹凤街石婆婆巷的中央大学宿舍区内。一幢双层洋楼，上下各八间，徐悲鸿与谢寿康、刘伯量等教授四家人分住，实在狭促。最让徐悲鸿烦心的是没有一间画室，每次作画只得去中央大学艺术系办公室。

1931年的秋天，徐悲鸿听说鼓楼东北边傅厚岗有十几亩地出售，偕夫人蒋碧薇前往一看。那里距鼓楼火车站不足一里路，有一条小铁路经城北下关贯通城南，又靠着新开通的中央路大道，交通便利，空地上还有七八棵百年翠柏，浸透了历史沧桑气息。

徐悲鸿夫妇很中意，还请被他们奉为长辈的党国元老吴稚晖来看，吴稚晖说徐悲鸿很有眼光，他慷慨出资三千块银洋买下这二亩地皮，并表示等以后徐悲鸿夫妇手头宽裕了再归还，如还不了就当是赠款，这令徐悲鸿夫妇感激万分。

“出身常州武进书香名门的吴稚晖和出自宜兴书香名门的蒋碧薇沾些亲戚关系吧？”我问道。“嗯，蒋碧薇的父亲蒋梅笙早年还曾是吴稚晖的同门学兄，关系密切，情谊深厚。”

施工中，费用陷于紧张，工程不时停下，中央大学校长罗家伦闻讯，即与化工系主任曾昭抡、体育系主任吴蕴瑞、经济系主任刘伯量等人商量出手相助，14 名教授各出 200 块银洋。

蒋碧薇在庭院里种植了许多花木，室内陈设是法国风格，雍容华贵的优雅环境，宽敞典雅的画室让大画家相当满意。他下班回家吃过晚饭便进入画室作画，佳作迭出，广受好评。徐悲鸿精心创作了 60 幅国画，分赠给在建房过程中帮助过他们的好友，作品多以奔马图、牧牛图、狸猫嬉戏图为主，还画了些兰草翠竹、梅花、秋菊等。

1932 年底落成的徐公馆楼上楼下共 200 多平方米，院子里栽满了花草。这里成了达官显贵文人骚客经常聚会的地方。蒋碧薇在自传里这样描述她的这个家：“迎门一座楼梯，楼上两间卧室和浴室，楼下前客厅后餐厅，两株大白杨树，正好就在画室的右面，遮掩着西晒的太阳。这样的大树，全南京一共只有 3 棵，从京沪路乘火车将抵下关车站的时候，坐在火车上远远便可以看到它们。”

“阿林，可惜现在白杨树没有了。”“是啊，抗战时期南京沦陷的时候，除了两棵白杨树和家里的东西丢失以外，所幸这座房子安然无恙。为了纪念沦丧的国土和流离失所的人民，徐悲鸿给自己的新家取名‘危巢’。这个名字，也仿佛为男主人和女主人的关系，预见了不祥之兆。”林先生说道。“‘无枫堂’这个名字也是充满了愤懑之情，如果蒋碧薇明白，爱情是野火烧不尽的，也许就不去烧毁这百株枫苗了吧。”我叹道。

“在徐公馆落成时，孙多慈以学生身份送来枫苗百棵。徐夫人如果任自己的家中环绕情敌的礼物，枝枝叶叶总关情，朝朝暮暮风吹叶动，对于女主人来说也是残忍的一件事啊。烧和不烧，都是两难。徐悲鸿痛心无奈之余，遂将此公馆称为‘无枫堂’，并刻下‘无枫堂’印章一枚。”林先生道。

我说道，“柔弱无用是女人最好的武器。相比孙多慈，蒋碧薇比较强势，如果表现得弱势一点，也许徐悲鸿也会心软一点吧，可是蒋碧薇当初是富家小姐下嫁穷小子，她也实在不是没有骨气的人。面对丈夫的移情别恋，她的处理也是过激了一点。”

惊天动地的师生恋

“阿林，你是南京大学毕业的，说起来，孙多慈女士还是你的校友呢。她是哪一年上的中央大学？”“这个说起来有点故事。

1928 年徐悲鸿受聘到国立中央大学艺术系任教，后来成为中央大学美术系主任。孙多慈，又名孙韵君，家学渊源，1930 年暑假，她作为旁听生到艺术系跟徐悲鸿学画。在徐悲鸿的眼里，她有着白皙细嫩的皮肤，剪着童花短发，穿一身工装衣裤，秀美可爱，而且作画天赋相当高，后来，她又成为徐悲鸿画笔下的模特。”

我插嘴道，“这一段时间，徐夫人正好不在南京吧？”

林先生答道，“是的，之后不久，徐悲鸿邀孙多慈冬游台城。孙多慈成为徐悲鸿油画《台城月夜》的画中人。一场艰难的师生恋就拉开了序幕。”“唉，外力的阻拦反而加速了这段婚外情。可是，蒋碧薇的表现也是说明了对丈夫的感情啊，当年他们私奔法国也是爱得惊天动地的。”

“爱情要长期保鲜不太容易，因为不了解而在一起，因为了解而分开。”林先生道。“哈哈，想不到，你还是爱情专家？”我笑道。“嗯，砖家，砖头的砖。我还没说完，1931 年夏天，孙多慈以图画满分的优异成绩被中央大学艺术系录取，徐悲鸿对她更加器重赏识，甚至有时上课只教她一个人，还经常到女生宿舍去找孙多慈，风言风语中孙多慈只好搬出宿舍，在石婆婆巷租了一间房子，她的母亲从安庆来南京陪她一起住。”林先生说道。

“徐大师恋爱了？还是探讨专业？”我有点不解。“恐怕这也是徐夫人想搞清楚的问题吧。”林先生道。“可是，后来，两人关系明朗化了，爱情就好像咳嗽，忍不住藏不住啊。后面发生的一切，仿佛电影情节。”“是的。”林先生点了点头。

1934年10月，刚刚从国外举办巡回展览回来的徐悲鸿，率艺术专修科绘画组三年级10余名学生去天目山写生。徐悲鸿和孙多慈在红豆树下拥吻的情景，无意被同学拍了下来。蒋碧薇闻讯后大发雷霆，她怒不可遏地冲进画室，把画室里徐悲鸿绘有孙多慈的画都撕破了。

徐悲鸿订制了一对情侣戒指，将红豆分别镶嵌其中。一镌“悲”字，一镌“慈”字。红豆生南国，春来发几枝。愿君多采撷，此物最相思。

1935年5月底，蒋碧薇来到中央大学宿舍，泼辣地斥责孙多慈勾引自己的丈夫，闹得风波很大。差不多在同时，孙多慈的父亲孙传瑗，因为收到了蒋碧薇的来信，从安庆乘船来到南京。他先和徐悲鸿在茶楼见了一面，又到访徐公馆，徐悲鸿热情留晚饭，没想到孙老先生慨然应允。这像极了戏文里的情节，正宫娘娘怒斥女学生，而接下来的一折戏则更加具有戏剧性，锣鼓铿锵，幕布拉开，场景就在徐公馆内展开——

这天晚上，雅致的徐公馆内灯火辉煌，院内的花香透过窗户飘了进来，为了陪孙老先生，徐悲鸿还请了一些文人雅士作陪，蒋碧薇的表现，像是一个善解人意的主妇。她时而谈笑如故，时而帮丈夫挡酒，显得知书达理，温柔宽厚，给孙老先生留下了很深的印象。当然，这正是女主人想要达到的效果。她知道，自己的这个表现，将直接影响他即将作出的决定。孙传瑗确实仔细观察这对夫妻的细腻举动，他要亲眼看一看，女儿涉足的这个家庭，夫妻间感情到底怎么样？

事实证明，蒋碧薇的戏演得很好，比起孙传瑗的只看表面现象，蒋碧薇的情商更高出几分，这一晚，埋下了慈悲之恋终将告吹的伏笔。

“阿林，徐氏夫妇，一个建，一个拆，不得不说，蒋碧薇还是很有能量的哦。1935 年春节之后，徐悲鸿尽力为孙多慈争取庚款留学名额，同时积极准备出版《孙多慈素描集》，在蒋碧薇的活动下，留学名单中的‘孙多慈’最终被勾掉了。”

1936 年 10 月 31 日是蒋介石的五十大寿，徐悲鸿的结拜兄弟，也是国民党宣传部长张道藩来邀请徐悲鸿为蒋介石画庆寿画像，却遭到了毫无商量余地的拒绝。

林先生说道：“由于拒绝为蒋介石画像，有关当局要给徐悲鸿一点颜色看看，于是徐悲鸿接受了李宗仁的聘请出任广西省政府顾问，于 1936 年 6 月离开了南京。这一去，徐悲鸿再没回到过傅厚岗的家。”夜色中，危巢豪华依旧，气派依旧，但曾经的爱侣已经到了彼此憎恶的地步。徐悲鸿一步一回头，眼中一片模糊。

慈悲恋成了水月镜花

蒋碧薇追到桂林，试图说服徐悲鸿回到南京。但徐悲鸿不肯回南京，蒋碧薇怅然而归。

1938 年 4 月，徐悲鸿应田汉之邀，从重庆东下武汉工作。他在长沙找到了流亡在那里的孙多慈，并将孙的全家接到桂林，他们常常一起去漓江写生，两人均创作了不少佳作。徐悲鸿追求孙多慈的道路并不平坦，孙多慈的父母不赞成女儿和徐悲鸿结婚。7 月 31 日，徐悲鸿在报纸上刊出与蒋碧薇脱离同居关系的声明。可是孙传瑗还是不同意这桩婚事，他带着全家离开了桂林，转往浙江丽水，并在很快的时间内，把孙多慈许配给了国民党浙江省教育厅厅长许绍棣。落魄的孙传瑗急需靠上一棵大树借以谋生，许绍棣显然是更好的选择。

后来，徐悲鸿和孙多慈这对爱侣劳燕分飞各西东。徐悲鸿应邀去印度讲学，一去四五年不归，中间全靠徐的好朋友舒新城来为他们传递信件。1941 年春，29 岁的孙多慈结婚前夕，给徐悲鸿写信说，“我后悔当日因为父母的反对，没有勇气和你结婚，但我相信今生今世总会看到我的悲鸿。”徐悲鸿在这封信上做了批注，“我不相信她是假的，但也不信她是真心，总之我已作书绝之。”徐悲鸿托人把这封信带给蒋碧薇，这是重修旧好之意，倦鸟知返，他在外漂泊几年，终于想到家的温馨，可惜却被蒋碧薇看轻了，她淡淡地说，如果他真的爱孙小姐，绝不会把这封信给别人看。

两个人的缘分走到尽头的时候，心里是凉凉的，她再也不会去吵闹了，连话都懒得说一句，何况，她心里已经接受了另一个男人。多年来，是张道藩在悉心安抚着蒋碧薇失落的心情。

1942 年春，徐悲鸿回国。1945 年底，在大律师沈钧儒的见证下，徐悲鸿和蒋碧薇终结了 28 年的婚姻，蒋碧薇提出索要巨额款项和大量字画，以及位于南京傅厚岗 4 号的住宅。徐悲鸿慨然应允，他的心里，对蒋碧薇自始至终是愧疚的。她付出了青春、才貌，背弃了豪门之约，背弃了父母，十多年陪着徐悲鸿在国外打拼，她不惜以小姐之身帮人做佣人来帮助丈夫完成学业。同年，蒋碧薇由重庆回到南京，在傅厚岗4号住过一阵。1949年初，蒋碧薇离开南京，也永远离开了这座她钟爱的房子。

和林先生一边聊着这令人唏嘘的爱情悲剧，我们一边走出了徐悲鸿故居，阳光一缕，照在墙边的爬藤上，依稀回到1946年。那年夏天，孙多慈去南京探亲，不料表妹陆汉民家就住在傅厚岗。旧地重游，该是怎样的触景生情？那年的元月，徐悲鸿已经与廖静文在重庆举行了婚礼。

1953年，徐悲鸿因脑溢血在北京病逝，身边珍藏着与蒋碧薇在法国生活时买的一块怀表。而在台湾的孙多慈秘密为他带孝三年。1978年，蒋碧薇在台北去世，卧室里挂着徐悲鸿为她画的肖像《琴课》，而张道藩给她的画，一直在大厅里。

“情缘都是劫数，命中注定，逃也逃不开，当年，徐悲鸿和蒋碧薇为了挽救婚姻，都做出了努力，可是两个人的性格都是很强，既然做不到委曲求全，那么感情再也回不到当初了。”我叹息道。林先生仿佛洞穿世事一般地说道，“缘分来了像龙卷风，散了如落花流水。”

黄昏的秋风中，再回首，大师的旷世情缘都关在傅厚岗4号这座庭院里。这座小楼见证了徐悲鸿和他的学生孙多慈的凄婉爱情，以及一段婚姻的破灭。也有一些慕名而来的游人，漫步于这民国建筑群中，品读立体的民国历史。

蔭桐
俗博物馆
KLORE MUSEUM
文化遗产馆
L HERITAGE EXHIBITION CENTER
9:00-17:30
年人免费开放
甘熙宅第

琴瑟和谐笙箫默

甘熙宅第

裹挟在时代里

爱情不由我

缘来缘去

情如掌上沙

甘熙宅第：南京市秦淮区中山南路400号（南门）

庭院深深深几许，重重院落，曳地落花，清一色的青瓦白墙，雕花的门楣和青砖铺就的小径，都在缓缓地述说着老宅的传奇。时光在这里老去，也依然在这里流淌。这里有过谈笑有鸿儒、往来无白丁的雅集聚会，有过梨花院落溶溶月、柳絮池塘淡淡风的闲情逸致。那年的杏花春雨，他远远见她素手接雨，额前刘海沾了水滴，面庞恰如娇艳欲滴的牡丹，让他抑制不住地心动。聚散离合，每一次都不由他们自己。铺宣摆砚，研墨挥毫，却不能酣畅淋漓地叙写心中的爱情剧本，而另一个冥冥中早已写就的版本却如期上演。从曾经“金鞭美少年，去跃青骢马。牵系玉楼人，绣被春寒夜”的空前繁荣，到门前冷落鞍马稀的萧条冷落，悠悠甘家大院，演绎了多少百折千回的曲折故事。

甘熙宅第又称甘家大院，俗称“九十九间半”，是中国最大的私人民宅，与明孝陵、明城墙并称为南京明清三大景观。甘熙宅第地处南京升州路与中山南路交界地段，位于闹市之中。“嵌玉镶金上石头，金陵王气著名楼。谁家九十九间半，直把秦淮烟雨收。”一首诗说尽甘熙宅第的繁华。

1990年初春，一位满鬓斑白的老人踏进一座院子，院子里晾晒着五颜六色的衣服被单，孩子们在跳皮筋，老人们坐在竹椅上晒着太阳，他们抬起眼睛望着这位陌生的人，他带着眼镜，看起来很斯文的样子，他是来找人的吗?

只见他对着大家微笑着，点头致意着，一直走到了一间小小的厢房面前，停住了脚步。这是他曾经的新房，芙蓉帐轻，鸳鸯戏水，回忆让他的嘴角浮起了笑容。

初恋贫家卖唱女

“解放区的天是明朗的天，解放区的人民是好喜欢。咿呀咿呀，咿呀喂……”喇叭里传来欢快的乐曲声，在张灯结彩的标语下，一队穿着黄军装的解放军踏着矫健的步伐走过评事街。1950年初春，空气中飘着南京特有的梧桐毛茸雨，梧桐树上长出了嫩绿的叶子，新中国的一切都是欣欣向荣的。

一个穿着中山装的青年男子不时地与身旁的姑娘说着话，她穿着绿色的夹旗袍，扎着两个挽起的麻花辫，辫梢上还绑着天蓝色的蝴蝶结，她跟在他的后面，羞答答地受邀到他的家作客。他是甘律之，甘家的四少爷。她是流落到南京的安徽姑娘严黛峰，也就是日后成为黄梅戏皇后的严凤英。

当严凤英跟着他来到甘家大院的时候，简直被眼前的景象震惊了。庭院深深，规模庞大，好像迷宫一样，走也走不完，房子多达几百间，数也数不完。建筑的布局严格按照封建社会的宗法观念及家族制度而布置，讲究子孙满堂、数代同堂，各类用房的位置、装修、面积、造型都具有统一的等级规定。每个院落都有水井，可以防火灾。

他牵着她的手，带她四处看，向她介绍自己的家族。原来，金陵甘氏是江南望族，其祖先最早可追溯到战国的秦丞相甘茂，其后甘罗、甘宁、甘卓等都是著名人物，明朝中期，世居江宁小丹阳的甘氏先祖甘瑭举家迁入南京，甘瑭和他的后人以经商为生。

雍正初年，甘家后人甘士麒出资在城南西锦绣坊买下一块地。此后，历经雍正、乾隆，直到嘉庆四年，在甘士麒的孙子甘国栋手中，甘家大院终于建成，也称“友恭堂”。“友恭”二字源于“三字经”中的“父子恩，夫妇从，兄则友，弟则恭”，这样才能产生家族凝聚力。大院修好后，甘家人聚族而居，到了清朝道光初年，甘福修建了收藏大量书籍的津逮楼。甘熙是甘福的次子，为晚清著名文人，平生著作甚丰。甘氏父子曾遍访吴越，收集书籍十万册。甘氏家族南迁后，不愿背弃先祖，因此，房屋统一坐南朝北，以示敬意。

北京紫禁城为“九千九百九十九间半”，曲阜的孔府为“九百九十九间半”，自家的房子为“九十九间半”，其实总共有300多间屋子，因为九是最大的阳数又是吉数，“九十九间半”既表示未达百间的谦虚，又有仅半步就到目标的得意。“青砖小瓦马头墙，回廊挂落花格窗”，既有江南民居的特点，又有明显的北方建筑风格。

一个月前，在太平南路安乐酒店内的“友艺集”京剧茶座，甘律之邂逅了前来观摩的严凤英。甘律之擅长唱京剧的老生、小生，且拉得一手好京胡。他新丧配偶，心情抑郁，见严凤英活泼聪明，天资很高，十分欣赏。她见他风度儒雅，彬彬有礼，也生好感。两人一见如故。

严凤英低声诉说着身世和遭遇以及追求艺术的决心，从爱戏、听戏、学戏到第一次登台，从十六七岁时备受凌辱到被关进“金色牢笼”后逃出，从安庆到青阳，又流落到金陵，寄住在南京一家做木材小生意的桐城老乡商人家中，在秦淮河、夫子庙一带卖唱，在米高梅舞厅做舞女，把自己的名字改为严黛峰。

甘律之发现眼前这个倔强的女孩子和别的女人不一样，她的身上有一股不服输的劲头，而且很有天赋。

严凤英进入“友艺集”后，向甘律之求教学习京剧，两人很快便相恋。按照家族风俗，丈夫续弦须三年之后。甘律之有所顾忌，没将消息告诉家里，而是借朋友的房子在外与严凤英同居。

甘律之有个好朋友叫沙志明，二人常常结伴喝茶、听戏、票戏，身高超过一米八的沙志明养了一条军犬，每天给它喝家里煮的牛尾汤，把那只狼狗养得皮毛光亮，威风凛凛。严凤英长得很漂亮，在舞厅跳舞时常受人骚扰。沙志明带着狗与甘律之往舞厅里一坐，谁也不敢再冒犯严凤英。

这一天上午，甘家大院的大门被拍响了。仆人前来开门，惊喜地说道："少爷回来了，少爷回来了，我赶紧通知老爷去。"仆人一阵小跑，老爷正在客厅里喝茶，"慌什么，什么事情？""少爷他，少爷他回来了。"

父亲甘贡三的眼皮都没有抬一下，继续吹了吹杯中的浮着的一片茶叶，抿了一小口。"父亲，我回来了。"甘律之低声地说道。

依旧是没有抬头，甘贡三也低声道："还不让人家姑娘进来，站在外面干什么？"少爷向外面招招手。严凤英迈进了门槛。

南京甘家是戏曲世家，甘律之的父亲甘贡三有"江南笛王"之称，对道教音乐有深刻研究，对民乐精于笙、箫、笛、三弦、琵琶等的演奏，并精研昆曲，1935 年曾于上海百代唱片公司灌制《寄子》《扫松》等数折。家中不仅有一个"传"字辈昆曲艺人组成的演出班子，还与末代皇帝溥仪的堂兄溥侗等在家中组织了昆曲"紫霞社"。因昆曲演出活动，梅兰芳、马连良、俞振飞、奚啸伯、吴梅等京昆戏曲名家常来往于南京甘家。

甘贡三要求严凤英跟着他学昆曲，严凤英也便有了呆在甘家大院的理由。他对儿子说："咱家房子那么多，你们住在外面干什么。"听到父亲允许了两人的来往，甘家少爷松了一口气。

严凤英悟性特好，一学就会，让爱才如命的甘老先生十分喜爱，严凤英从此步入正规学艺轨道。彼时，黄梅戏在艺术上还是相当幼稚的，特别是有些身段、唱词，纯粹靠演员在舞台上即兴创作，没有一定规范。京昆戏曲变化无穷的唱腔、雍容典雅的唱词、精心设计的身段等，使严凤英大开眼界，领略到京昆戏曲的博大精深和无穷奥妙。在共同对艺术的追求中，严凤英和甘律之的感情也与日俱增。但是，毕竟甘家是老式家族，讲究门当户对，地位的悬殊使得严凤英有自卑的感觉，这是要强的她的一个心病。

甘家上下百余口人人酷爱戏曲艺术，吹、拉、弹、唱样样精通，舞台上男女老少齐上阵，严凤英沐浴在甘家高雅优美的艺术氛围中，如醉如痴，如鱼得水。一年中她就学会了《游园惊梦》《春香闹学》《大登殿》《御碑亭》等剧目的全部唱腔与身段，与甘家名票联袂演出后，蜚声金陵。

1950年夏，甘律之与严凤英合演《梅龙镇》。她扮演的李凤姐天真活泼，毫无轻佻之态，获得观众一致好评。当她反串《芦花荡》里的张飞时，又将勇猛无比、粗中有细的猛张飞演得丝丝入扣，活灵活现。甘家上下高兴地说："我们甘家又多了一员虎将。"

有共同的志趣，夫妻相敬如宾，这样的伉俪情深让亲戚朋友们好生羡慕。他俩常常携手漫步在幽静的院子里，在花影里走过一进又一进，看四季的绮丽变换。三月枝头的新绿，夏日听荷的诗意，秋日落叶的静美，冬日落雪的纯净，都被收集在他们的记忆里。

"律之，侗五爷殁了。我们要送一份厚礼。"哥哥甘南轩急着来到他的院子。1950年6月26日，这个已中风6年的77岁老人驾鹤仙去，民国四公子之一侗五爷的多彩一生拉上帷幕。爱新觉罗·溥侗，父爱新觉罗·载治，乃乾隆十一子成亲王永瑆之曾孙，宣统皇帝溥仪的堂兄。溥侗自称红豆馆主，对于京剧的生、旦、净、丑各个行当都颇有研究，曾与梅兰芳合作过《奇双会》，而在《群英会》一剧中，更是表演周瑜、鲁肃、蒋干、曹操、黄盖五个角色，出神入化赢得满堂喝彩。

20世纪30年代初，溥侗与甘贡三结识于南京。甘氏世代官宦，豪门大家，对诗词歌赋经史子集和昆曲都有研究，故而两人惺惺相惜，大有相见恨晚之慨。甘贡三的三位公子甘南轩、甘涛、甘律之对昆曲有特殊爱好，溥侗住在甘府之时，悉心教授甘氏三位公子，与他们结下深厚的师生之谊。

甘氏三兄弟商议后，决定送一副上好的楠木棺材。上海出殡，葬于风景如画的苏州，侗五爷算是有福之人。

误解中分手

甘熙宅第，曲径通幽，院落叠嶂，隐藏于平民街巷。五月的清晨，阳光明媚，严凤英总是起得很早，她打开窗子，映入眼帘的，是丝丝绿意在枝头缠绕。风拂过发梢，将一份静好氤氲在茶香里。甘律之也早就醒了，可是他装着还没有醒，偷偷打量着自己的爱人。他喜欢看她端坐窗前，沉浸在晨阳纤细的光晕里，对着镜子梳着头发。岁月静好，甘律之的心底泛起了柔柔的暖意。他想，这个可怜的姑娘，漂泊了那么久，这里的安逸幸福应是上天给予她的补偿吧。

严凤英在甘家的这种安定生活并没有持续多久，后来被一位意外的访客彻底打乱。就在这年年底，安庆市“群乐剧场”的老板为演出生意不好而犯愁，听到严凤英已有下落，不禁喜出望外，赶忙派人到南京相请。

家乡同行的热情召唤，使得严凤英的心情十分矛盾：一边是她喜爱的家乡黄梅戏，能在家乡把黄梅戏搬上舞台是她终生理想；另一边是造就她的可亲的甘氏家庭。甘律之深明大义，他知道严凤英的艺术前途在黄梅戏艺术舞台上，反过来主动劝说严凤英返回安庆，并亲手张罗为严凤英添置了一套衣箱行头。甘贡三先生也鼓励她回去发展黄梅戏剧种。

但是甘家少爷爽快的同意，让敏感的凤英心中起了涟漪：莫非是他没有了新鲜感，不要她了吗？她多么想他霸道地说，不许走，我决不同意你走。男女之间的事情，最难说清。她哭了一夜，泪水打湿了枕巾，纵然她事业心极强，但她终究是个女人，离别在即，怎不伤感。他只是默默地擦去了她脸上的泪水，在深夜里伫立良久。

他已看出她的天赋，她决不是笼中的鸟，将来必定会飞向蓝天，前途未可限量，不让她去岂不扼杀了人才？他的苦心，不但家人不解，连她也不能全部明白。而且，他还有难言之隐，多年夫妻情深，他忘不了故去的妻子，他的内心深深地谴责自己又爱上了别的女人，他希望自己能够先冷静一段时间。

如果，不是家乡安徽的剧团前来找她，一切的命运都将改写，她将是甘家少奶奶，相夫教子，平淡一生。祸福本相依，谁能预知未来事？

1951 年初，严凤英在外漂荡数年之后，终于踏上了返乡的归途，乘江轮回到了安庆。1951 年 3 月 17 日，严凤英在安庆的“群乐剧院”正式登台演出黄梅戏传统剧《小辞店》，受到观众欢迎。这年年底，严凤英在安庆排演现代戏《柳树井》的过程中，结识了部队文工团出身的作曲家王兆乾。在对甘家公子的误解中，她决定放下南京的这段感情，在家乡重新开始新的生活。严凤英不久便与王兆乾公开同居，这在当时的安庆城是一个很大胆的举动。

消息传来，甘律之的心像被人捅了一刀，但聪慧如他，知道门第这座大山压得心上人喘不过气来，她那么要强，他懂的。缘来则聚，缘去则散，一切随缘。他深知，个人的渺小无法左右时代的命运。

他静静地舔着伤口，独自疗伤，表面上，云淡风轻，深水静流。

1951年夏天，征得甘熙宅第第五代传人甘贡三的同意，该住宅被南京市军管会征用，这段经历无形中保护了这一建筑遗产。甘贡三将书籍连同《白下琐言》《建康实录》仿宋木刻版数百块无偿捐赠给南京图书馆。

1953年春天，安徽省黄梅戏剧团成立，严凤英是团里主要演员，主演的剧目有《蓝桥会》《春香闹学》《送绫罗》《柳树井》《夫妻观灯》《打猪草》等。梅兰芳先生曾在合肥演出，严凤英登门求教，梅先生让严凤英在舞台先跑一个圆场，严凤英跑了一个圈子下来，梅先生笑笑说：你的舞台基本功几乎没有。

1953年6月，严凤英随安徽省黄梅戏剧团到南京演出《打猪草》，她带了礼物，想去甘家表达谢意。王兆乾不让她去，但严凤英坚持要去，他便跟着她一起去了。在甘家，当着甘律之的面，王兆乾打了她一个耳光，个性刚烈的严凤英不堪受辱，坚决与他分手了。纵然，严凤英已经怀了身孕，她也不想屈就。

儿子王小亚出生时，甘律之特意买了很多营养品，去安徽看她，月子里，陪伴在严凤英身边的是甘律之，王兆乾只是发来一封电报，祝母子平安。

她重回甘家，再次劳燕分飞

她是未婚生子的女人，孩子需要爸爸，本来他们就有感情，甘家少爷愿意承担这一切。世间冰冷，他愿以深情相拥。

甘律之的温暖再次打动了严凤英。在严凤英跟王兆乾的孩子满月后不久，严凤英选择了跟甘律之在一起，与此同时，她决定重返甘家学习京昆艺术。

1954 年夏天，严凤英顶着各方压力和干扰，毅然来南京与甘律之正式结婚。喜宴设在南京新街口的大三元酒家，婚礼隆重热闹，主婚人是梅兰芳，南京京昆戏曲界的友人们纷纷前来祝贺。

当时，严凤英已在排演《天仙配》，准备参加华东地区戏曲会演。她将《天仙配》的身段演给甘律之看，请他为她出谋划策。他发现她手中的云帚很不顺溜，弄不好可能缠在“头面”上，就请胞妹纹轩教她一出昆曲《思凡》，让她将《思凡》中妙空的云帚功移用于七仙女的拂尘表演中。

严凤英再次回到了甘家。大姐夫汪剑耘为梅兰芳先生的入室弟子，向有“南京梅兰芳”的美誉。汪先生亲自下场示范，向严凤英传授舞台身段和表演诀窍。

1954 年 9 月 25 日，华东地区戏曲观摩会演在上海正式拉开帷幕。严凤英特地预订了宾馆，将甘贡三老人接到上海，观看自己主演的《天仙配》。当时，甘律之正随大姐夫率“汪剑耘京剧团”在外地商业演出，未能到上海观看，这成为甘律之心中的一件憾事。

严凤英、王少舫主演的《天仙配》在上海会演获得巨大成功，她塑造的“七仙女”这个角色深得观众的喜爱。她的歌喉清脆甜美，舞姿轻盈优美。该戏赢得剧本、演出、音乐、导演等多项大奖，严凤英更是获得演员一等奖。

婚后的严凤英，一直忙碌于黄梅戏《天仙配》的舞台演出和电影拍摄工作。1956 年 2 月，黄梅戏电影《天仙配》在上海电影制片厂摄制完成，上映后引起极大反响，严凤英由此名扬全国，为广大观众所喜爱，事业如日中天。严凤英将黄梅戏从小地方带向全中国，她被田汉誉为“黄梅戏里的梅兰芳”，被国人称为黄梅戏的“一代宗师”。

时代转变了，温文尔雅的夫婿和她一起住到安徽的剧团里，他温润如玉，很有涵养，见人就鞠躬，但他的一切明显与革命的时代格格不入。甘律之的生意越做越糟糕，再加上他是个资本家，成分不够红，当年的大家公子已经成了一个被时代抛弃的人。

此时，甘家全家已经搬出甘家大院，住入破旧的平房里。甘律之在那个时代里每况愈下，他到合肥做生意，但很不成功，两人之间出现了巨大的差距。

“你是一面旗帜，旗帜当然得干干净净的。”在有关方面的干预下，要黄梅戏还是要资本家，这个选择摆在了严凤英的面前。在挚爱的黄梅戏和爱情面前，严凤英选择了黄梅戏，1956 年，严凤英和甘律之离婚。在现代戏《王金凤》的排练中，严凤英认识了年轻导演王冠亚，两人很快坠入爱河，正式结婚。

甘律之面对命运的安排，坦然接受。他只是祝福她。他们的爱情注定了巨大的不对等，在过去，在如今，翻天覆地，情势比人强。爱是成全，他是这样的谦谦君子，爱将落幕，他将退场，千古情事，

莫非如此，他熟悉那么多的戏文，怎能不知世间的悲欢离合？

但是对她，他还是保留着当初那一份真挚。“记得小苹初见，两重心字罗衣，琵琶弦上说相思。当时明月在，曾照彩云归。” 他总会想起那时的初见，星空下，一个清纯的妙龄女子哼着黄梅戏小调，整个庭院里溢满了轻快的小调。恍如隔世。

“树上的鸟儿成双对，绿水青山带笑颜……”这曲由黄梅戏表演艺术家严凤英演唱的黄梅调《天仙配》，可谓家喻户晓。在一部部经典黄梅戏中，人们记住了严凤英扑面而来的美与善。严凤英将京剧、昆曲和平时到各地演出学习的当地戏剧一起融会贯通，最后自成“严派”，这离不开前夫甘律之的培养和甘家大院的艺术滋养。

严凤英将曾经和甘律之合演的《梅陇镇》改名《李凤姐》移植到黄梅戏舞台上，唱词、身段均按京剧路子，舞台效果极佳，她还给他寄来了剧照。人前人后，严凤英总是说甘律之为人忠厚，对她有再造之恩。

花正红时风霜起，十年浩劫中，一代艺术家严凤英含冤自杀，年仅 38 岁。

那时，甘律之与好友沙志明组建了一个业余京剧团，甘律之任剧团导演，沙志明是团里的主要演员。1970 年，甘律之与沙志明入狱，1979 年初，终得平反出狱，回到南京。当年的俊小生已经满目沧桑，判若两人。

1992 年，南京市政府将甘熙宅第保护建成南京市民俗博物馆，由于不少房舍遭到损坏，目前整修恢复原貌的是南捕厅 15、17、19

号，并以此分为三大主题。15 号展示南京传统民居厅堂，厅堂布局精巧周密，主次分明，严谨对称。一进门厅，二进轿厅，三进正厅，四五进为内厅，可依次参观主人房、佛堂、洞房、闺房、书斋等。17 号展示南京地区民俗技艺，有皮影戏、泥人、剪纸等。19 号是南京民居图片展，有秦淮河的河房河厅建筑、多进穿堂建筑以及木雕、砖雕、石雕等建筑构件。另外，大板巷 42、46 号目前正在整修中。

白墙灰瓦，灰、白、棕红三色为建筑主调，与绿色芭蕉、悬挂着的一串串红色灯笼相辉映，典雅古朴，祥和安宁。

阳光温暖而明媚，清风拂过，穿过重重深门，荡过满园孤芳的锦绣宅邸，落叶在风中翻飞，像那水袖翻转，才子佳人的故事，从戏里到戏外，生活就是一场大戏。在时代的风雨过后，甘熙宅第依旧优雅从容，气度不凡。

画面里，曾经在这件厢房前站立过的那个老人，已经消失不见，而屋内的陈设又恢复了 20 世纪 50 年代他们住过的原来模样：一张小圆桌，桌上一只插花瓶，一个五斗柜；墙上挂着严凤英的靓照，一幅俞律书写的对联“风律新声扬赤县，英姿仪态誉黄梅”，一张定妆照。那个坐在这里当窗理云鬓，对镜簪花黄的女子却已成云烟，轻轻地触碰她和甘律之的爱情故事，都会让心不由地一颤。

岐祖堂
118

散落半世琉璃沙
美大纸行旧址

世事迁徙

悲喜交加

美大纸行旧址：南京市秦淮区升州路 118 号

梧桐的婆娑树影里，似曾相识的旧时光里，堪称民国城南第一高楼的美大纸行旧址仿佛一袭素衣的少年，裁纸刀划过，魔术般变幻出散发书香的纸墨，变幻出江南女子撑着的油纸伞，变幻出美轮美奂的绘画。和这少年素手相握，守候相遇，那一纸风行的往事余温，如在眼前。素笔深深，以岁月为笺，思念为笔，也书月下花影，也书彩霞满天。日子很慢，思念很痛，邮车带来你的信，墨痕犹在，见字如晤。

金陵古都，就好像一个民国建筑博物馆，处处都有打上时代风云烙印的凝固记忆。升州路是南京曾经的市井繁华之地，漫步在这条幽静的路上，旧时老城南的商业气息如烟弥漫。升州路118号，是一组民国建筑，一簇翠绿修竹掩映着灰色的洋楼，在都市的十字街头，显得那么洒脱和王气十足，这是美大纸行旧址所在。被称为升州路上的“地标”的这座5层楼抵抗住了岁月的侵蚀，直到现在，依然高大气派。

特别值得一提的是，这座钢筋混凝土结构的大楼在80年前是一幢有自动送水设备、增压设备、热水器、卫生间、浴室甚至屋顶花园的豪华办公楼！当年这条路上共有十多家纸行，美大纸行的硬件是首屈一指的。

豪华办公大楼硬件先进至极

眼前这座楼的外立面全部采用混凝土，沉凝的水泥不温不火，但依然能让人感受到隔了近百年传来的炽热温度，以及那藏在深处的优雅，流年辗转，而它总牵引出那一段民国情怀。

那时，老城南一带有数家纸行，美大纸行当时是南京最大的纸业公司，老板胡镛山是南京纸业公会的理事长，颇有实力。

1936年，5层楼高的美大纸行大楼甫一落成，即被封为城南第一高楼，典雅尊荣的楼房在临街的一排低矮建筑中鹤立鸡群，让附近4层高的上海银行大楼也黯然失色，也让这个纸业公司的声名更为显赫。

它的外墙看起来坚固霸气，罗马式立柱，方方正正的“山”字形门脸儿和灰色的外墙屋檐精描细刻着中式花纹，透露出浓浓的民国风。二楼凸有长条大阳台，镂空石栏杆，花瓶柱，两侧有云纹水泥仿石雕，外立面错落有致，且细部很多，有柱式和卷云纹，做工精美。西式门脸儿和中式元素相映成趣。

那一天，门口摆满了芬芳扑鼻的大花篮，美大纸行此时正张灯结彩，一片热闹繁忙。胡老板在门口迎送前来恭贺大楼落成的客人们。他穿着黑色暗花的长袍，崭新的黑布鞋踩在遍地的鞭炮纸屑上，不时地向来人抱拳行礼，脸上是抑制不住的喜悦。

有人引领着客人们四处参观。从彩色玻璃的窗户向外看去，窗外喧嚣渐起，小姐太太们坐着黄包车在马路上奔驰而过，她们张望着这座新起的大楼，脸上是惊喜的表情。

客人们陆续来到了五楼的平顶，这儿被做成了巨大的楼顶花园，蓝天上偶尔飘来几朵白云，松软绵细的芳草就在脚下，繁花随地盛开，户外木椅列排在荷花池、假山的周围，从这里，能看到巍峨的紫金山。草地上临时摆放着几张桌子，各式糕点水果依次摆放在桌面上，宾客感叹着主人的不俗品味，大家谈笑风生地品尝着茶点。“你们这里很热闹嘛！”胡镛山喜气洋洋地对着人群招呼着。“胡老板来了，今天大喜的日子啊。”“还不都是承蒙各位大侠照顾，小店才能如此生意兴隆啊，”胡镛山客套道，“中午你们一定要好好多喝几杯！”

这幢大楼是1936年由山西来的建筑行“竺达记”营造厂建造的，

美大纸行只出了5万元的材料钱，工钱和管理费都由“竺达记”主动承担了下来，足有3万块钱，相当于现在的300万元左右。胡老板给竺达记建筑行做过担保，后来这家建筑行生意越做越大，为了感谢胡老板的帮助，就帮他盖了这幢房子。

升州路上的某间酒楼，一众客人正坐在那里，围着一桌酒菜，觥筹交错，胡镛山带着儿子胡本昌在给宾客们敬酒。他们和竺达记建筑行的老板互相说着客气话，杯杯见底。众人也感慨着江湖上的老话：做生意，首先是做人。“纸张一直是文化的载体，而文化的传承就是民族的希望。”有人总结道。“说得好！”胡镛山带头鼓起掌来。

酒过三巡，大家也随意起来，有人问道：“现在时局动荡，日本人磨刀霍霍，胡老板什么打算？我们都是看着您的风向的。”胡镛山扬了扬眉，朗声道：“一秋又一秋，一辈催一辈，一聚一离别，一喜一伤悲。”看到众人皆纳闷不解，他又补充道：“多事之秋，随波逐流罢了，生意人只是想讨口饭吃，安守本分是正道。”众人附和着，没有人看到他眼中深藏的一丝忧郁。在这样的年头里，经常会有爆炸性的新闻，报纸大量加印，对纸张的需求也就随之增加，这算是生意上的好事，但是，战争阴影笼罩着华夏大地，覆巢之下，焉有完卵？

美大纸行大楼不仅是南京私营资本家盖的第一幢大楼，而且它的钢卷门也是南京的第一道钢卷门，它的开关门是用摇手柄来控制的，开关一次要摇700多下，一旦关上，特别结实。有段时间南京的物价飞涨，老百姓都来店里抢着买纸，店里员工只好把那道钢卷门拉下来，结果外面几十个人都拉不动。

彼时，炎炎夏日里，美大纸行的店中央放着一个大瓷缸，里面有冰冻的饮料，宾客进门都能喝到一杯免费的冰冻桔汁，边喝边谈论着时事，而主人的品位也可见一斑。这样的气魄，连许多官办商行都难比。

楼内的设施高档讲究，全部进口，彰显出美大在纸张行业的龙头老大地位。当时美大还有南京私营资本家唯一的一台用来增加电压的“增压设备”。水管用的都是英国进口的名牌“百乐门”，在底层有自己的蓄水池，就算自来水停了也不怕。一楼有锅炉房，能把烧热的水送到四楼和二楼的浴室，锅炉有自动测温的仪器，到一定的温度它就会停止加温，热水不够，它又能自动注入冷水，而且能保温。一到夏天，从下午两点到凌晨都能洗热水澡。四楼右边的一间房子是员工的浴室兼卫生间。浴缸是水泥磨光的，马桶可自动冲水。老板的浴缸在二楼自己的卧室里面，那是个陶瓷的大浴缸。

神秘保险箱的传说

美大纸行大楼二楼有一间神秘的房间，这里原是老板胡镛山的卫生间，这个房间里有一个保险箱，现在可以看到，厚实的铁门框锈迹斑斑，保险箱内是一个个方形格子，这个已经打开的保险箱大部分嵌在厚墙内，看似十分坚固。

原来铁门上嵌着一把圆盘密码锁，和现代保险箱的密码锁相似，有100个刻度，密码锁的下方还有一个类似于方向盘的转轴用于开门，直径大概20厘米，在门把手的位置还有两个小小的锁眼。箱门与箱体由3副超厚涂层钢质铰链连接。在大楼修缮期间，保险箱终于被打开了。就是一些账本等文件，并没有什么金条。

而在此之前，这个号称逼退江洋盗、难倒“锁见愁”的保险箱在半个多世纪内没人打开过，数年来成为了一个扑朔迷离的传说。传说中，这个保险箱里有大量的金条和钞票，胡老板请当时南京城里一流的特工专家在保险箱内安装了爆炸装置，如有人强行打开保险箱，则箱炸人亡。1983年，南京电影制片厂以它为由头，拍了一部名叫《蓝盾保险箱》的彩色故事片。

过去的名门望族、富商巨贾都要在家暗设保险库，往往先用厚钢板焊接成库，然后再用厚砖外砌。当年保险库所用的锁大多为耶鲁（YALE）锁，该品牌的锁系从美国进口的价格奇昂的高级防盗叶子锁，每把锁内设8片锁叶，库门关闭时，8片锁叶同时“弹”出；另一把“洋锁”是对字锁（密码锁）。打开库门后，里面还有一层坚固的钢栅栏门，门上设有凡尔盘和一把有报警装置的暗锁。

当年知道保险箱密码的六个人，有的已经故去，有的重病不能言，有的已经忘记了密码。他们是：美大的会计胡是道，学徒张根生，经理方擢之，老店员陈万里，老板胡镛山、胡本昌。

扑朔迷离的保险箱也引起了各大媒体的关注，全国各地的开锁高手们都来一试身手，也有海外的胡家后人来尝试，却没有人打开它。“锁见愁”魏寿群在20世纪20年代拜江阴“锁王”何浩清为师，艺成后身怀绝技独闯金陵。当年建康路邮局的保险箱和美大纸行的保险箱雷同，他成功地打开了前者，却低估了神秘保险箱的复杂性，铩羽而归。他自认坏了一世英名，从此隐身江湖。

民国宁商最后的辉煌

美大纸行大楼，2013年夏天重新修葺开放。走进这样原汁原味的老房子，可以感受到当年的气息，那勤俭辛劳的日子里，宁商短暂的辉煌如烛火闪耀，照亮过旧日的巷陌。

1950年，美大纸行的掌门人胡镛山因脑溢血去世。1953年1月1日，我国开始执行发展国民经济的第一个五年计划。此前不久，美大纸行被定义为“中间剥削厂”，最终仓促搬离，选择了到比较近的安徽蚌埠去办厂，就是后来的建华造纸厂，在蚌埠也开了一家分店，叫作聚美斋纸店。

1953年元旦，寒风吹落了枯黄的树叶，升州路上冷冷清清。老板喊来了太平路上高士照相馆的摄影师。全体店员站在即将关店的美大纸行大楼前，在“抗美援朝 保家卫国”的标语下，拍摄了一张照片。照片中的右三是一个个子不高，戴着圆形黑框眼镜，梳着二分大背头的人，他就是少东家胡禹言，本名叫胡本昌。

照完了相，众人散去。胡本昌深深地吸了一口清新的、湿冷的空气，回到这个熟悉得不能再熟悉的大厅里，慢慢踱着步子，打量着每一个角落，他思忖着，自己有哪里做得不够好，没有将父亲毕生的心血保住。他根据多年的实践经验，总结出了一套日常运营管理方法，已经够缜密的呀，也得到了业内同行的推崇。无边的寂寞向他袭来。他深知，美大纸行曾经的繁华昌盛，一去不返。

胡镛山的经商史，是民国时期宁商发展的一个缩影。胡镛山之前是南京一家纸店的学徒，生活非常艰苦，为了省油，连韭菜都要拿来蒸着吃。有一次，他去上海进货，碰见了著名的尚古山房老板丁浩。丁老板觉得他是大富大贵之面相，一见如故，愿意和他合伙做生意。后来，丁浩发动几个上海朋友筹了 3 000 块钱，胡镛山又拿出积攒多年的 1 000 块股本金，开始了创业之路。

1908 年，美大纸行正式开张。第一次世界大战爆发后，德国货进入中国市场的渠道被切断了，靠做进口买卖的纸业一时间洛阳纸贵。胡镛山靠的是胆识和远见。当时战乱，国内“洛阳纸贵”，他恰好在战前囤积了一批德国纸、皱锦纸，在市场上非常紧俏，原来卖一元五一张的，后来卖到三元也有人买，他就这样掘得了第一桶金。

美大的纸质量好，账本页数从来没少过一页，价格也公道。随着美大纸行新大楼的落成，胡镛山的事业到达了顶峰。美大成了南京纸业的第一块招牌，从江西运纸，都是十船十船地运。美大纸行在南京先后有两家大分店，一家开在水西门外大街，叫作“美大西号”，另一家在中华门外雨花路，叫作“聚大纸店”，其余还有数家小分店。那时南京纸业有个“美派”，指的就是从美大出去自己开店的学徒，最有名的就是“广大纸店”，也在升州路上。其他很多纸店也都有“美大血统”。

1937 年 12 月 13 日，南京沦陷，日军的飞机轰炸南京，水西门大桥被炸断了，日本兵就抢了美大西号的上千捆纸去填河，大约十万斤都不止，纸能填河，真是匪夷所思。日军就踏在雪白的纸上进了南京城。

“胡老板，胡老板，日本人进城了，离我们这就一公里。”门卫连滚带爬地到胡镛山的办公室报告。“慌什么，哪有一点大公司的样子！”胡老板镇定地说。“他们，他们见人就杀，路上都是尸体。”门卫急得说话都结巴了。“马上去把这个旗子拿到大门口挂起来！”门卫飞一般地跑下楼去。虽然损失惨重，但美大纸行因为和德国纸商有业务往来，楼前挂了德国国旗，在南京大屠杀中无人罹难，算是不幸中的万幸。

乱世求生，如履薄冰。美大纸行经年稳坐南京纸业第一的宝座，而胡镛山也当仁不让成了江南纸业第一霸主。后来的后来，到了 1969 年，少东家胡本昌病逝于上海。美大纸行的辉煌就此落幕。

时间辗转到 2008 年，升州路路北的许多建筑都被列入南捕厅三期拆迁范围。当周边破旧的房子拆去时，所有人都被美大纸行大楼的气派惊艳到了，在有关专家的强烈呼呼下，并不在文物之列的这幢老建筑终于得以保留了下来。

如今，密匝的梧桐树叶遮掩着升州路，再回眸，那些商业往事渐渐远去了，模糊了，但这处见证了南京工商业兴衰的老字号，将成为升州路上永远的印记。

小姐楼

小楼昨夜又东风

世间因缘和合

所有的偶然

皆是注定

小姐楼：南京市秦淮区白下路 273 号

春风十里，他邂逅了她的美。她春衣初试，薄罗软轻，而后泡上一盏香茗，倚在湘帘半卷的书阁等他为自己描画娥眉。李鸿章给宝贝女儿李菊耦在南京的陪嫁花园如今还剩有一座摇摇欲坠的“小姐楼”有迹可循。这座小楼见证桃花源里的爱情和民国乱世的悲怆，张爱玲的父亲张廷重和姑姑张茂渊就出生在这个老宅子里，她的父亲也是在这里迎娶了她的母亲黄逸梵。这个大宅院是《红楼梦》大观园的原型之一，传说它的地底下曾埋着三十万两白银。

那个写下了《沉香屑第一炉香》《倾城之恋》《金锁记》《红玫瑰与白玫瑰》等传世佳作的奇女子，其尖刻冷峻的笔触，繁华苍凉的文风，看透世态人情，艳惊四座。她是张爱玲。

张爱玲的显赫身世和她的才华一样令人着迷。张爱玲出身名门，是李鸿章的曾外孙女。祖父张佩纶，光绪年间官至都察院侍讲署佐副都史，是“清流党”的主角；祖母李菊耦，是晚清权臣李鸿章的女儿；母亲黄逸梵，其祖父是清朝首任长江水师提督黄翼升，曾经当过安徽按察使；继母孙用蕃，其父孙宝琦，曾任袁世凯内阁国务总理。这样的簪缨世家，对张爱玲的影响是不言而喻的。

张佩纶的父亲张印塘一生虽然并无煊赫功绩，但与淮军统领李鸿章在平定太平天国战场上的情谊，无意间造就了张爱玲的一生。

诗酒风流繁华散尽

1939 年 4 月，年方 19 岁的张爱玲由堂兄陪着来到南京游玩。正是樱花绽放的时节，粉红色的樱花，远望如云霞，盈盈浅浅，微风吹过，花瓣满地，似乎演绎着凋谢的别样凄美。

那时，南京沦于日寇铁蹄下，她与堂兄先去四条巷拜谒了曾外祖父李鸿章与另一祖上黄翼升的祠堂。人称“宰相合肥天下瘦”的李鸿章自嘲为大清的裱糊匠，由他出面签署的卖国条约不尽其数，但他去日本议和，意外遇刺后，使得大清的赔款减少了一亿两白银。1901 年，李鸿章油尽灯枯，在“三百年来伤国乱”的悲哀中去世了。

慈禧拨银上万两、历时一年建成的这座庞大建筑群曾经包括三进大殿、一座照壁、48间厢房，现今早已没有了昔日的气派，满目凄凉，让张爱玲的心情也黯然失色。

然后，她们又来到了城南白下路、棉鞋营的老宅，那是祖父祖母居住的地方。当年张佩纶在南京买下的房子，叫“张侯府”，张府大门口挂着的是汪伪“中央政讲班”的牌子。

这座宅院原先的主人是康熙年间的江南提督，靖逆侯张云翼。张云翼之父是明朝将领张勇，他降清以后，战无不胜，攻无不克，因作为云南提督的张勇没有响应吴三桂、王辅臣的叛乱，使得吴三桂不能征服整个河西地区，张勇被封靖逆侯加少傅兼太子太师。康熙五年，戏剧家李渔受张勇之邀，来到荒芜的大西北甘肃设计修建园林与五凤楼。张勇还请李渔帮忙在南京建府，准备退休后在江南安度晚年。可是，康熙认定他是栋梁之才，坚决不同意他回南京。

张勇病逝后，家人按照他的遗愿迁居到南京，儿子张云翼官至江南提督，人称金陵张侯。后张云翼儿子张宗仁袭爵，当时朝廷规定张宗仁在花园预埋银三十万两，作为他儿子张谦将来袭爵之费。

买下张侯府后，张佩纶对整个宅子进行了扩建，使之成为当时南京数一数二的豪宅。占地150亩的院落中，主要有3幢建筑，呈品字形分布，南侧一幢为主楼，东西两楼各连着一个花园。这是典型的清代江南民居风格建筑，青砖是主体，红砖砌筑的门拱，韵味十足。小楼的每个细节都很精致，二楼有一圈回廊，屋檐下都有灵芝纹饰，古朴别致。

两年前，17 岁的张爱玲向父亲提出出国留学的想法，结果惹得父亲暴怒。她跑去与母亲同住，这在父亲看来又是一种明显的背叛。两周后，当张爱玲回到父亲家，等待她的是一场毒打。父亲把张爱玲锁在楼下的一间空房子里，还气势汹汹地扬言要用手枪打死她。这场幽禁持续了半年之久。1938 年的一个深夜，张爱玲终于逃离了这个曾经显赫的家族，奔向了母亲的家。

张爱玲参加了 1938 年底在上海举行的英国伦敦大学远东区招生考试，一鸣惊人，夺得了远东区第一名。但是由于战争的关系，她无法远渡重洋到英国去。而伦敦大学的入学考试成绩对香港大学同样有效，她准备改往香港大学就读。

她本来心底想和这个旧家庭断绝一切，此番来到父亲出生和结婚的地方，她的心情矛盾又感伤，这里毕竟是她的根，她怎能和叱咤风云的祖辈脱得开联系？心底的哀痛与自豪，像春风里的柳枝，左右摇摆。

张爱玲跟着堂哥流连在这花木扶疏的大花园，仿佛回到了昔日晚清王朝毁灭之前的宁静。祖母正是青春华年，扶着丫头的肩膀去看桃花开，衣衫艳丽，衣袂飘飘，秋千架下佳人笑，却怎知武昌起义的隆隆炮声震破了如诗如画的日子，新的时代来临了。

张爱玲：堂哥，小姐楼在哪里，我是来寻它的。

堂哥：不要着急，就在最里面，从这里绕过假山花坛，走过去就到了。

张爱玲：听说大舅爷李经方买通了几个御史弹劾爷爷，圣旨下来，真的把爷爷从京城撵走了，怎可以这样绝情？

堂哥： 李经方权倾朝野，担心爷爷这个罪臣连累自己也说不定啊！甲午战争爆发后，李经方欲出任前敌统帅，为爷爷谏阻，郎舅关系遂势同水火。

张爱玲： 原来是这样，爷爷也太耿直了，他总想着大清社稷，却不想人情世故。

堂哥： 正是因为他这点，才和曾外祖父心有戚戚焉。之前，他就是凭着一支敢言硬笔，到处弹劾官员，曾经风头很劲。中法战争中他任福建督军，结果因海战惨败遭流放到察哈尔。风水轮流转的，上了战场，成者为王败者寇，何况大清海军的实力谁不知道，经费都给老佛爷过生日用掉了。

张爱玲： 老佛爷的腐败造成了爷爷的命运，冥冥之中，任何事情都是有因。

堂哥： 当然了，很多人想不通为啥李中堂要把自己的掌上明珠嫁给爷爷，两人相差 19 岁呢，殊不知，故人之子，是寄托了他很多的追思和情感的。曾外祖父李鸿章与咱们的曾祖父张印塘，刀光剑影里同生共死共患难，是战火中的友情。1854 年，张印塘忧愤成疾，仓促离世。曾外祖父还特地为曾祖父撰写了墓表，称赞他坚忍负重。

张爱玲： 后来的故事人尽皆知。1888 年，爷爷戍满回到北京时，两任夫人都已故去，曾外祖父特邀爷爷到天津小住，认为他的才干堪称今世蔺相如。爷爷的母亲病逝，曾外祖父还拿出很多钱送给他厚葬母亲。这还不算，还将爷爷收入幕中，协办文书，半个月后，又把奶奶许配给他。

堂哥：鸿运来了，挡也挡不住，就像当初的霉运一样。

张爱玲：那次曾外祖父七十大寿时，阖府上下张灯结彩，衮衮诸公络绎不绝，连皇上和太后都送来了匾额贺礼，爷爷躲在房间里，和奶奶下了一天的棋。并非他不入时流，他曾经是败军之将罪人之身，当然无颜面了，省得遭人嘲笑。

堂哥：反正，战乱后的南京房产很便宜，在这里置业的官员很多的。爷爷和奶奶住在这里，日子倒也过得逍遥自在。他们还合著了一本武侠小说，自费付印。据说《孽海花》就是根据咱家的故事演绎而成的，书中庄仑樵的原型就是爷爷。

张爱玲：哦，你说那部武侠小说《紫绡记》啊，故事沉闷得连我都看不下去。她俩还合写了一部食谱，我觉得这个好玩，也有意义，不过我不会做饭。

堂哥：几栋楼里，东楼命名为绣花楼，专给奶奶住的，也叫小姐楼。你看，到了，眼前这座小楼便是。

张爱玲：门拱是暗色的红砖，檐上是木雕的花纹，有一种特有的金陵风情啊。结婚后，自己还有自己的闺楼，有自己的空间，奶奶也真的是很超前的了。

堂哥：爱玲你看，在整栋房屋的底部，垫上了 30 厘米高的青石板，对付黄梅天。石板侧面开了数条长方形口，这些开口是用于通风的。青石板内部是一个打通的空间，里面空气流通，可以将湿气吹走。

张爱玲：真是奇思妙想。

堂哥：还有奇的呢，这座建筑是西式砖房包裹着中式木屋，24根廊柱的外侧为砖砌，内侧是木制柱子。全国也很难找到第二座。

家族衰败落花流水

张爱玲：好婆，我来看依了，还有阿爹，你们以前住在这里真的像桃花源，真的羡慕你们。爷爷在《涧于日记》中写道："以家酿与鞠耦小酌，月影清圆，花香摇曳，酒亦微醺矣。"爱情，依真的等到了。

李菊耦：爱玲你要记得，对于男人来说，爱情是退而求其次的东西，仕途理想永远是第一位的。对于女人来说特别重要的这件东西，对于男人来说，没有那么重要的。你爷爷人后的悲伤愤懑，只有我看得到。

张爱玲：我考取伦敦大学了，去英国深造是我的梦想。这也是妈妈希望我走的路，您为我高兴吗？过了暑假我就去香港了，我要学广东话了呢。

李菊耦：当然高兴了，你从小就是个聪明的孩子，功课一向都好。

张爱玲：好婆，依是北方人，可是，你看起来好江南啊！脸若鹅蛋，双眸如漆，满脸清秀。如果你还活着，你一定会喜欢我的，因为我长得像你啊，我想回到你那个年代去。

李菊耦：傻丫头，我们那个年代哪有你们现在这样发达？我们做女人的更是没有地位啊。我知道你吃了很多苦头，世上只有妈妈好，你妈妈当年离开你也是没有办法，世界上没有两全其美的事情。终归，她还是疼你的。

张爱玲：是不是你对爸爸太严厉了，为什么他对我这么严厉？

李菊耦：我对他是严厉了一些。爱玲，我也是没用啊，教育出你爸爸这样的人。光绪二十九年春，你爷爷55岁就去世了，我才38岁，带着7岁的儿子和2岁的女儿，靠带来的嫁妆生活，忍受着坐吃山空的恐惧。

张爱玲：好婆，你不要这样说，时代变迁，爸爸受的教育没什么用了，我知道你有牵挂，爸爸和姑姑都很好。

李菊耦：儿大不由娘。你也不要记恨你的爸爸，放下怨恨就是放过自己。

新时代了，你要好好努力，听妈妈的话，你的文章写得很好，要继续写下去，这个大家族里的故事说不完，你都可以写出来啊。

张爱玲：我不写，写出来人家都会对号入座的，这个大家庭里的事情太糟糕了，腐朽没落。

李菊耦：是的，纨绔子弟，不如穷人家的孩子阳光正直有理想。可是，这都是命啊。1896年，你爸爸出生。美好的时光总是短暂，你的曾外祖父刚刚去世两年，你爷爷终日借酒消愁，也郁郁而终。后来，你爸爸就在这里迎娶了你妈妈。

张爱玲：我是红楼梦迷，听说此地是红楼梦原型地之一，对吗？这真让人惊喜。

李菊耦：张云翼与江宁织造曹寅，也就是曹雪芹的祖父是莫逆之交。两家同时家道中落，曹雪芹40多岁时给两江总督尹继善做幕宾，才再次来到南京。这时曹家在江宁的府第已不存在，曹雪芹访问了张侯家，将此宅院作为大观园的原型之一，至于书中人物，则是将曹、张两家融为一体。

张爱玲：女人的价值在于什么？是生儿育女做一个母亲吗？还是做一个职业女性？

李菊耦：现在说这些有些奢侈，我们不幸都生逢乱世，漫天烽火，幸存已经是最大的福分，这次你千里迢迢去香港，千万小心再小心。

张爱玲：小辰光，我总是想象你们是什么样子的，别的孩子都有阿爹、好婆，可是我没有，我真羡慕他们啊。在我心中，六朝古都是那么美丽梦幻，明丽富足。保姆说您是很节省的。我理解的，孤儿寡母，坐吃山空。我没赶上看见你们，可是你们静静地躺在我的血液里，等我死时再死一次。

李菊耦：你这个孩子，不要把死啊死的挂在嘴上。你的人生还没有展开，像一朵花才开始绽放。我真羡慕你啊，我会在天上看着你，祝福你的。

张爱玲：家族曾经的辉煌与无可挽回的没落，是您全部品尝的苦涩。为了不使我父亲跟着亲戚的子弟学坏，您特意给他穿颜色娇嫩的过时的衣履。佣人们看到我父亲偷偷地脱了鞋换上袖子里塞着的一双，想笑又不敢笑，怕您知道了问。

李菊耦：哎哟，她们能瞒得过我吗，我只当不知道了。

张爱玲：听说您当年陪嫁的数量很大，只知三十年后分到我父亲名下的财产，计有花园洋房八处，以及安徽、河北、天津的大宗田产，而这些，仅是您陪嫁中比例很小的一部分。不过，我对钱是没什么概念的。

李菊耦：爱玲，一技傍身，才是最重要的。你有写作天分，可能也和你敏感的个性有关系。

张爱玲：那年你才 47 岁，临终留下一首诗，“四十明朝过，犹为世网萦。蹉跎暮容色，煊赫旧家声”。你的郁闷我能懂。

李菊耦：世道变了。正巧赶上。

张爱玲：六朝古都南京于我，是神秘的，而这里，更让我觉得可亲。

李菊耦：爷爷和我都爱你，永远记得。

小楼默默春风依旧

时间凝固成万种金陵风情里这一缕祖父母齐眉举案的温馨。小楼默默又春风，一年又一年。

后来，在《对照记》中，张爱玲写到了她的祖父母及其生活的这座老宅子。这本书里还收录了李菊耦 18 岁时与母亲的合照。张爱玲评论道："她仿佛忍着笑，也许是笑钻在黑布下的洋人摄影师。"

张爱玲对于南京的美好印象，会不会在她爱上胡兰成的原因里添上一笔，不得而知，从逻辑上推理，因为胡兰成也住在南京，无形中，她又觉得他亲近了许多。张爱玲将南京写入小说《半生缘》中，笔端充满了对这座城市的好感。

历史变迁，张宅几易其主，后来，安徽人章攀桂购得此宅，更名为"安园"。到了民国初年，这所宅子还有房子近两百间，每间房都有 48 平方米左右，大花园依然完好。1909 年，安徽督军柏文蔚在此办起了金陵崇实学校。1927 年，国民政府定都南京，次年实行五院制，立法院院长胡汉民租下这里作为立法院，斛斗巷因此一度被称为立法院街。1937 年，南京沦陷，立法院也被日军占领，挂上了汪伪政府的牌子。

1949 年后，政府在张爱玲祖宅原址办起了南京远洋航运学校，即江苏海事职业技术学院的前身，小姐楼也成为学院的老年活动中心。

往事从容，无关悲喜。如今张宅西花园遗址上，还生长着一株

仍在散发幽香的老桂花树，此前，这附近还长着一棵植于清代的罗汉松，高约丈许，直径盈尺。但是，老松树在1995年枯死了，也就是在这一年，75岁的张爱玲在美国去世。

张爱玲少有笔名，曾经用过的“梁京”这个笔名，是电影导演桑弧代取的，她相信梁京就是“梁朝京城”的意思。那个时候，桑弧和张爱玲有暧昧的情愫，可是她还在与胡兰成的情感里伤痕累累，没有心理准备接受另一个男人，所以这段感情也不了了之。

梁朝的京城，非常明白就是南京。古道西风，一片孤城万仞山，这种历史的苍凉向来是南京的底色，时空漫漫，历经清朝、民国，血色苍莽竟然基调未改。

张爱玲与毁誉参半的先祖，有着血缘的联系，因此，南京是张爱玲生命之根。无论她漂泊到哪里，相信张侯府这个祖宅总是她梦境里的一抹温馨。

历史的烟云散去，只剩这座红漆斑驳的小姐楼，在周边钢筋水泥的丛林中显得安详又宁静。当年偌大的园子里，桃花开了梨花落，桂花开了银杏黄，犹记那年，满枝的繁花似锦，她的笑靥如花，他的眼神如海。谁的谁还等在树下呢？

吴家脉房

灿若云霞织荣光

吴家账房旧址

我生君已老

但恳求上苍

允我享受当下的每一秒

吴家账房旧址：南京市秦淮区钓鱼台83、85、87号和93巷1号

南京城南有条巷子，叫作钓鱼台，有座占地1 600平方米的老宅院，被街坊称作“小九十九间半”。这里就是吴家账房的南京总部，堪称南京近代民族工商业的印记。清朝道光年间，吴家的广州分号就开始了进出口贸易，向海外运输丝缎制品。南京云锦从此名扬四海。南京商人吴斗垣、吴焕庭父子开启了南京—广州—欧洲的海上贸易航线，把灿烂的中华文明输出海外。苟利国家生死以，岂因祸福避趋之。毁家纾难，掌起烛火，吴家，一直哺育着中国的革命。事了拂袖去，深藏功与名。

自从康熙年开始，清政府就在南京设立江宁织造府，主持官方云锦的生产。云锦在清代叫作缎子。清乾隆年间，“德裕堂吴悦来缎号”在南京开业了，也称作吴家账房，是吴氏在南京成立的经营云锦出口的贸易公司。吴家账房除了完成江宁织造府派给的生产任务以外，也自己做云锦出口生意。账房作为经营方将原料发包给机工，机工将织好的缎子交由账房算账，继而由账房对外销售。

那时，南京以内桥为界，北部叫上元县，南部叫江宁县。在江宁县门西，今中华门以西的钓鱼台，东头叫沙湾，聚集着丝行和丝店，而钓鱼台西头的颜料坊和新桥则是生产染丝颜料以及聚集染坊、漂坊的地方。如此看来，在钓鱼台开账房，既保证了原料的购买，又为染丝和漂丝提供了便利。

南京云锦从这里启航

南京中华门城堡镇淮桥西和长乐路新桥之间的巷子，便是钓鱼台，它也是内秦淮河西五华里的起点。绵长幽深的钓鱼台古巷里，老宅林立，最有名的当属 83、85、87 号和 93 巷 1 号的吴家账房。1987 年南京第二次文物普查时普查出了三处典型的账房建筑，但是现在其他两处都不存在了。

吴家账房当年是钓鱼台四大账房之一，曾经占地 1 600 平方米，旧时共有 80 多间房子，被街坊称作“小九十九间半”。宅子分三路四进，如今 83、85、87 号三个门通往宅院的三条道叫作三路，而四进则分为第一进轿厅、第二进大厅和后两进宅房。

这里是南京丝织行业兴盛的见证，也是南京唯一保存完好的典型“账房建筑”。青砖小瓦马头墙，雕花窗格，彩色玻璃，精细的水磨青砖，封火墙，都保存完好，不但有老城南的民风遗俗，也是典型的清代风格。

现在的钓鱼台85号为昔日吴家账房的正房，是账房做生意的地方。跨进院子大门，先是一个小院落，这是专门为来往客人停轿子的场所，大厅分前厅和后厅，前厅是进行一般交易的地方，只有贵客，才可以进入后厅。

从大厅现在遗留的房梁和立柱来看，还能看出昔日的结构。只见古色古香的大厅两边威武地竖立着两根红漆的大柱子，门窗上都有着精巧的木雕。“德裕世泽兰桂腾芳，悦来是宗清白传家”，原来大厅的柱子上挂着这一副对联，现在早已经不在了。屋子有五六米的层高，宽敞透气。在房顶靠近房梁的地方有一个长七八十厘米的“工”字形木质构件，叫作“圣阁”，是过去大户人家收到圣旨后供奉圣旨的地方。

吴家当年地位显赫，从家里的一些题字也能看出。在钓鱼台87号的屏门上，有一副翁同龢的对联：“紫芝朱草寿考宜家，和璧隋珠辉光照国。”漫长流年，悠悠远去，老宅子早已不是当初的模样，可是仍然能让人感受到它当年的那种热闹繁华，高朋满座，壮志凌云。

1842年8月29日，道光二十二年七月二十四日，由清廷代表耆英、伊里布、牛鉴与英国代表璞鼎查在停泊于南京下关江面的英舰皋华丽号上签订了《南京条约》，清政府开放广州、厦门、福州、宁波、上海五个通商口岸，第一次鸦片战争结束。22岁的吴斗垣改变了之前南京到广州从陆路请镖局押送缎子的方式，改走水路，从南京下关转船到上海，从上海通商口岸装船到广州，再由广州口岸销往南洋和欧洲，开辟了海上云锦之路。通过广州知府申领堂名，吴家在广州金陵会馆开设了“德裕堂吴悦来海上贸易缎号”。

这一天，秋高气爽，钓鱼台巷子里来了几个彪形大汉。他们熟门熟路地踏进了吴家账房，只听门房脆生生的一句：“有贵客驾到。”长长的尾音拖着，传到了正在院子里练功的吴家公子吴斗垣耳朵里。年轻的吴公子一身白绸中式衣服，一根长辫子甩在脖子上，打拳打得浑身是汗。

“少东家，咱们这么多年的交情了，怎么说翻脸就翻脸呢？”来人开门见山。“各位大侠消消气，去屋里说吧，茶都泡好了。”吴公子的跟班向客人们陪着笑脸。“这儿有你说话的份吗？”来人火气很大。“各位前辈，这次多有得罪，可是原来的押镖总是遇到强盗，你们也损失不少，现在水路好得多，希望大家多多理解。中午备下薄酒，我们边吃边聊，一定让你们满意而归。”吴公子向来人一抱拳，年纪虽不大，说话却句句在理。

年少有为的吴斗垣常年跟随父辈奔走在南京与广州、广州与南洋及欧洲大陆之间。经历过商场上的各种磨砺，吴斗垣逐渐成长为家族中的“掌门人”，他也不负众望地把“德裕堂吴悦来缎号”的生意推向了高峰。

“明日有雨，各位小心。”把客人们亲自送出大门的时候，吴斗垣关照道。“少东家怎么知道明日有雨呢？”“我家地上的大青石是晴雨表呀，天一要下雨，它就返潮，天晴它就发白。”“噢，原来如此。真是个好宅子啊。”有人叹道。

风生水起财源滚滚

吴家的生意风生水起，越做越大，越做越红火。1866 年，吴斗垣 46 岁时，他的三儿子焕庭在南京钓鱼台的九十九间半出生了。老来得子，吴斗垣对这个孩子十分宠爱，而小焕庭也深得父亲的智力遗传，一双机灵的眼睛，调皮可爱的笑容，博闻强记，过目不忘，小荷才露尖尖角的聪明天赋让父亲决心一定要好好地培养他。

钓鱼台 83 号有两间书房，分为外书房和内书房。外书房是男孩子读书的地方，内书房是女孩子读书的地方。吴斗垣和民族英雄关天培一起去过沿海的海防炮台，家中还悬挂着一幅关天培的画像，画像旁是一位马来华侨富商题写的对联：“苟利国家生死已，岂因祸福避趋之。”他经常让儿子们一起念这两句。

书房的另一侧是钓鱼台 93 巷 1 号，在这一侧的青砖墙上，半米见方的大大的福字格外惹眼。房子的红漆门上则有木刻暗八仙与和合二仙，“暗八仙”指的正是神仙们所执的宝物，有葫芦、团扇、宝剑等。地上铺设的是“金砖”，并不是黄金做的，而是地砖被捶击时能发出金属的声音。

后院有一个大花园，有长满荷花的池塘和玲珑的假山，还有一个玻璃盖的花房，是专设的温室，就叫玻璃房。其他地方，如祖宗祠堂、工人区、伙房、厕所都用上了玻璃。玻璃在当时很贵，只有富贵人家才用得起。小焕庭每天下了书房就会到花园里和其他兄弟一起玩耍，这是他最开心的时光。可惜，这样的日子并没延续多久。

天资聪颖的吴焕庭 8 岁时被带到广州，跟着父亲吴斗垣住进广州金陵会馆，开始了海上贸易的人生。吴斗垣的另外三个儿子则掌管南京钓鱼台吴家账房的生意。

吴斗垣常常写信回南京，勉励几个孩子要兢兢业业，克勤克俭。他常会说起祖先的故事。吴氏祖籍徽州，在歙县繁衍生息。面对层峦叠嶂的大山，先人为求生存而从商。明代天启年间，吴氏先祖决定走出家乡，背着背袋，一面放着徽饼充饥，一面放着几根绳索以备途中绑扎货物，且一定会留一根上吊绳，以示离家后“不成功便成仁”。走过漫漫长路，吴氏先祖从水西门上岸进入南京城，开始了在南京的商业之路。

吴焕庭按照父亲的要求，学习外语和外贸知识，然后进钱庄当学徒。16 岁时，初出茅庐的吴焕庭到英国银行做练习生。1884 年，18 岁的他进入大清户部银行广东分行当行员，掌握了国际贸易的要领后，他开始接替父亲振兴吴家产业。

江西名媛李宛茹在去广州游玩的时候，在金陵会馆的一个宴席上初遇吴焕庭。他温和儒雅又洒脱出尘，一袭玄色锦袍，脸上是温润的微笑，虽然游历过欧洲莫斯科等国，见识广博，却从不卖弄。

这样霁月风光的男子真是凤毛麟角。年方 16 岁又知书达理的李婉茹，杏眼含俏，鼻若凝脂，口似樱桃，比玫瑰还要娇艳。他们一见倾心，燃起爱的灼人烈焰，二八佳人，成熟男子，金风玉露一相逢，便胜却人间无数。

当时吴焕庭在南京已经有了一个妻子和一个女儿，他没有经过父母的允许，就和比自己小 21 岁的女子在广州结了婚，这在当时可谓惊世骇俗。爱情需要相互对等的灵魂，这是因为同等重量的灵魂才能彼此激撞出爱的火花。

由于南京的家人十分反对他们的婚事，这个如夫人一直呆在广州而没有来过南京。直到1923年，36岁的李婉茹带着10岁的儿子，才从广州到了南京，但实在无法忍受大家族刻板的封建思想，又回到了广州，协助丈夫打理广州的生意。

苟利国家生死已

一次次支持革命的倾囊捐款让吴家账房渐渐没落，正值日本人造丝进入中国，严重冲击了中国的丝绸出口市场，吴家账房的生意一落千丈。人造丝是用铁机器制作的，抽丝、纺织的速度是木机难以企及的。面对这种局面，吴斗垣的大哥自立“吴泰来”账号走西口，这是一条陆上贸易之路，不料途中遭遇不测。吴家这一支绝了后。后来，吴斗垣的几个儿子也几次尝试走西口，但因为和蒙藏王公贵族没有生意往来，加上陆路请镖局押送成本很高，也没有走成。

1924年，花甲之年的吴焕庭不得已从广州金陵会馆大门上摘下“德裕堂吴悦来海上贸易缎号”的牌匾，风云数十年的吴家账房广州分号被迫歇业。吴焕庭举家从广州迁回南京老宅。

这一天，钓鱼台的巷子里热闹非凡，街坊们都出来看吴老爷那个漂亮的姨太太。吴家的大宅门门口放起了鞭炮，“来了，来了，”有人窃窃私语道。只见古老的巷子里走来了一队人，跟在吴焕庭后面的是如夫人李婉茹，她穿着南京很少有人穿的洋装，浅黄的衣裳翻领卡腰，秀眉入鬓，富贵逼人。

吴焕庭拉起夫人的手，带她跨进了高高的门槛，走过一进又一进，来到了内厅，只见一个韶华已逝但风韵犹存的老妇人正端坐在那里，满面春风。夫妻俩规规矩矩行了个礼："妈，焕庭带婉茹来给您请安了。"然后恭恭敬敬递上一杯盖碗茶。"回来就好，以后就在家安安生生过日子，守着妈。""是。哥哥们搞这么大动静干什么，又不是衣锦还乡。"吴焕庭小声嘟囔着。老太太笑着说，"大家高兴嘛，随他们弄去。"

转眼到了冬天，南京的冬天滴水成冰，让李婉茹这个南方来的女子特别不适应，这一天的傍晚，天空忽然飘起了雪花，一身棉袍的吴焕庭浑身沾满了雪花，他甩开门帘，踏进了自己的房间，"婉茹，"他爱一回家就唤着她的名字，分开一会儿都觉得漫长，"屋里怎么这么冷，"昏暗的光线里他终于发现婉茹正躺在床上，他探手一摸，额头滚烫，"你发烧了，是不是冻感冒了，多加点炭火啊。""我都冻成冰棍了，好怀念广州啊，"李婉茹有气无力地说道。

安排下人们去熬了汤药之后，为了减轻一点爱人的病痛，吴焕庭握着她的手说道，"婉茹，你发现没有，93 巷 1 号和 83 号那边有一扇门很特别，和一般门框与门呈垂直角度不同，这扇门北侧的门框由里向外斜，南侧的门框由外向里斜，你知道为什么吗？"

"我想想啊，"李婉茹苍白而美丽的脸上浮起了一丝笑容，"明白了，这是辛亥革命时反清活动的接头暗号标记。""就你机灵。"吴焕庭刮了一下爱人的鼻子。那些峥嵘岁月再次浮现在两个人的脑海中。

常年与海外贸易，吴焕庭开始接触东渐的"西风"，他多次走入万木草堂，听康有为讲演，接受了维新变法思想，并订阅了《湘报》《事务报》等当时的先进报刊。随后，吴焕庭又接触到了一批革命党人，从此以商会会长身份为掩护，经常为以孙中山为主的革命党人发起募捐活动。

1911 年 4 月，黄兴领导的黄花岗起义失败，被打散的起义军躲进了熟悉的金陵会馆，吴焕庭和夫人冒着生命危险，帮助起义的壮士们假扮成运货工，送他们出了广州城，伺机逃亡南洋。1921 年，孙中山就任大总统，之后，吴焕庭又资助北伐的军饷；1922 年，香港海员大罢工，吴焕庭又向罢工委员会捐助大笔款项。

1926 年，盛极一时的吴家账房正式歇业。就像一缕穿堂而过的清风，春天已经逝去。

1937 年 12 月 13 日，日军攻入南京，开始了血腥的屠城，吴家人之前已经逃离，只留下一个大房的孙子吴有松和女儿吴如意看门。谁知道，残暴的日军士兵冲进来后，一把刺刀就把两个人都刺死了，然后占据了吴家老宅。家里的家具和房子都被鬼子烧光，字画文物也被鬼子抢走了。

吴家多年事业毁于一旦，吴焕庭心中苦闷，再加上逃难途中劳累不堪，年老的他一病不起。1939 年的一天，在一个破旧的屋子里，李婉茹泪眼婆娑地握着丈夫的手，他躺在简陋的破板床上，气息奄奄，窗外，风起云涌。“我会带你回家，你放心。”她知道他的心愿，重振吴家。

吴焕庭去世后，李婉茹当起了这个家，用柔弱的肩膀扛起了责任。

他们辗转各地逃难，抗战胜利后终于重回南京老宅。当众人衣衫褴褛地站在这座大宅门面前，回想家族的荣辱变迁，不禁泪流满面。

春去秋来，时光飞逝。解放战争期间，利用家家相连的有利地形，李婉茹掩护过中共南京地下党的工作。新中国成立后，为了支持抗美援朝，她又把仅有的首饰都捐了，捐了一门高射炮。吴家，一直哺育着中国的革命。

如今，吴家的后人们生活在祖先留下的这座老宅里。庭院里，老树下，一把竹椅，一壶清茶，安静度日。83 号院堂屋，是报本堂，是吴家每年清明、中秋祭祖的地方。这里供奉着吴家账房掌门吴悦来先祖以及列祖列宗主神位。以前为保证缎子的质量，吴家账房还专门刻制了缎子的质量合格章。此章现在仍被吴斗恒的曾孙子们保留着。他们还保留着许多祖上的遗物，有英国商人赠送的五斗柜、锁具、银质解毒汤匙。吴家至今保留的 1842 年沙俄生产的香烟盒子，足以证明吴斗垣当年甚至把贸易扩大到了俄国。

在城南这些斑驳的城垣深处，飞檐门落之间还深藏着多少久远的故事呢，或爱或恨，恩怨难清。那些事，那些人，终究散落在尘埃里，湮灭在一巷烟雨中。岁月无情，唯有老房子的一砖一瓦铭记着，那些光辉荣耀。

跋

上海和南京的名人故居远不止本书所述的这些，因篇幅所限，还有太多的故事无法叙说。如果有机会，期待在以后，慢慢与你们道来。

从建筑的角度还原历史人物的惊鸿倩影，从情爱的温度回味才子才女的风华绝代，一直是我想带给读者的别样体验，也是我在地理人文领域写作中持续探索的路径。

2010年，我首次寻访民国首都南京的美龄宫，开启了地理人文领域的写作，并在杂志开辟专栏，介绍民国老建筑。此后，对于老房子的寻访一发而不可收。

2014年，循着民国才女在上海和南京的居住轨迹，将才情与爱情交织于其中的作品《谁的爱情绚烂了那座城》（中文简体版）甫一问世，好评如潮。

2016年，我打起背包，多次往返沪宁线，在斑驳的梧桐树影中走进一座座老房子，追寻往昔时光里的那些人和事。

2018年，历经寒暑，汗水浸透的30万字完稿。

2020年，几易其稿，遴选出18万字，交付出版社。

精工匠造，终成此作。这是历时十年用心写就的老房子的故事，是将情感融化于其中的有温度的故事，是值得你慢嚼细品、唏嘘回味的故事。

寻访、动笔、打磨、与编辑对接，工作极其琐碎，完成一本书真的很不容易。水平有限，错误在所难免，这对于出版物来说，是个遗憾，祈求广大读者包涵。历史上，对于很多人物和事件的争议一直存在，都是各家之言，有待时间检验。我想，这不是一本历史教科书，我要传递给大家的是一个时代里中国人的那些真挚的情感，爱情、亲情、友情，情义无价，爱是一场修行。让真情的闪烁，滋润生命的沧桑和悲怆。这对于我们现今情感价值观的树立，都是有益的。

花事荼靡，春去春又来，桃花依旧笑春风。回首来时路，细数温柔种种。本书诞生的各个环节，得到了诸多师长朋友的热心帮助，他们是：陈闽之（文学策划人）、陈挺（广告策划人）、何晓曦（青年导演）、黄礼娟（文旅策划人）、王唯（SAIF 萨霏国宾伞创始人）、王洁（影视制片人）、谭桂芳（“蘇小花”品牌创始人）、洪坤（云南椹源农业发展有限公司总经理）、费强（无锡鸿德茶酒坊创始人）、李维宽（博士、苏州药基美研医药科技有限公司创始人、首席科学家）、王彦宏（书法家、王羲之五十五世孙），在此深表谢意。此外，书中的插画由杨珺手绘，部分照片由杨珺、杨世柱、李影、黄懿瑄拍摄，在此一并致谢。

我们的祖国，历史悠久，文化璀璨，值得写的城市有太多。苏州和杭州，富有水墨韵味的江南故事，已在我的构想之中。敬请赐候。

王云燕

2021 年 6 月 18 日于南京凌霄阁